KB115982

新選明文東洋古典大系

新 釋

明心寶鑑

張基槿 譯著

明文堂

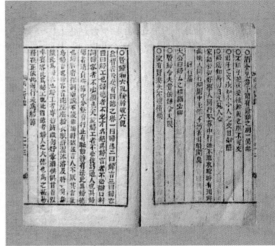

▲**명심보감**
국립중앙도서관에 소장되어 있는 《명심보감》 표지[左]와 내용[右].

▶**서당**(書堂)
단원(檀園) 김홍도(金弘道) 작. 보물 527호. 《명심보감》은 어린이들의 필수적인 학습교재로 서당 등에서 가르쳤다(국립중앙박물관 소장).

▲**주무왕상**(周武王像)
대북(臺北) 고궁박물원(故宮
博物院) 소장.

▶ **공 자 상**
(孔子像) 오
도 자 (吳 道
子)가 그린
것이다.

▶ **당 태 종 상**
(唐太宗像)
대북 고궁박
물원 소장.

[上左] **송**(宋) **신종**(神宗) 송나라 6대
황제. 1048～1085(재위 1067～1085).
이름은 조욱(趙頊).

[上右]**사마광**(司馬光) 송나라 정치
가・학자. 1019～1086. 통칭 사마온공
(司馬溫公)이라 했다.

[中右]**소식**(蘇軾) 송나라 문인(文人).
1036～1101. 호는 동파거사(東坡居
士).

[下右]**주희**(朱熹) 송나라의 학자.
1130～1200. 주자(朱子)로 불린다.

《명심보감 신석》을 내면서

(1) 정신문화를 높이자

장차는 지성선사(至聖先師) 공자(孔子)가 높인 인도(仁道)와 인덕(仁德)이 선양되는 인류대동(人類大同)의 세계를 구현해야 한다. 그러기 위해서는 동양의 내면적 정신문화를 높이고 서양의 외형적 물질문화를 선가치적으로 활용해야 한다.

20세기는 과학 공업 생산면에서는 놀라운 성과를 거두었다. 그러나 도덕과 윤리가 따르지 못하고 도리어 혹심한 이기주의와 무력이 난무했으며, 세계는 약육강식(弱肉强食)의 무자비한 사냥터로 화했고 국내외의 정치는 음흉한 권모술수(權謀術數)와 살육쟁탈(殺戮爭奪)에 골몰하게 되었으며, 그 결과로 이승을 초열지옥(焦熱地獄)으로 전락케 했고 또 인류를 혹심한 위기에 빠뜨리게 했던 것이다.

우주는 하나의 큰 생명체다. 우주는 공간적으로나 시간적으로나 만물을 조화 속에 품고 끝없이 살아 발전케 하고 있다. 그와 같은 우주의 절대선(絶對善)의 도리가 곧 천도(天道)이다. 그러므로 모든 사람은 저마다 천도를 터득하고 지덕(地德)을 세워야 한다.

지덕을 세운다 함은 곧 자연과의 조화 속에서 생산을 높이고 아울러 인류의 역사와 문화를 선가치적으로 계승하고 더욱 새롭게 발전시키고 동시에 인류가 서로 사랑하고 협동하여 함께 잘 사는 참다운 평화세계를 창건한다는 뜻이다.

이와 같은 우주적인 차원의 생명철학적(生命哲學的) 발전관(發展觀)과 사해일가(四海一家)의 평화사상이 바로 빛나는 동양의 정신문화이다. 그 전통은 수천 년간을 통해 탁월한 많은 성현(聖賢)들에 의해 계승되고 또 역사적으로 발전해 왔다.

단 지난날 불행하게도 서양의 이기주의적 무력팽창에 눌려 동양의 정신과 전통이 일시적으로 소외되었다. 그러나 오늘의 인류 위기를 극복하고 새 질서를 창건하기 위해 우리는 다시 동양의 정신문화를 부흥시키고 슬기롭게 활용해야 한다.

그래야 세계적인 차원에서는 인류가 고르게 행복과 평화를 누리고, 국가적인 차원에서는 악덕 정치가 불식되고 윤리 도덕이 실천되는 정의 사회가 구현되며, 가정적인 차원에서는 효도와 가족애가 넘치는 진정한 사랑의 보금자리가 이루어지고, 개인적인 차원에서는 심성을 함양하고 인격을 도야하여 성실하게 노력하면서 역사와 문화 발전에 기여하는 선량한 인간을 배양하게 될 것이다. 그러기 위해 우리는 한문 고전을 학습하고, 동양의 정신문화의 진수를 터득하고 또 심성을 함양해야 한다.

그 일환으로 필자는 《명심보감 신석》을 펴내는 바이다. 《명심보감》은 우리나라에서 수백 년에 걸쳐 절대 다수의 지식인이 애독했던 '수양과 처세의 지침서'였다. 일찍이 율곡(栗谷) 선생이 《명심보감》을 다음같이 설명한 바 있다.

'(잘하거나 못하거나) 모든 책임을 자신에게 돌리고, 스스로의 마음을 살피고 자기 수양을 함을 흡사 거울을 보고 바로잡음과 같게 함이다(反求諸身 而省心修己 亦如窺鑑照面).'

'《명심보감》을 왜 저술했을까? 옛날의 학자가, 후배들이 이득만을 취하고 도의를 망각할 것을 염려하여 저술한 것이다(明心寶鑑何爲而作也 古之人憂後學之循利而忘義而作也).'(己巳本 明心寶鑑 序文)

(2)《명심보감 신석》편집의 대강

필자는 모든 사람의 수양과 처세의 보전으로 전해 내려온 명심보감을 오늘의 지식인들이 쉽게 접하고 또 깊은 뜻을 잘 체득할 수 있게 하기 위해서 다음과 같은 요령으로 편집했다.

한문 원문을 내용의 뜻과 문법에 맞추어 어구를 분단했다.

한문 다음에는 한자의 음과 토를 달아 읽고 익히기 쉽게 했다.

뜻풀이는 어려운 한문의 깊은 뜻을 잘 살리되 동시에 유창하고 순조로운 현대어가 되게 애를 썼다.

어구에 대한 풀이와 설명을 간략하게 덧붙였으며 각주에는 한자의 훈과 음을 제시했다. 그러므로 본서를 통해서 한자 및 한자어를 익힐 수도 있을 것이다.

참고 보충에는 원문의 대의를 이해하는 데 도움이 될 설명을 짤막하게 덧붙였다. 그러므로 본서를 통해서 심성함양과 인격수양 및 윤리 도덕 효도의 원리와 의미를 수시로 터득할 수 있을 것이다.

본서 말미의 부록에는 주로 효도에 관한 글을 실었다.

1. 이십사효도설(二十四孝圖說) 한글 풀이
2. 논문 : 효도(孝道)의 원리와 깊은 뜻.

2003년 2월 玄玉蓮齋에서 張基槿 씀

[부기]《명심보감》의 판본이나 편찬에 대해서는 설이 분분하다. 중국 명대(明代 : 1393년경)의 범입본(范立本)은 상하 2권으로 총 798항의 구가 있다고 전한다. 우리나라의 초간본은 단종 2년(1454년)에 간행된 청주판본이 있으며, 그 후 많은 통행본이 간행되었다. 약 백년 전에 발견된 기사대구인흥재사본(己巳大丘仁興齋舍本)은 고려의 명신 추적(秋適 : 호는 露堂)이 편찬했으며, 율곡(栗谷)의 서문이 있다.

서 론(序論)

《명심보감(明心寶鑑)》은 성현(聖賢)들의 명언(名言)·명구(名句)를 추려 모은 수양서(修養書)로 일찍이 조선조 초기부터 많은 사람들이 애독하고 소중히 여겼던 도의(道義)의 교본(敎本)이다. 비록 한문 고전에서 추려 뽑은 명언·명구이지만 그 생명과 가치는 오늘에도 생생하게 빛을 내며 따라서 모든 사람들이 항상 좌우명(左右銘)으로 삼고 활용해야 할 주옥(珠玉) 같은 가르침의 말들이다.

오늘의 지식인들도 《명심보감》을 잘 읽고 체득하고 실천을 하면 훌륭한 인격자가 될 수 있을 것이다. 따라서 자녀들을 바르고 훌륭하게 키우려는 부모님들도 《명심보감》을 잘 활용하기를 바란다.

사회와 역사의 주체는 바로 인간이다. 사람이 착하면 선(善)한 사회와 문화가 창출될 수 있다. 즉 과학과 재물이 선용되어 모든 사람이 고르게 행복을 누리는 공동체를 구성하고 더 나아가서는 진정한 세계평화도 구현될 수 있을 것이다.

그러나 반대로 인간들이 악(惡)하면 과학 기술 재물이 악용되고, 따라서 악덕과 폭력이 횡행한다. 즉 사악한 사람들이 선량하고 힘없는 사람들을 억압하고 유린하고 또 남의 재물을 겁탈(劫奪)하는 악덕한 사회로 전락할 것이다.

오늘의 인류 사회는 총체적으로 위기에 빠져 있다. 특히 강대국을 위시해 모든 나라들이 혹심한 이기적 탐욕을 채우기 위한 경제전쟁을 음양으로 전개하고 있다. 이에 따라 국제정치 및 국내정치가 심하게 타락했으며 크고 작은 모든 나라들은 저마다 과학 기술 및 재물 조직 등 모든 가치를 무력화하는 부국강병책만을 앞세우고 있다.

이에 따라 사회와 인간들도 타락했으며 저마다 금전만능주의와 관능적 향락풍조에 휩쓸려 마침내 존엄한 정신과 숭고한 가치를 상실하고 다만 먹고 마시고 놀기만 하는 비인격적 존재로 전락했다. 즉 현실적으로 오늘의 많은 사람들은 가치를 전도하고 숭고한 내면적 정신이나 심성보다 외형적 물질이나 육신만을 소중히 여기고 있다.

이에 사람들은 존엄한 인격을 상실하고 동물적 존재로 전락했으며 동시에 사회적으로도 윤리 도덕이 실종되고 또 국가적으로도 재물이나 과학 기술을 악용하고 무기화(武器化)해서 남을 살상하고 남의 재물을 탈취함으로써 인류사회를 더욱 타락시키고 장래를 어둡게 하고 있다.

이대로는 안된다. 하루 빨리 미망(迷妄)에서 벗어나 본연의 선 본성(善 本性)과 존엄한 인간의 존재가치를 되찾아야 한다. 그러기 위해 바른 교육을 통한 인간 선화(善化)가 무엇보다도 시급히 요청된다. 인간의 존엄한 가치는 하늘이 인간에게 준 숭고한 정신과 어진 심성 속에 깃들어 있다.

숭고한 정신은 곧 절대선(絶對善)인 하늘의 도리를 따르고 실천하려는 정신이다. 어진 심성은 곧 자연 만물 및 모든 사람을 사랑하고 함께 잘 살고 번영하고 또 발전하려는 착한 성품이다.

그러므로 인간은 약육강식의 동물적·이기적 탐욕을 초월하고 광명정대(光明正大)하고 공평무사(公平無私)하고 영구불변(永久不變)하는 천도를 따라 인류대동(人類大同)과 세계평화를 이룩하는 방향으로 나아가야 한다.

그러기 위해 우리는 성현의 가르침을 잘 배워야 한다. 그래야 절대선인 하늘의 도리를 바르게 알고 또 자신의 심성을 함양하고 인격을 수양

하여 가정에서는 부모에게 효도하고 사회적으로는 윤리 도덕을 실천하
는 인격자가 될 수 있을 것이다.

　공부와 수양은 바로 나 자신이 하는 것이다. 각자가 저마다 하늘이 준
숭고한 정신과 어진 심성을 계발하고 발전시키도록 스스로 공부하고 자
기를 수양해야 한다. 그러한 수양서의 하나가 《명심보감》이다. 이 책을
통해 많은 사람들이 선한 본성을 되찾고 인격을 도야하고 인류의 역사
와 문화발전에 선가치적으로 기여하는 지식인이 되기를 충심으로 바라
고 기대한다.

2003년 2월　張基槿 씀

차 례

증보편(增補篇)

제1편 계선편(繼善篇)

계선(繼善)은 선행을 계속함, 즉 평생토록 착한 일을 한다는 뜻이다. 일반적으로 남을 사랑하고 또 도와주는 것을 선이라고 한다. 그러나 유가사상에서 말하는 선의 기준은 절대선(絕對善)인 하늘의 도리다.

천도(天道)는 광명정대(光明正大)하고 공평무사(公平無私)하고 영구불변(永久不變)하는 선가치(善價値)의 도리이다.

《주역(周易)》〈계사전(繫辭傳)〉에 있다. '음과 양이 어울려서 창조적으로 발전하는 것이 바로 하늘의 도리이다. 그 천도를 계승하는 것이 선이고 천도를 성취하는 것이 인간의 본성이다(一陰一陽之謂道 繼之者善 成之者性也).'

사람은 하늘로부터 천도를 깨닫고 실천해서 역사와 문화를 발전시킬 수 있는 선본성(善本性)을 선천적으로 받아 지니고 있다. 창조주이자 절대선의 극치인 하늘이 사람에게 선본성을 준 것이다. 따라서 누구나 다 심성을 계발하고 수양하면 훌륭한 인격자가 될 수 있다.

주자(朱子)는 '마음이 몸의 주인이다(心者 身之主也).'라고 말했다. 인간의 언행(言行)은 마음쓰기에 따라 착하게 나타나기도 하고 악하게 나타나기도 한다.

사람의 마음은 하나이다. 그 한 마음 속에 선과 악이 함께 도사리고 있으며 서로 차지하는 영역이 반비례하게 마련이다. 즉 선이 크면 악이 오므라들고 반대로 악이 크면 선이 오므라든다.

그러므로 적극적으로 선을 행하도록 힘쓰고 수양을 해야 한다. 선은 하늘 편이고 악은 마귀 편이다. 따라서 선을 행하면 하늘이 복을 내려준다. 선행은 곧 천도를 실천함이다.

―――――― (1-1) ――――――――――――――

子曰, 爲善者天報之以福,
爲不善者天報之以禍.[1]

자왈 위선자(는) 천보지이복(하고),
위불선자(는) 천보지이화(니라).

공자가 말했다. '선을 행한 사람에게는 하늘이 복으로써 갚아주고 악을 행한 사람에게는 하늘이 화로써 갚아준다.'

○子(자)−공자(孔子, 기원전 552~479). 유교의 창시자. ○爲善者 (위선자)−선을 행한 사람. ○天報之(천보지)−하늘이 그에게 보답한다. ○以福(이복)−복으로써. ○爲不善者(위불선자)−착하지 않은 일. 즉 악을 행한 사람. ○天報之以禍(천보지이화)−하늘이 그에게 재화를 내린다. '지(之)'는 '그 사람'(代詞), 혹은 '동사화하는 허사(虛詞)'로 본다. '이화(以禍)'는 새 문법체계에서는 보어(補語)로 친다.

(참고) 선을 행한 사람에게는 하늘이 상복(賞福)을 내려주고 악을 행한 자에게는 벌재(罰災)를 내린다. 이러한 가르침은 불교나 기독교에서도 강조한다. 그러나 하늘이 헤아리는 척도는 그 폭이 크고 헤아리는 시간이 오래 걸린다. 그러므로 당장에 나타나지 않을 뿐이다. 그렇다고 하늘을 의심하면 안된다. 노자는 말했다. '하늘의 그물은 성글지만 빠뜨리거나 새게 하지 않는다(天網恢恢不遺疎).'

――――――――――――――――――――

1) 子(아들 자), 曰(가로 왈), 爲(할 위), 善(착할 선), 者(놈 자), 天(하늘 천), 報(갚을 보), 之(이 지), 以(써 이), 福(복 복), 不(아닐 불), 禍(재화 화).

── 1-2 ──

漢昭烈將終勅後主曰,
勿以善小而不爲 勿以惡小而爲之.2)

한소열(이) 장종(에) 칙후주왈,
물이선소이불위(하고) 물이악소이위지(하라).

촉한의 소열 황제가 임종에 아들 후주에게 칙서를 내려 말했다. '선한 일은 아무리 사소해도 이를 행하고 악한 일은 아무리 사소해도 이를 행하지 마라.'

ㅇ漢昭烈(한소열)—촉한(蜀漢)의 첫 임금 소열 황제. 즉《삼국지》에 나오는 유비(劉備). ㅇ將終(장종)—죽으려 할 때. ㅇ勅(칙)—조칙(詔勅), 임금의 명령을 적은 글. ㅇ後主(후주)—유비의 아들, 유선(劉禪). ㅇ以善小(이선소)—선이 사소해도, 이(以)는 이유로. ㅇ而(이)—그래서. 접속사. ㅇ不爲(불위)—'선을' 아니하다. ㅇ勿以善小而不爲(물이선소이불위)—선이 사소하다는 이유로 '선을' 안하지 마라. 작은 선이라도 적극적으로 행하라. ㅇ勿以惡小而爲之(물이악소이위지)—사소한 악이라고 행하지 마라. 조그마한 악이라도 악을 행하면 안된다. '물(勿)'은 '이악소이위지(以惡小而爲之)'에 걸린다.

(참고) '바늘도둑이 소도둑 된다'는 속담이 있다. 사소한 악이라도 버릇이 되면 큰 악을 범하게 된다. 반대로 사소한 선이라도 적극적으로 행하라. 오래 선을 행해야 선인이 된다.

---

2) 漢(한나라 한), 昭(밝을 소), 烈(세찰 렬·열), 將(장차 장), 終(끝날 종), 勅(조서 칙), 後(뒤 후), 主(주인 주), 勿(말 물), 而(말 이을 이).

──── 1-3 ────────────────────────

莊子曰,
一日不念善 諸惡皆自起.[3]

장자왈,
일일불념선(이면) 제악(이) 개자기(니라).

장자가 말했다. '하루라도 선하기를 염원하지 않으면 모든
악이 저절로 나타난다.'

ㅇ莊子(장자)─전국(戰國)시대 사상가, 노자(老子)의 뒤를 이은 도가
(道家)의 대표자. ㅇ不念善(불념선)─선을 염원하지 않으면. ㅇ諸惡
皆自起(제악개자기)─여러 가지 악이 저절로 나타난다.

(참고) 인간은 만물의 영장(靈長)이다. 그러므로 '탁월한 심령, 정신 및
이성'을 바탕으로 선(善)을 행할 수도 있다. 동시에 인간은 동물이다.
그러므로 '동물적 본능'을 바탕으로 악(惡)을 자행할 수도 있다. '하늘
의 도리를 따라, 서로 사랑하고 협동하여 함께 잘살려는 마음과 행동'
은 선이다. 반대로 '동물적·이기적 욕구를 채우기 위해서 남을 살상
하고 남의 재물을 탈취하는 마음과 행동'은 악이다. 인간의 행동은 마
음을 바탕으로 형성되고 나타난다. 그러므로 항상 착한 마음을 지니
고 선을 행하도록 노력해야 한다. 마음이 풀어지고 틈이 생기면 악한
마음이 고개를 들고 발동하게 된다.

────────────────

3) 莊(풀 성할 장), 念(생각할 념), 善(착할 선), 諸(모든 제), 皆(다 개), 自
(스스로 자), 起(일어날 기).

```
1-4
```

太公曰, 見善如渴 聞惡如聾.
又曰, 善事須貪 惡事莫樂.4)

태공왈 견선여갈(하고) 문악여롱(하라).
우왈 선사수탐(하고) 악사막락(하라).

태공이 말했다. '선을 보거든 목마를 때에 물 본 듯이 즉시 행하고, 악한 말을 들으면 귀머거리같이 모른 척해라.'

또 말했다. '착한 일은 모름지기 탐내서 행하고 악한 일은 절대로 즐겨하지 마라.'

○太公(태공)−강태공(姜太公), 여상(呂尙) 혹은 태공망(太公望)이라고도 함. 위수(渭水)에서 낚시를 하다가 주(周) 문왕(文王)에게 등용되고 군사(軍師)가 되었다. 문왕의 아들 무왕(武王)을 도와 주(周)나라 창건에 공을 세웠다. ○如渴(여갈)−목마를 때에 (물 마시듯). ○聾(롱)−귀머거리. ○須貪(수탐)−모름지기 탐욕스럽게 하라. ○莫樂(막락)−즐기지 마라.

참고) 내가 인식과 실천의 주체다. 목마를 때에 물을 찾고, 즉시 마시듯이 선행을 갈구하고 적극적으로 실천해야 한다. 반대로 악한 일에 대해서는 눈으로 보지도 말고, 귀로 듣지도 말고, 모른 척하고 멀리 물러나야 한다. 그래야 악에 물들지 않고 또 악에 휘말리지 않게 된다.

---

4) 渴(목마를 갈), 聾(귀머거리 롱), 須(모름지기 수), 貪(탐할 탐).

―――――― 1-5 ――――――

馬援曰, 終身行善 善猶不足,
一日行惡 惡自有餘.5)

마원(이) 왈, 종신행선(이라도) 선유부족(이요),
일일행악(이라도) 악자유여(니라).

마원이 말했다. '평생토록 선을 행해도 오히려 선이 부족
하다. 그러나 단 하루만 악을 행해도 악은 남음이 있다.'

o馬援(마원, 기원전 11~기원후 49)-후한(後漢)의 장군. 흉노를 정
벌하는 데 공을 세워 복파장군(伏波將軍)의 칭호를 받았다. o終身
(종신)-죽을 때까지, 평생. o自有餘(자유여)-그 자체로도 남음이
있다.

(참고) 선행은 끝없이 해라. 악행은 절대로 하지 마라. 단 한 번의 악이
일생을 망치는 수도 있다. 절대선(絶對善)인 하늘의 도리를 따라 남
을 사랑하고 인류의 역사 문화발전에 선가치적(善價値的)으로 이바
지하는 것이 선이다. 사람들이 서로 사랑하고 협동해야 함께 잘 사는
공동체를 형성할 수 있다. 그러므로 개개인의 선행은 인류문화의 발
전이나 세계평화에 기여한다. 반대로 동물적·이기적 탐욕을 채우기
위해 남을 속이거나 살상하고 나만의 이득을 채우는 것이 악이다. 사
람들이 서로 다투어 악을 행하면, 서로 분열되고 싸우고 쟁탈하며, 결
국에는 공동체가 파괴되고 따라서 개개인도 멸망하게 된다.

―――――――――――――

5) 終(끝날 종), 猶(오히려 유), 足(족할 족), 餘(남을 여).

1-6

司馬溫公曰,
積金以遺子孫 未必子孫能盡守,
積書以遺子孫 未必子孫能盡讀,
不如積陰德於冥冥之中 以爲子孫之計也.6)

사마온공(이) 왈,
적금이유자손(이라도) 미필자손능진수(요),
적서이유자손(이라도) 미필자손능진독(이니),
불여적음덕어명명지중(하여) 이위자손지계야(라).

사마온공이 말했다. '재물을 많이 쌓아놓고 자손에게 물려 주어도 자손이 반드시 잘 간직할 수 있는 것이 아니다. 책을 많이 쌓아놓고 자손에게 물려주어도 자손이 반드시 다 읽을 수 있는 것이 아니다. 그러니 차라리 남 모르게 덕을 쌓고 은혜를 베풀어 자손을 위하는 계책으로 삼음이 좋다.'

ㅇ司馬溫公(사마온공, 1019~1086)−송(宋)대의 학자이자 정치가로 《자치통감(資治通鑑)》의 저자. ㅇ積金(적금)−황금이나 돈 혹은 재물을 축적하다. ㅇ以(이)−그렇게 해서. ㅇ遺子孫(유자손)−자손에게 물려준다. ㅇ未必子孫能盡守(미필자손능진수)−(물려받은 금이나 재물을) 자손이 반드시 잘 지킬 수 있는 것이 아니다. 미필(未必)은 반드시 ……하지 않는다. ㅇ積書(적서)−많은 책을 쌓아놓다. ㅇ盡讀(진

6) 積(쌓을 적), 遺(남길 유), 必(반드시 필), 能(능할 능), 盡(다할 진), 陰(응달 음), 德(덕 덕), 冥(어두울 명), 計(꾀 계).

독)-책들을 다 읽다. ㅇ不如(불여)- ……하느니만 못하다. 차라리
……하는 편이 좋다. ㅇ積陰德(적음덕)-숨은 덕행을 쌓다. 즉 남에게
은혜를 베풀어 주다. ㅇ冥冥之中(명명지중)-나타나지 않고 남이 모
르는 사이에. ㅇ以爲子孫之計(이위자손지계)-자손을 위한 계책으로
삼는다.

(참고) 부모는 누구나 자기 자손이 잘살기를 바라고, 정성과 전력을 기
울이어 뒷바라지를 한다. 그러나 모든 사람이 바라는 '잘살기'에 대한
생각이나 가치관이 저마다 다른 데 문제가 있다.

예나 지금이나 많은 사람들이 '수단 방법을 가리지 않고 무조건 돈
벌고 권력 잡는 것이 곧 잘살기'라고 착각하고 있다. 그러므로 악덕한
폭력이나 간교한 사술(詐術)을 농하여 사회와 국가를 파탄나게 하고
있으며, 세계적으로는 인류위기를 초래하고 있다.

이 글의 저자 사마온공(司馬溫公)은 '돈이나 재치'보다 '내면적 덕'
을 중시했다. 그래서 자식에게 돈이나 책을 물려주지 말고 '적덕(積
德)'을 강조했다. '적덕'에는 두 가지 뜻이 있다. 부모가 평소에 많은
사람에게 은덕(恩德)을 베풀라는 뜻과, 동시에 자식의 덕성(德性)을
높이고, 자식으로 하여금 덕행을 행하게 하라는 뜻이다.

부모가 평소에 많은 사람에게 은덕을 베풀면, 부모가 사망한 다음
에도 그의 자손들이 자기도 모르게 많은 사람들로부터 음덕(陰德)을
받게 된다. 동시에 자손 자신들이 덕을 갖추고 덕을 행해야, 사회나
국가에 나가서 훌륭한 인격적 존재로 대접받고, 역사 문화에 선가치
적(善價値的)으로 이바지하는 인물이 되고, 참다운 의미로 '잘살게
된다.'

1-7

景行錄曰,
恩義廣施 人生何處 不相逢,
讐怨莫結 路逢狹處 難回避.[7]

경행록(에) 왈,
은의(를) 광시(하라), 인생하처(에) 불상봉(가),
수원(을) 막결(하라), 노봉협처(에) 난회피(니라).

《경행록》에서 말했다. '남에게 은혜와 정의를 넓게 베풀어
라. 사람이 살다보면 어디선가 다시 만나지 않겠느냐. 남에
게 원수와 원한을 맺게 하지 마라. 좁은 길목에서 마주치면
피하기 어렵다.'

ㅇ景行錄(경행록)−송(宋)대의 책 이름. ㅇ恩義(은의)−은혜와 의
리(義理). ㅇ廣施(광시)−넓게 베풀다. ㅇ相逢(상봉)−서로 만나다.
ㅇ讐怨(수원)−원수와 원한. ㅇ路逢(노봉)−길에서 마주치다. ㅇ狹處
(협처)−좁은 곳. ㅇ難回避(난회피)−회피하기 어렵다.

(참고) 언제나 어디서나 또 누구에게나 사랑과 은혜를 베풀어라. 반대로
남에게 악하게 하거나 원한을 맺게 하지 마라. 선에는 선한 보답이 오
고, 악에는 악한 보답이 따르게 마련이다. 오늘 헤어져도 장차 어디에
선가 다시 만나게 마련이다.

---

7) 景(볕 경), 錄(기록할 록), 義(옳을 의), 廣(넓을 광), 施(베풀 시), 逢(만
날 봉), 讐(원수 수), 怨(원망할 원), 狹(좁을 협), 難(어려울 난), 避(피
할 피).

1-8

莊子曰,
於我善者 我亦善之,
於我惡者 我亦善之,
我旣於人無惡 人能於我無惡哉.8)

장자왈,
어아선자(라도) 아역선지(하고),
어아악자(라도) 아역선지(하니),
아기어인(에) 무악(이면) 인능어아(에) 무악재(인저).

장자가 말했다. '나에게 잘해 준 사람에게도 나는 잘해 주
고, 동시에 나에게 잘못한 사람에게도 나는 역시 잘해 준다.
내가 먼저 남에게 악하게 함이 없으면 남도 나에게 악하게
함이 없을 것이다.'

○莊子(장자)−1-3 참조. ○於我善者(어아선자)−나에게 잘해 준 사
람. ○亦(역)−역시. ○善之(선지)−그 사람에게 잘해 준다. ○於我惡
者(어아악자)−나에게 해악(害惡)을 끼친 사람. ○我旣於人無惡(아
기어인무악)−내가 이미 남에게 악하게 함이 없으니. ○人能於我無惡
哉(인능어아무악재)−남도 능히 나에게 악하지 않게 하리라.

(참고) 나에게 잘해 준 사람에게 내가 잘해 주기는 어렵지 않다. 그러나
나에게 해를 끼친 사람에게도 나는 선으로써 대해 주어야 한다. 즉
'이선보악(以善報惡)'하라.

8) 於(어조사 어), 亦(또 역), 旣(이미 기), 能(능할 능), 哉(어조사 재).

1-9-1

東岳聖帝 垂訓曰,
一日行善 福雖未至 禍自遠矣,
一日行惡 禍雖未至 福自遠矣.9)

동악성제 수훈(에) 왈,
일일행선(이면) 복수미지(나) 화자원의(요),
일일행악(이면) 화수미지(나) 복자원의(라).

동악성제가 가르침을 내려 말했다. '하루 동안 선을 행하
면 비록 복이 미처 오지는 않아도 그만큼 화가 스스로 멀어
질 것이다. (반대로) 하루 동안 악을 행하면 비록 화가 미처
닥쳐오지는 않아도 그만큼 복이 제물로 멀어질 것이다.'

ㅇ東岳聖帝(동악성제)−도가에서 높이는 가공적 신선. ㅇ垂訓(수
훈)−가르침을 내리다. ㅇ一日行善(일일행선)−하루 동안 선을 행하
다. ㅇ雖(수)−비록. 未至(미지)−미처 도달하지 않아도 ㅇ禍自遠
矣(화자원의)−(선을 행한 만큼) 화가 스스로 멀어진다. ㅇ矣(의)−어
조사. ㅇ一日行惡(일일행악)−하루 동안 악을 행하면. ㅇ禍雖未至
(화수미지)−화가 비록 아직 오지 않아도. ㅇ福自遠矣(복자원의)−복
이 스스로 멀어진다.

참고 선과 악은 상대적이다. 둘은 하나인 마음속에 공존하고 있다. 선
행을 하면 그만큼 악이 멀어지고 반대로 악행을 하면 그만큼 선이 멀

9) 東(동녘 동), 岳(큰 산 악), 聖(성스러울 성), 帝(임금 제), 垂(드리울 수),
訓(가르칠 훈), 雖(비록 수), 未(아닐 미), 至(이를 지), 禍(재화 화).

어진다.

　현실로 선을 했다고 당장 그 자리에서 하늘이 상복(賞福)을 내려주
고, 악을 했다고 당장 하늘이 벌재(罰災)를 내리는 것은 아니다. 하늘
은 크게 내다보고 또 긴 세월을 두고 헤아리기 때문이다.

───（ 1-9-2 ）───

行善之人 如春園之草 不見其長 日有所增,
行惡之人 如磨刀之石 不見其損 日有所虧.10)

　　　행선지인(은) 여춘원지초(하야) 불견기장(이나) 일유소증(이요),
　　　행악지인(은) 여마도지석(하야) 불견기손(이나) 일유소휴(니라).

　선을 행하는 사람은 봄동산의 풀처럼 그 자라남이 눈에
보이지 않으나 날로 선이 증폭될 것이다. 악을 행하는 사람
은 흡사 칼을 가는 숫돌처럼 그 닳음이 눈에 보이지 않으나
날로 축이 날 것이다.

　　ㅇ行善之人(행선지인)－선을 행하는 사람.　ㅇ春園(춘원)－봄철의 화
　　원이나 동산.　ㅇ不見其長(불견기장)－풀의 자라남이 눈에 보이지 않
　　으나.　ㅇ日有所增(일유소증)－날로 증가되는 바가 있다. 즉 선행이 증
　　폭되거나 공덕이 커짐.　ㅇ行惡之人(행악지인)－악을 행하는 사람.
　　ㅇ磨刀之石(마도지석)－칼을 가는 숫돌.　ㅇ其損(기손)－(숫돌의) 닳
　　음.　ㅇ日有所虧(일유소휴)－날로 이지러진다. 휴(虧)는 닳다, 축나다.

────────────

10) 如(같을 여), 園(동산 원), 其(그 기), 長(길 장, 자라다), 所(바 소), 增
　　(불을 증), 磨(갈 마), 刀(칼 도), 損(덜 손), 虧(이지러질 휴).

(참고) 도덕성은 봄풀처럼 그 자라남이 눈에 보이지 않지만 어느덧 자라서 꽃을 피운다. 반대로 악한 짓을 하면 마치 숫돌이 닳아서 마멸되듯이 자신의 인격이나 덕성을 파탄나게 한다.

───── **1-10** ─────

子曰, 見善如不及 見不善如探湯.[11]

자왈, 견선여불급(하고) 견불선여탐탕(하라).

공자가 말했다. '선을 보면 항상 못 미치는 듯이 서둘러 행하고, 악을 보면 끓는 물 속에 손을 담그듯 조심하고 물러나야 한다.'

○見善(견선)−선을 보다, 남이 선한 일 하는 것을 본다. ○如不及(여불급)−미치지 못하는 듯이. ○見不善(견불선)−잘못을 보다, 잘못이라고 알다. ○如探湯(여탐탕)−마치 끓는 물에 손을 담글 때처럼 조심한다. 즉시 악에서 물러나다. '탐(探)'은 손으로 더듬어 찾다.

(참고) 스스로 선을 추구하고 찾아서 적극적으로 행해야 한다. 아울러 남의 선행을 보면 분발해서 선을 행해야 한다. 한편 자신의 잘못이나 남의 잘못을 보면 흡사 손을 끓는 물에 담갔다가 얼른 빼내듯이 즉시로 악에서 물러나야 한다. 일반적으로 사람들은 악에 쉽사리 빠지고 악덕한 짓을 한다. 그 까닭은 윤리 도덕을 저버리고 동물적 본능 생활만을 추구하기 때문이다. 그러므로 동물적·이기적 탐욕만을 채우려 하지 말고 정신적·이성적·윤리 도덕적 삶을 살려고 노력해야 한다.

───────────

11) 及(미칠 급), 探(찾을 탐), 湯(물 끓을 탕).

제2편 천명편(天命篇)

옛사람들은 하늘이 우주 천지 만물을 창조하고, 아울러 시간과 공간을 통합한 하늘의 도리를 따라 자연 만물의 생성(生成) 변화를 주재하며, 또 인간의 생사는 물론 빈부귀천(貧富貴賤)의 분수까지 섭리하고 주재한다고 믿었다.

천도(天道)는 절대선의 도리이다. 따라서 사람들은 하늘의 도리를 따라야 한다. 그러면 좋은 결과를 얻는다. 이를 두고 '선을 행하면 하늘이 상복(賞福)을 내린다'고 말하는 것이다.

반대로 하늘의 도리를 어기고 동물적·이기적 탐욕을 채우기 위해 남을 살상하고 남의 재물을 탈취하면, 서로 싸우고 서로 망하게 된다. 이를 두고 '하늘이 벌재(罰災)를 내린다'고 말하는 것이다.

하늘의 도리는 눈에는 보이지 않는다. 그러나, 우주·천지·자연 만물을 지배하는 도리이다. 그러므로 사람들은 하늘의 도리를 따라야 한다.

천명(天命)은 곧 하늘의 절대명령이다. 우주 천지간에 있는 자연 만물이나 혹은 하늘 땅 사이에서 일어나는 삼라만상의 현상이 다 천명에 의해서 생성 변화하고 있는 것이다.

'나 자신'도 천명에 의해서 태어나 삶을 누리고 있다. 나의 환경이나 운명도 천명으로 주어진 것이다. 그러므로 우리는 절대명령인 천명을 경건히 받아들이고 또 주어진 위상에서 정성을 다하며 착하게 살아야 한다. 천명사상은 체념적(諦念的) 비관론이나 숙명론이 아니다.

2-1

子曰, 順天者存 逆天者亡.[1]

자왈, 순천자(는) 존(하고) 역천자(는) 망(하니라).

선생이 말했다. '하늘에 순종하는 사람은 살고 하늘에 거역하는 사람은 망한다.'

  ○子(자)―선생의 뜻. 여기서는 맹자(孟子). ○順天者(순천자)―하늘의 도리를 따르고 행하는 사람. ○存(존)―살고 흥한다. ○逆天者(역천자)―하늘의 도리를 어기는 자.

(참고) 중국에서도 고대에는 천(天)을 인격신으로 믿고 따랐다. 그러나 유교에서 말하는 천은 주로 절대선인 하늘의 도리를 지칭하는 경우가 많다. 자연과학에서 자연법칙을 어기면 과학적 성과를 거둘 수 없듯이, 인간은 천도(天道)를 따라야 살고 또 흥한다. 반대로 천도를 어기면 죽고 멸망한다.

  인간을 만물의 영장이라고 높이는 이유는 숭고한 정신을 지니고 고결한 정신적 삶을 영위하기 때문이다. 그러므로 사람은 동물적·육체적·관능적(官能的) 삶보다도 정신적·이성적·도덕적 삶을 더 높이고 살아야 한다.

  정신적 삶이란 절대선의 도리인 하늘의 도리를 깨닫고 따르고 실천하는 생활이다. 천도를 모르고 실천하지 않으면, 동물적 존재로 전락한다.

---

1) 順(순할 순), 存(있을 존), 逆(거스를 역), 亡(망할 망).

――――(2-2)――――――――――――――

康節邵先生曰,
天聽寂無音 蒼蒼何處尋
非高亦非遠 都只在人心.[2]

> 강절소선생(이) 왈,
> 천천(이) 적무음(하니) 창창하처심(고),
> 비고역비원(이라) 도지재인심(이니라).

　소강절 선생이 말했다. '하늘은 듣고 살피지만 말없이 조용하고 창창하니, 어떻게 알고 또 찾나? 그것은 다만 높지도 않고 멀지도 않은 마음속에 있느니라.'

　　o康節邵先生(강절소선생, 1011~1077)－송(宋)대의 유학자, 성은 소(邵), 이름은 옹(雍), 강절(康節)은 시호. o天聽(천청)－하늘이 듣는다. o寂無音(적무음)－조용하고 소리가 없다. o蒼蒼(창창)－푸르고 푸르다. 멀고 그윽하다. o何處尋(하처심)－하늘의 뜻이나 도리를 어디에서 찾을까? o非高(비고)－높은 곳이 아니다. o亦非遠(역비원)－또 멀리 있지도 않다. o只(지)－오직. o在人心(재인심)－사람의 마음속에 있다.

(참고) 하늘의 도리는 무형의 실재(實在)이다. 그러므로 정신이나 마음으로 깨닫고 터득하게 마련이다. 동물은 천도를 알지 못한다. 사람만이 숭고한 정신과 마음으로 천도를 알고 실천한다.

―――――――――――――――――

　2) 聽(들을 청), 寂(고요할 적), 蒼(푸를 창), 尋(찾을 심), 都(모두 도).

2-3

玄帝垂訓曰,
人間私語 天聽若雷,
暗室欺心 神目如電.3)

현제수훈(에) 왈,
인간사어(라도) 천청(은) 약뢰(하고),
암실기심(이라도) 신목(은) 여전(이니라).

현제가 훈계를 내려 말했다. '사람들의 비밀스런 속삭임도 하늘의 귀에는 우레 소리처럼 크게 들리고, 어두운 방에서 양심을 속일지라도 신령의 눈에는 번갯불처럼 밝게 보인다.'

○玄帝(현제)−도교(道敎)에서 높이는 신. ○垂訓(수훈)−훈계(訓戒)를 내리다. ○私語(사어)−남모르게 속삭이는 비밀스런 말. ○天聽(천청)−하늘이 듣기에는. ○若雷(약뢰)−우레같이 크게 들린다. ○暗室(암실)−어두운 방안에서. ○欺心(기심)−자기의 양심을 속이는 행위. ○神目(신목)−신령의 눈에. ○如電(여전)−번개처럼 밝게 보인다.

참고 악한 생각, 악한 마음은 결국 악한 행동으로 나타나며 모든 사람들이 알게 된다. 속담에도 '낮말은 새가 듣고 밤말은 쥐가 듣는다'고 했다. 인간이 잘하면 자연도 번성하고 하늘도 기뻐한다. 반대로 인간이 악하면 자연도 시들고 하늘도 슬퍼한다.

---

3) 玄(검을 현), 帝(임금 제), 垂(드리울 수), 訓(가르칠 훈), 私(사사 사), 語(말씀 어), 聽(들을 청), 若(같을 약), 雷(우레 뢰), 暗(어두울 암), 室(집 실), 欺(속일 기), 神(귀신 신), 目(눈 목), 如(같을 여), 電(번개 전).

―――― 2-4 ――――

益智書云,
惡鑵若滿 天必誅之.[4]

익지서(에) 운,

악관(이) 약만(이면) 천필주지(니라).

익지서에 적혀 있다. '나쁜 마음이 가득 차면 하늘은 반드시 멸한다.'

o益智書(익지서)―송(宋)대의 책 이름. o云(운)―적혀 있다. 혹은 '……에 있는 말'로 풀이하기도 한다. o惡鑵(악관)―나쁜 두레박, 여기서는 악한 마음에 비유했다. o若(약)―만약에. o滿(만)―(마음속에 악이) 가득 차다. o誅(주)―벌로 죽이고 멸함.

(참고) 사람의 마음을 두레박에 비유했다. 낡고 헐어빠진 두레박으로는 물을 길 수 없다. 그와 마찬가지로, 하늘이 준 착한 마음이 아닌 나쁜 마음을 가지고 악한 행동을 하면, 필연적으로 망한다. 이를 하늘이 벌을 내리고 멸한다고 한다. 하늘은 본래 인간에게 '서로 사랑하고 협동해서 함께 잘사는 인심(仁心)'을 주었다. 그런데 '동물적·이기적 탐욕이나, 육체적·관능적 쾌락'만을 추구하고 채우기 위해서 남을 속이거나 살상하고, 남의 재물을 탈취하는 악덕한 삶을 살면 천벌을 받고 멸망한다. 썩은 두레박으로 물을 길어올릴 수 없듯이, 썩은 마음으로는 참삶을 살지 못한다.

――――――――

4) 益(더할 익), 云(이를 운), 鑵(두레박 관), 滿(찰 만), 誅(벨 주).

___2-5___

莊子曰, 若人作不善 得顯名者
人雖不害 天必戮之.5)

장자왈, 약인작불선(하야) 득현명자(는),
인수불해(나) 천필륙지(하니라).

장자가 말했다. '만약에 악한 짓을 하고 이름을 나타내고 잘사는 경우, 비록 사람들이 나서서 그를 해치지 않는다 해도 하늘은 반드시 그를 멸할 것이다.'

○莊子(장자)-1-3 참조. ○若(약)-만약에. ○作不善(작불선)-악을 행하다. ○得顯名者(득현명자)-명성을 얻고 잘산다. ○雖(수)-비록……일지라도. ○害(해)-해치다. ○戮之(육지)-벌주고 멸하다.

(참고) 착한 사람이 인정받고 칭송되는 사회는 좋은 사회이고 반대로 악덕한 자가 득세하고 잘사는 사회는 악한 사회이다. 타락한 정치사회에서는 현실적으로 간악한 인간, 무력을 휘두르는 악한들이 남을 살상하고 남의 재물을 탈취하고 잘살며 권력을 누리고 있다. 한편 양심적이고 착하고 정직한 사람은 악에 눌려, 고생을 하고 못산다. 뿐만 아니라 선량한 사람들은 악덕한 권력자를 심판도 못하고, 처단하지도 못한다. 그러나 결국 악은 망하고 선이 흥한다. 그것이 하늘의 심판이고, 인류역사의 흐름이다.

---

5) 若(같을 약), 作(지을 작), 得(얻을 득), 顯(나타날 현), 雖(비록 수), 害(해칠 해), 必(반드시 필), 戮(죽일 륙).

―――――― 2-6 ――――――

種瓜得瓜 種豆得豆.
天網恢恢 疎而不漏.6)

종과득과(요) 종두득두(니라).
천망(이)회회(하나) 소이불루(니라).

'오이를 심으면 오이를 거두고 콩을 심으면 콩을 거둔다.'
'하늘의 그물은 넓고 성글지만 새거나 빠뜨리지 않는다.'

ㅇ種瓜得瓜(종과득과)-오이를 심으면, 오이를 거두다. ㅇ種豆得豆
(종두득두)-콩을 심으면 콩을 거둔다. ㅇ天網(천망)-하늘의 그물.
ㅇ恢恢(회회)-크고 넓다. ㅇ疎(소)-성글다, 사이가 뜨다. ㅇ不漏(불
루)-새거나 빠뜨리지 않는다.

(참고) 인과응보(因果應報)라고 한다. 선에는 선과(善果)가 여물고 악에
는 악과(惡果)가 여물게 마련이다. 그것이 하늘의 도리이다. 또 하늘
의 법망(法網)은 절대로 악을 놓치거나 빠뜨리지 않는다. 하늘 무서
운 줄 알고 하늘의 도리를 따라 살아야 한다.

앞에서도 말했다. 하늘의 계산은 우주적인 견지에서 장구한 세월을
두고 내다보고 평가한다. 그러므로 현실적으로 인간세상에서는 악이
잘살고 선이 패하는 것처럼 보인다. 그러나 긴 안목으로 보면 악은 멸
망하고, 선이 승리함을 알 수 있다.

---

6) 種(씨 종, 심다), 瓜(오이 과), 得(얻을 득), 豆(콩 두), 網(그물 망), 恢
(넓을 회), 疎＝疏(트일 소), 漏(샐 루).

2-7

子曰, 獲罪於天 無所禱也.7)

자왈, 획죄어천(이면) 무소도야(라).

공자가 말했다. '하늘에 죄를 지면 빌 곳이 없다.'

　o 獲罪(획죄)-죄를 얻다.　o 於天(어천)-하늘에 대해서.　o 無所禱
(무소도)-기도하고 용서받을 데가 없다.

(참고) 하늘은 창조주이자 동시에 섭리의 주재자이다. 또 하늘의 도리는
절대선의 도리이다. 그러한 하늘과 하늘의 도리를 어기고 죄를 지면
어디에 대고 용서를 빌 것인가? 자연법칙을 어기면 과학적 성과를 거
둘 수 없다.

　맹자는 "하늘은 백성의 눈을 통해서 살피고 백성의 귀를 통해서 듣
는다(天視自我民視 天聽自我民聽)."라고 말했다. 위정자가 하늘의
도리를 따르고 실천하면 백성들이 잘살고, 하늘도 기뻐하고 더욱 상
복(賞福)을 내린다. 반대로 위정자가 하늘의 도리를 어기고 자기 욕
심만을 채우면 백성들이 못살고, 하늘이 노하고 천벌을 내린다.

　유교의 천도관(天道觀) 속에는 만물을 낳고 키우고 역사적으로 발
전시킨다는 '생명철학적 발전관(生命哲學的 發展觀)'과 '역사적 문화
적 발전관(歷史的 文化的 發展觀)'이 확립되어 있다. 그러므로 유교
사상에서는 천도를 기준으로 하고, 선과 악을 분별하고 선을 행하라
고 강조한다.

---

7) 獲(얻을 획), 罪(허물 죄), 所(바 소), 禱(빌 도).

제3편 순명편(順命篇)

앞의 천명편(天命篇)과 밀접하게 이어진다. 이 편에는 하늘의 명을 따르고 순종해야 한다는 내용의 구절을 추렸다. 첫 구절은 《논어(論語)》에서 공자가 한 말이다. '인간이 살고 죽는 것이 천명으로 정해진다. 또 부귀를 누리고 못 누리고도 하늘의 뜻에 매여 있다(死生有命 富貴在天).'

이 말을 숙명론으로 받아들이면, 인간의 성실한 노력마저 부정하게 된다. 그러나 공자가 말한 뜻은 그와 같은 숙명론이 아니다.

절대자인 하늘과 하늘의 도리를 터득하고 따라야 함을 강조한 것이다. 인간의 존재는 광대하고 영원한 우주에 비하면 미미하기 짝이 없다. 오래 살아도 백 년을 넘기기 어려운 인간의 생존은 영원한 시간에 비하면 참으로 순간적이라 하겠다. 또 크기에 있어서도 공중에 뜬 먼지에 불과할 만큼 미미한 존재이다. 본시 인간의 출생·생존·사망이 다 우주의 지배를 받고 있다.

우(宇)는 공간을 뜻하고 주(宙)는 시간을 뜻한다. 즉 인간은 공간과 시간의 제약을 받으며 생멸(生滅)하는 지극히 작은 존재에 불과하다. 그 우주의 도리가 바로 천도(天道)이다. 자연법칙도 그 천도의 일부인 것이다.

그러나 우매하고 탐욕하고 또 거만한 사람들은 우주를 지배하는 절대자 하늘과 절대선의 도리인 천도를 무시하거나 부정하고 제멋대로 행동한다. 이기적 탐욕과 관능적 쾌락만을 충족시키려고 온갖 악덕을 자행하고 있다. 따라서 공자가 이들을 깨우치고자 한 말이다.

___3-1___

子曰, 死生有命 富貴在天.[1]

자왈, 사생(이) 유명(하고) 부귀(는) 재천(이라).

공자가 말했다. '사람의 죽음과 삶은 천명으로 주어지며, 부귀도 하늘에 매여 있다.'

> ○死生(사생)−죽고 사는 것. 인간의 수명. ○有命(유명)−천명에 있다. ○富貴(부귀)−재물이 많고, 고귀하게 됨. ○在天(재천)−하늘에 매여 있다. 하늘에 의해서 부귀가 주어진다.

(참고) 하늘이 내려준 생명을 소중히 여기고 하늘의 뜻에 합당하게 삶을 살아야 한다. 부귀도 하늘에 의해 주어진다. 하늘의 도리를 따라 부지런히 생산하고 절약하고 또 국가를 위해 공을 세우면 부귀가 따른다.

___3-2___

萬事分已定 浮生空自忙.[2]

만사분이정(이어늘) 부생(이) 공자망(이라)

모든 일에는 자기에게 주어진 분수가 이미 정해져 있거늘 뜬구름 같은 인생이 공연히 수선스레 안달을 떨고 있다.

> ○萬事(만사)−모든 일, 즉 '나에게 주어진 운명이나 팔자를 위시하여,

---

1) 死(죽을 사), 命(천명 명), 富(부자 부), 貴(귀할 귀), 在(있을 재).
2) 萬(일만 만), 事(일 사), 定(정할 정), 浮(뜰 부), 空(빌 공), 忙(바쁠 망).

수명·빈부·귀천 및 사업의 성패득실(成敗得失)' 등이 다 포함된다. ㅇ分已定(분이정)-분수가 이미 정해져 있다. ㅇ浮生(부생)-뜬 구름같이 떠도는 허망한 인생. ㅇ空自忙(공자망)-공연히 바쁘게 수 선부리고 안달을 떤다.

(참고) 이 말도 인간의 노력 자체를 부정하고 무력화하는 말같이 해석하면 안된다. 하늘의 도리를 따라 선과 악의 분수가 정해져 있거늘 우매한 사람들이 탐욕을 내고, 건성으로 부귀영화를 얻으려고 안달을 떨고 있다는 뜻이다.

───(3-3)──────────────────

景行錄云, 禍不可倖免 福不可再求.3)

경행록(에) 운, 화(는) 불가행면(이오) 복(은) 불가재구(니라).

《경행록》에 있다. '하늘이 내리는 화는 요행으로 면할 수 없고 또 하늘이 내리는 복도 두 번 다시 구하면 안된다.'

ㅇ景行錄(경행록)-1-7 참조. ㅇ禍(화)-죄지은 자에게 하늘이 내리는 재화. ㅇ不可(불가)-……할 수 없다. 하면 안된다. ㅇ倖免(행면)-요행으로 면하다. ㅇ不可再求(불가재구)-다시 (복받기를) 바라면 안된다.

(참고) 하늘의 심판은 준엄하다. 악한 자에게 내리는 하늘의 벌을 인간의 꾀나 요행으로는 면할 수 없다. 동시에 한번 선행을 하고, 하늘로부터 상복(賞福)을 받았다고 계속해서 복을 기대하면 안된다. 복을 받으려면 더욱 선행을 해야 한다.

───────────────

3) 禍(재화 화), 倖(요행 행), 免(면할 면), 福(복 복), 再(두 재), 求(구할 구).

3-4

時來 風送滕王閣,
運退 雷轟薦福碑.4)

시래(면) 풍송등왕각(이오),
운퇴(면) 뇌굉천복비(라).

때가 오면 바람이 등왕각으로 불고, 운수가 쇠퇴하면 벼락
이 천복비에 떨어진다.

ㅇ時來(시래)−때가 오다. ㅇ風送(풍송)−바람이 불어서 배를 빨리
가게 해주다. ㅇ滕王閣(등왕각)−강서성(江西省)에 있는 누각. 당(唐)
고조(高祖)의 아들이 등왕으로 있을 때 세운 누각. ㅇ運退(운퇴)−운
수가 쇠퇴하면. ㅇ雷轟(뇌굉)−우레가 치고 벼락이 떨어지다. ㅇ薦福
碑(천복비)−강서성 천복사(薦福寺)에 있는 비석.

참고 다음과 같은 고사가 있다. 등왕각의 낙성을 기념하는 글짓기 대
회가 있었다. 그 때에 왕발(王勃)이 탄 배를 바람이 불어서 7백 리
길을 하루에 당도케 했다. 이에 왕발이 지은 등왕각서(滕王閣序)가
으뜸으로 뽑혔다. 이것은 때가 온 경우다. 천복비(薦福碑)는 명필 구
양순(歐陽詢)이 글씨를 쓴 유명한 비석이다. 송(宋)에 구래공(寇萊
公)이라는 가난한 선비가 있었다. 그에게 천복비의 탁본을 떠오면 후
한 돈을 주겠다고 했다. 구래공이 수천 리 길을 가서 내일이면 탁본을
뜰 참이었는데 그날 밤에 벼락이 떨어져 비석이 깨져서 탁본을 뜨지
못했다.

---

4) 雷(우레 뢰), 轟(울릴 굉), 薦(천거할 천), 福(복 복), 碑(돌기둥 비).

3-5

列子曰,

痴聾痼啞家豪富　知慧聰明却受貧,

年月日時該載定　算來由命不由人.[5]

열자왈,

치농고아(도) 가호부(요) 지혜총명(도) 각수빈(이라),

연월일시해재정(하니) 산래(에) 유명불유인(이라).

　열자가 말했다. '바보에 귀먹고 고질병에 벙어리라도 그 집안이 부자일 수가 있고, 지혜롭고 총명해도 도리어 빈궁에 시달릴 수가 있다. 태어난 연월일시에 따라 사주 팔자가 이미 정해진 바 있으니, 헤아려보면 운명에 따르지 사람에 따르는 것이 아니라 하겠다.'

　　○列子(열자)－전국(戰國)시대 도가(道家) 계통의 사상가. ○痴(치)－어리석다, 바보. ○聾(롱)－귀머거리. ○痼(고)－고질병. ○啞(아)－벙어리. ○聰明(총명)－총명하다. ○却(각)－도리어. ○受貧(수빈)－가난한 운수를 받고 가난하게 살다. ○年月日時(연월일시)－출생한 때. ○該載定(해재정)－그에 해당하는 운수나 사주 팔자가 정해져 있다. ○算來(산래)－헤아려 보면. ○由命(유명)－하늘이 준 운명에 의한다. ○不由人(불유인)－사람에 따르는 것이 아니다.

---

5) 痴＝癡(어리석을 치), 聾(귀머거리 롱), 痼(고질 고), 啞(벙어리 아), 豪(호걸 호), 慧(슬기로울 혜), 聰(귀 밝을 총), 却(도리어 각), 該(그 해), 載(실을 재).

참고 옛날 사람들은 '하늘의 운세와 때를 잘 타고나야 부귀영화를 누릴 수 있다'고 생각했다. 하늘의 운세와 때는 곧 우주의 운행과 때가 일치한다는 뜻이다. 비근한 예를 들겠다. 도덕적으로 문란한 춘추시대에 태어난 공자는 때를 잘못 타고난 까닭으로 성군(聖君)이 되지 못하고 지성선사(至聖先師)에 머물고 말았다.

옛날 사람들이 '인간의 생사·신분·빈천 모두가 우주 및 하늘의 도리에 의해서 결정된다'고 생각한 것을 맹목적인 숙명론이라고 오해하기 쉽다. 그러나 전통사상에서 성현들이 높인 천운(天運)이나 천시(天時)는 맹목적인 숙명론과는 다르다.

그것은 하늘의 도리와 역사적인 시운에 맞게 해야 한다는 뜻이다. 그러므로 사람은 자신이 할 수 있는 노력을 다 해야 한다. 그러면 하늘이 복을 준다. 즉 어느 때에나, 천도를 따르고 자기의 최선을 다 하라는 가르침이 숨어 있다. '인간이 할 일을 다하고 하늘이 내릴 복을 기대해야 한다(盡人事 待天命).'

그러나 우매한 사람은 노력도 하지 않고 동물적·이기적 탐욕을 채우기 위해, 악한 짓을 한다. 이러한 자들을 훈계하기 위하여 모든 것이 하늘에 의해서 정해졌다고 하는 것이다.

제4편 효행편(孝行篇)

인간은 누구나 자신과 자신의 생명을 소중히 여긴다. 그 막중한 '나'를 낳고 키워주신 분이 바로 부모님이다. 뿐만이 아니다. 어린 나를 애지중지 가꾸어 건장한 어른이 되게 뒷바라지해 주신 분도 바로 나의 어버이이다. 그리고 양친께서는 이미 나이드시고 노쇠하셨다. 나의 양친을 누가 가장 친근하게 돌봐야 하나? 바로 자식된 내가 아닌가? 나를 낳고 키워주신 어버이의 은혜는 하늘보다 높고 바다보다 깊다. 끝없이 감사하고 보답해야 한다. 그것이 효도의 시발이다.

그러나 오늘의 실상은 어떠한가? 많은 사람들이 성실히 양친에게 효도를 하고 있나? 유감스럽게도 '아니다'이다. 많은 사람들이 부모에 대한 효도·효성을 소홀히 하고, 그 결과 나도 모르게 노부모의 마음을 서글프게 하고 있다. 스스로 반성하자. 그리고 늦기 전에 효도하자. 그래야 천추(千秋)의 한을 남기지 않게 된다.

효도의 기본 원리와 뜻은 깊다. 자자손손 이어지면서 집안을 더욱 흥성케 하고 발전케 하는 도리가 바로 효도이다. 효도 속에는 역사나 문화의 발전관이 살아 있다. 그러므로 가정에서 효도를 독실히 실천하면, 국가 및 인류 세계의 역사·문화 발전에 선가치적(善價值的)으로 이바지하는 고결한 인격자가 될 수 있다.

효도는 실천적인 훈련을 통해서 몸에 익히고 습관화되어야 한다. 그러므로 가정에서의 효도교육이 중요하다. 부모는 자식을 육체적으로만 키우지 말고, 정신적·윤리적·도덕적으로도 인격자가 되도록 엄하게 훈육해야 한다.

효도는 또 좁게는 선조의 이상과 유업을 계승 발전하고, 넓게는 인류의 역사·문화를 더욱 선(善)한 방향으로 발전케 하는 뜻도 있다.

4-1

詩曰, 父兮生我 母兮鞠我,
哀哀父母 生我劬勞,
欲報之德 昊天罔極.1)

> 시왈, 부혜생아(하시고) 모혜국아(하시니),
> 애애부모(여) 생아구로(하셨다),
> 욕보지덕(인대) 호천망극(이로다).

《시경》에 적혀 있다. '아버지가 나의 생명의 씨를 주시고, 어머니는 나를 기르셨네. 애달프다! 부모님께서 나를 낳고 키우시느라 수고하셨네. 그 은덕 갚으려 하나 하늘처럼 넓고 크며, 끝이 없구나!'

> ○詩(시)―《시경(詩經)》. ○兮(혜)―감탄의 뜻을 나타내는 어조사. ○鞠(국)―기르다, 양육하다. ○哀哀(애애)―아아, 애달프다! ○劬勞(구로)―애쓰고 수고하다. ○欲報(욕보)―보답하고자 하나. ○之德(지덕)―부모님의 그 은덕. ○昊(호)―하늘, 여기서는 부모님의 은덕이 하늘처럼 높고 크다는 뜻. ○罔極(망극)―끝없다, 무한하다.

참고 나를 생육하신 부모님의 은혜는 하늘처럼 크고 높기만 하다. 부모님의 은공에 끝없이 보답해야 한다. 까마귀도 늙은 어미에게 먹이를 물려준다는 '오유반포지효(烏有反哺之孝)'가 있다.

---

1) 詩(시 시, 시경), 兮(어조사 혜), 鞠(기를 국), 哀(슬플 애), 劬(수고로울 구), 勞(일할 로), 報(갚을 보), 德(덕 덕), 昊(하늘 호), 罔(없을 망), 極(다할 극).

───(4-2)───

子曰, 孝子之事親也 居則致其敬,
養則致其樂 病則致其憂,
喪則致其哀 祭則致其嚴.[2]

자왈, 효자지사친야(는) 거즉치기경(하고),
양즉치기락(하고) 병즉치기우(하고),
상즉치기애(하고) 제즉치기엄(이니라).

공자가 말했다. '효자가 부모님 섬길 때에는 다음과 같이
해야 한다. 평상시에는 공경을 다해서 모시고, 음식을 공양
해 올릴 때에는 즐겁게 드시도록 하고, 병시중을 들 때에는
진정으로 우려하고, 상례를 치를 때에는 애도를 다하고, 제
사를 올릴 때에는 지극히 엄숙하게 모셔야 한다.'

ㅇ子曰(자왈)-공자의 말. 《효경(孝經)》에 있다. ㅇ孝子之事親也(효
자지사친야)-효자의 어버이 섬김은, 혹은 효자가 부모를 모심에 있어
서는. ㅇ居(거)-평상시에는. ㅇ致其敬(치기경)-공경을 다하다. ㅇ養
(양)-부모님을 봉양해 올릴 때에는. ㅇ致其樂(치기락)-즐거운 표정
이나 태도로 부모님을 즐겁게 해 올린다. ㅇ病(병)-병환에 걸리셨
을 때에는. ㅇ致其憂(치기우)-근심하며 최선을 다하다. ㅇ喪(상)-
상례 때에는. ㅇ哀(애)-진정으로 애도·애척(哀戚)하는 마음으로.
ㅇ祭(제)-제사를 모실 때에는. ㅇ嚴(엄)-엄숙하게 하다.

───────────────

2) 親(어버이 친), 致(극진히 할 치), 敬(공경할 경), 養(기를 양), 樂(즐길
　락), 病(병 병), 憂(근심할 우), 喪(죽을 상), 祭(제사 제), 嚴(엄할 엄).

(참고) 사람이 동물과 다른 가장 중요한 요건이 바로 부모님에게 효도하는 것이다. 동물도 새끼를 낳고 본능적으로 키운다. 그러나 새끼는 어미에게 갚을 줄 모른다. 사람만이 효성으로 부모님 은혜에 보답할 수 있다. 동양에서 높이는 효도는 오랜 역사를 통해 터득한 생활의 지혜이며 윤리 도덕의 핵심이다. 동양의 빛나는 효도의 전통을 되살리고 위기에 처한 오늘의 세계를 도덕적으로 구제해야 한다.

4-3

子曰, 父母在 不遠遊 遊必有方.3)

자왈, 부모재(어시든) 불원유(하며) 유필유방(이니라).

공자가 말했다. '부모님이 살아 계시면 자식은 먼 곳으로 여행가지 말며, (혹 부득이) 가는 경우에는 반드시 행방을 아뢰어야 한다.'

○遠遊(원유)─집을 떠나 먼 곳으로 여행하다. ○有方(유방)─행방이나 행선지를 부모님께 알리다.

(참고) 정성으로 부모님을 봉양함은 적극적인 효도이다. 부모님에게 근심 걱정을 안 끼치고 마음을 안락하게 해 올리는 것도 효도이다. 먼 곳으로 여행갈 때에는 행방과 행선지를 알려야 한다. 그래야 긴급할 때 연락이 닿고, 자식이 고향집에 달려와서 일처리를 할 수 있다. 옛날에는 교통이나 통신이 불편했으므로 객지에 나간 자식의 행방을 모르면 불의의 변을 당했을 때 뜻하지 않게 큰 불효를 저지르게 된다.

3) 在(있을 재), 遠(멀 원), 遊(놀 유), 方(모 방).

―――――(4-4)―――――

子曰, 父命召 唯而不諾,
食在口 則吐之.4)

자왈, 부명소(어시든) 유이불낙(하고)
식재구(면) 즉토지(니라)

공자가 말했다. '아버지께서 부르시면 '예'하고 대답하고
지체없이 달려가라. 혹 입 속에 음식을 물고 있거든 즉시 뱉
도록 하라.'

ㅇ命召(명소)-부르시다. 오라고 명하시다. ㅇ唯(유)-'예'하고 대답
하다. ㅇ不諾(불낙)-지체하지 않고 즉시 달려가다. ㅇ食在口(식재
구)-입 안에 음식을 품고 있으면. ㅇ吐之(토지)-토해 내다, 뱉다.

(참고) 어른이 부르시면 선뜻 대답하고 즉시 달려가서 정중한 태도로 대
명(待命)해야 한다. 핑계를 대고 지체하면 안된다. 자식이 진정으로
부모를 존경하고 부모님의 은혜에 보답하려는 마음이 있어야 여러 가
지 효행을 실천할 수 있다. 동물적·이기적 욕심에 빠지거나, 관능적
쾌락만을 취하려고 하면 부모에 대한 효도를 할 수 없다. 효자는 항상
세심한 마음가짐으로 부모님 주변을 살피고 불편이 없도록 뒷바라지
를 해야 한다. 시대가 바뀌고 기계문명이 발달해도, 부모와 자식간의
윤리는 변하지 않는다.

―――――――――――――

4) 命(명령 명), 召(부를 소), 唯(대답할 유), 諾(대답할 낙), 吐(토할 토).

(4-5)

太公曰, 孝於親 子亦孝之,
身旣不孝 子何孝焉.5)

태공왈, 효어친(이면) 자역효지(하나니),
신기불효(면) 자하효언(이리오).

태공이 말했다. '나 자신이 부모에게 효도해야 자식도 나에게 효도한다. 내가 이미 부모에게 효도를 안했으니, 자식인들 어찌 나에게 효도를 하랴?'

○太公(태공)-1-4 참조. ○孝於親(효어친)-부모에게 효도하다.
○身旣不孝(신기불효)-이미 내가 부모에게 효도를 안했으니. ○子何孝焉(자하효언)-자식인들 어찌 나에게 효도를 하랴?

(참고) 가정에서 효도 교육을 해야 한다. 부모가 먼저 조부모에게 효도하면 자식들도 본받고 부모에게 효도한다.

(4-6)

孝順還生孝順子 忤逆還生忤逆子.
不信但看簷頭水. 點點滴滴不差異.6)

효순(은) 환생효순자(하고) 오역(은) 환생오역자(하니라).

---

5) 亦(또 역), 身(자신 신), 旣(이미 기), 何(어찌 하).
6) 忤(거스를 오), 逆(거스를 역), 簷(처마 첨), 點(점 점), 滴(물방울 적).

불신(커든) 단간첨두수(하라). 점점적적불차이(니라).

효순한 사람은 또한 효순한 자식을 낳으며, 오역한 사람은 또한 오역한 자식을 낳는다. 믿지 못하겠거든 처마끝의 낙숫물을 보라. 방울방울 낙숫물이 같은 지점에 떨어진다.

ㅇ還(환)—다시, 또한. ㅇ忤逆(오역)—반역하다, 거역하다. ㅇ但(단)—오직, 다만. ㅇ簷頭(첨두)—처마끝. ㅇ不差異(불차이)—위치가 틀리지 않다. 같은 자리에 물방울이 떨어지다.

참고 효(孝)는 본받을 효(效)에 통하며 '본받고 따른다'의 뜻이 있다. 가정교육이 중요하다. 아버지 자신이 부모에게 효도하면 자식들도 본받고 나에게 효도를 할 것이다. 반대로 내가 부모에게 효도하지 않고 늙은 부모를 서글프게 하면, 장차 자식들도 나에게 불효하고 나를 서글프게 할 것이다.

효의 깊은 뜻은 계지술사(繼志述事)다. 즉 선조나 부모의 이상을 계승하고 집안의 사업을 더욱 발전시킴이다. 자자손손 이어가면서 가문과 가업을 계승 발전케 하고 집안을 더욱 흥성케 하는 것이 효도 효행이다. 가정에서의 효를 확대하면 국가적으로 충군애민(忠君愛民)하고 공을 세워 영광된 이름을 내게 될 것이다. 《효경(孝經)》에서 공자는 말했다. '효도 효행에는 다음과 같이 3단계가 있다. 처음에는 가정에서 부모님을 잘 섬기는 것이다. 다음에는 국가에서 임금에게 충성하는 것이다. 그리고 끝으로 자신을 천하에 내세우는 것이다(夫孝 始於事親 中於事君 終於立身).' '입신하고 도를 실천하여 후세에 이름을 떨치고 아울러 부모님을 빛나게 하는 것이 효의 최종 단계이다(立身行道 揚名於後世 以顯父母 孝之終也).'

제5편 정기편(正己篇)

정기(正己)는 자기의 마음이나 행실을 바르게 함이다. 바를 정(正)은 한 일(一)과 멈출 지(止)를 합한 글자이며 그 깊은 뜻은 '하나에 가서 멈추다' 이다.

하나는 곧 절대선인 하늘, 혹은 하늘의 도리이다. 설문(說文)에는 '아득한 태초에 도가 하나에서 세워졌고 하늘과 땅이 나뉘었고 그로부터 만물이 변화하여 나타났다(惟始太初 道立於一 造分天地 化生萬物).'라고 풀었다. 하나는 곧 만물을 창조하고 섭리하는 유일무이(唯一無二)한 하늘이나 하늘의 도리를 뜻한다.

그러므로 나를 바르게 함은 곧 내가 하늘과 하나가 되고 나의 몸가짐을 하늘의 도리와 하나되게 함이다. 유교사상에서는 선악(善惡) 시비(是非)를 천도를 기준하고 분별한다. 바른 사람은 곧 하늘의 도리를 실천하여 좋은 성과를 거두는 유덕자(有德者)이다.

마음은 몸의 주체이다. 마음이 바르고 착하면 행동이 바르고 착하게 나타나고 마음이 악하면 행동이 악하게 나타난다.

사악한 마음은 곧 이기적·동물적 탐욕을 채우려는 마음이다. 바르고 착한 마음은 곧 하늘의 도리를 깨닫고 따르려는 마음이다. 마음속에 도사리고 있는 이기적·동물적 탐욕을 극복하고 천도를 따라 만물과 만민을 사랑하고 더욱 흥성케 하려는 마음이 곧 정심(定心)이다. 그런 마음씨로 만민을 사랑하고 만사를 바르게 처리하는 것이 곧 정심응물(定心應物)이다.

정심응물은 곧 동물적 본능이나 이기적 탐욕을 억제하고 절대선(絕對善) 인 천도를 따라 사물을 처리함이다.

5-1

性理書云,
見人之善 而尋己之善,
見人之惡 而尋己之惡,
如此方是有益.[1]

　　성리서(에) 운,
　　견인지선(이어든) 이심기지선(하고),
　　견인지악(이면) 이심기지악(이니),
　　여차(라야) 방시유익(하니라).

　《성리서》에 있다. '남의 선행을 보면 나도 선행을 찾아 행
하고 남의 악행을 보면 자신의 악행을 찾아 반성하고 고쳐
라. 그렇게 해야 비로소 유익하다.'

　　ㅇ性理書(성리서)−성리학(性理學)에 관한 책. 어떠한 책인지 자세히
　　알 수 없다. ㅇ見人之善(견인지선)−남의 좋은 점을 보다, 남이 잘한
　　것을 보면. ㅇ而尋己之善(이심기지선)−그러면 나도 (그와 같이) 잘
　　하려고 노력한다. ㅇ而(이)−그러면. ㅇ尋(심)−찾는다. ㅇ見人之惡
　　(견인지악)−남의 결점이나 잘못함을 보면. ㅇ而尋己之惡(이심기지
　　악)−그러면 나의 결점 혹은 나도 저렇게 잘못하지 않았나 하고 살핀
　　다. ㅇ如此(여차)−그렇게 해야. ㅇ方是(방시)−비로소 옳다, 좋다.

（참고）남을 거울로 삼으면 나의 덕성과 인격을 높일 수 있다. 공자는

---

　1) 性(성품 성), 理(이치 리), 善(착할 선), 尋(찾을 심), 如(같을 여), 此(이
　　차), 方(모 방), 是(옳을 시), 益(더할 익).

《논어》에서 말했다. '세 사람이 가면, 그 중에 내가 본받고 따라서 배울만한 스승이 있게 마련이다(三人行 必有我師焉).' 나보다 좋은 사람을 스승으로 삼고, 나보다 못한 사람은 내가 가르친다. 모든 사람의 존재와 특성을 긍정적으로 인정하고 활용해야 한다. 편협한 생각으로 남의 존재와 가치를 함부로 부정하면 안된다.

─── 5-2 ───

景行錄云,
大丈夫當容人 無爲人所容.[2]

경행록(에) 운,
대장부당용인(이언정) 무위인소용(이니라).

《경행록》에 있다. '대장부는 마땅히 남을 용서할지언정 남에게서 용서를 받을 처지가 되면 안된다.'

　o 景行錄(경행록)-1-7 참조. o當(당)-마땅히 ……하라. o容人(용인)-남을 용서함. o無(무)- ……하지 마라. o爲人所容(위인소용)-남에게 용서를 받는다. '위(爲)…… 소(所)……'는 '……에게 ……당하다'.

(참고) 남에게는 관대하고, 자신에게는 엄격해야 한다. 특히 남의 잘못을 용서해주는 아량이 있어야 한다. 한편 나 자신은 잘못하고 남에게 용서받는 졸장부가 되면 안된다.

---

2) 景(볕 경), 錄(기록할 록), 當(당할 당, 마땅히), 所(바 소).

―――――(5-3)―――――――――――――――――――

太公曰,
勿以貴己而賤人
勿以自大而蔑小
勿以恃勇以輕敵.[3]

> 태공(이) 왈,
> 물이귀기이천인(하고)
> 물이자대이멸소(하고)
> 물이시용이경적(하라)

　태공이 말했다. '나를 귀히 여긴다고 남을 천대하면 안되며, 내가 크다고 작은 사람을 멸시하면 안되고, 나의 용맹을 믿고 적을 경시하면 안된다.'

> ○太公(태공)－1-4 참조. ○勿(물)－ ……하지 마라. ○貴己(귀기)－나를 귀하게 여긴다. ○自大(자대)－내가 크다고 혹은 자신을 존대하게 여기고. ○蔑小(멸소)－남을 멸시하다. ○恃勇(시용)－나의 용맹을 믿고. ○輕敵(경적)－적을 경시하다.

(참고) 인간은 남과 어울려 살게 마련이다. 다양한 사람들이 서로 어울려 함께 살아야 한다. 누구나 저마다의 특성과 능력을 발휘하되 남의 존재나 가치도 인정하고 존중할 줄 알아야 한다.

――――――――――

3) 賤(천할 천), 蔑(업신여길 멸), 恃(믿을 시), 勇(날쌜 용), 輕(가벼울 경).

───── 5-4 ─────────────────────────────────

馬援曰,
聞人之過失 如聞父母之名
耳可得聞 口不可言也.

마원(이) 왈,
문인지과실(이어든) 여문부모지명(하야)
이가득문(이언정) 구불가언야(니라).

마원이 말했다. '남의 허물을 듣거든 흡사 부모의 이름을 들은 듯이 귀로는 들을지라도 입으로는 말하지 마라.'

○馬援(마원)―1-5 참조. ○人之過(인지과)―남의 과실이나 허물. ○聞父母之名(문부모지명)―남이 내 부모의 이름을 부르는 소리를 듣다. ○可得(가득)―……할 수는 있어도. ○口不可言(구불가언)― 내 입으로 말하면 안된다. 자식은 부모의 이름을 함부로 부르면 안 된다.

(참고) 흔히 사람들은 자기 허물은 덮어두고, 남의 허물을 필요 이상으로 들추어내고 과장해서 말한다. 설혹 나에게 대고, 다른 사람이 남을 욕하는 소리를 하는 수가 있는데, 그때에 나는 어쩔 수 없이 욕하는 소리를 귀로 듣게 마련이다. 그러나 나 자신은 절대로 나의 입으로 남을 욕하는 소리는 하지 말아야 한다.

남들이 혹 내 아버지의 함자를 입에 올리는 수도 있다. 그러나 자신은 절대로 부친의 함자를 입에 올리고 부르면 안된다. 원칙적으로 아랫사람은 윗사람의 이름을 함부로 부르면 안된다. 존칭을 써야 한다.

─────(5-5-1)─────

康節邵先生曰,
聞人之謗未嘗怒
聞人之譽未嘗喜
聞人之惡未嘗和
聞人之善則就而和之 又從而喜之.[4]

> 강절소선생(이) 왈,
> 문인지방(이라도) 미상노(하며)
> 문인지예(라도) 미상희(하며)
> 문인지악(이라도) 미상화(하며)
> 문인지선(이면) 즉취이화지(하고) 우종이희지(니라).

소강절 선생이 말했다. '남이 나를 비방하는 말을 들어도 화
내지 말고, 남이 나를 칭찬하는 말을 들어도 기뻐하지 말며,
남을 욕하는 소리를 들어도 함께 어울리지 말고, 남을 칭찬하
는 소리를 듣거든 같이 따라서 어울리고 같이 기뻐하라.'

○康節邵先生(강절소선생)-강절은 시호, 성이 소(邵), 2-2 참조.
○聞人之謗(문인지방)-남이 나를 비방하는 말을 듣다. ○未嘗怒(미
상노)-전혀 성내지 않는다. 미상(未嘗)은 ……하지 않는다. 일찍이
……하는 일이 없다. ○譽(예)-칭찬하다. ○聞人之惡(문인지악)-남

────────────────

4) 謗(헐뜯을 방), 未(아닐 미), 嘗(맛볼 상), 怒(성낼 노), 譽(기릴 예), 喜(기
쁠 희), 和(화할 화), 善(착할 선), 就(이룰 취), 又(또 우), 從(좇을 종).

을 욕하는 소리를 듣다. ㅇ和(화)-여기서는 함께 어울려 흥을 보거나, 욕을 하다. '부화뇌동(附和雷同)'의 뜻. ㅇ聞人之善(문인지선)-남이 잘했다는 말을 들음. 혹은 남의 선행을 칭찬하는 말을 들음. ㅇ則(즉)-즉시, 이내. ㅇ就而和之(취이화지)-따라서 함께 칭찬하다. 취(就)는 종(從)과 같음. ㅇ從而喜之(종이희지)-함께 따라 기뻐함.

참고 남이 나를 비방하면 화를 내고, 남이 나를 칭찬하면 기뻐한다. 그러나 남의 포폄(褒貶)에 놀아나는 것은 결국 나의 주체성이 확립되어 있지 않기 때문이다.

5-5-2

其詩曰,
樂見善人 樂聞善事
樂道善言 樂行善意
聞人之惡 如負芒刺
聞人之善 如佩蘭蕙.5)

　　기시왈,
　　낙견선인(하고) 낙문선사(하며)
　　낙도선언(하고) 낙행선의(하며)
　　문인지악(이어든) 여부망자(하고)
　　문인지선(이어든) 여패난혜(니라).

---

5) 樂(즐길 락), 事(일 사), 道(말할 도), 意(뜻 의), 負(질 부), 芒(까끄라기 망), 刺(가시 자), 如(같을 여), 佩(찰 패), 蘭(난초 란), 蕙(혜초 혜).

또 시에서 말했다. '착한 사람 보기를 즐거워하고 착한 일 듣기를 즐거워하며, 착한 말하기를 즐거워하고 착한 뜻 행하기를 즐거워하라. 남의 허물을 듣거든 가시를 등에 진 듯이 껄끄럽게 여기고, 남의 착함을 듣거든 난초를 몸에 지닌 듯 좋아해라.'

　ㅇ樂見善人(낙견선인)－착한 사람 보기를 즐기다. 선인을 찾아보고 또 선인과 어울리기를 좋아하다. 낙(樂)은 동사로 '견인선(見人善)'을 목적어로 취하고 있다. ㅇ聞善事(문선사)－착한 일에 관한 말 듣기를 즐기다. ㅇ道善言(도선언)－착한 말을 하다. '도(道)'는 말하다. ㅇ行善意(행선의)－뜻이 착하고 정의로운 행동을 함. '의(意)'는 '옳을 의(義)'와 뜻이 통함. ㅇ聞人之惡(문인지악)－남에 대한 욕 혹은 남의 악덕이나 악행에 대한 말을 듣다. ㅇ負(부)－등에 지다. ㅇ芒刺(망자)－가시. ㅇ佩(패)－몸에 차다. ㅇ蘭蕙(난혜)－난초가 향기를 풍기듯이 군자는 덕을 주변 사람에게 풍겨야 한다는 뜻.

(참고)　앞에서 '남을 칭찬하는 소리를 듣거든 같이 따라서 어울리고 같이 기뻐하라'고 했다. 여기서는 더 자세하게 '착한 사람 보기를 즐거워하고, 착한 일 듣기를 즐거워하며, 착한 말하기를 즐거워하고, 착한 일 행하기를 즐거워하고, 또 남의 착함을 듣거든 난초를 몸에 지닌 듯 좋아하라'고 했다. 한편 '남의 허물을 듣거든 가시를 등에 진 듯이 껄끄럽게 여기라'고도 했다. 나와 더불어 남이 함께 바르고 착하게 행동해야 모든 사람이 어울려 사는 공동체가 바르고 착하게 된다. 나도 착하고 남들도 착하게 살아야 한다. 도덕이 바른 정의사회에서는 서로 권선징악(勸善懲惡)하게 마련이다.

―― 5-6 ――

道吾善者是吾賊,
道吾惡者是吾師.[6]

도오선자(는) 시오적(이오),
도오악자(는) 시오사(니라).

나를 착하다고 말하는 사람은 나를 해치는 적이고, 나를
나쁘다고 탓하는 사람은 나의 스승이다.

○道(도)－말하다. ○是(시)－ ……이다. ○賊(적)－나를 해치는 사람.
○道吾善者是吾賊(도오선자시오적)－나를 착하다고 말하는 사람은
나를 해치는 적이다. '도오선자(道吾善者)'는 주어, '시(是)'는 판단사
(判斷詞), '오적(吾賊)'은 판단사 '시(是)'의 빈어(賓語 : 목적어)이다.

(참고) 아첨하는 사람은 결과적으로 나를 해치는 적이고 반대로 잘못을
탓하는 사람이 나에게 도움을 주는 스승이라 하겠다.

―― 5-7 ――

太公曰, 勤爲無價之寶 愼是護身之符.[7]

태공(이) 왈, 근위무가지보(요) 신시호신지부(니라).

태공이 말했다. '근면은 값없이 귀중한 보배이고 근신은

―――――――――

6) 道(길 도, 말하다), 吾(나 오), 善(착할 선), 賊(도둑 적), 師(스승 사).
7) 勤(부지런할 근), 寶(보배 보), 愼(삼갈 신), 護(보호할 호), 符(부신 부).

내 몸을 지켜 주는 부적이다.'

> ○太公(태공)-1-4 참조. ○勤(근)-근면. ○無價之寶(무가지보)-
> 값을 헤아릴 수 없을 만큼 귀중한 보배. ○愼(신)-신중함, 몸가짐을
> 신중히 함. ○護身(호신)-몸을 지켜 주는, 보호해 주는. ○符(부)-
> 부적.

(참고) 근면하게 일해서 벌고 알뜰하게 저축을 하면 부(富)를 축적할 수
있다. 아울러 몸가짐을 신중하게 하면 탈없이 살 수 있다.

5-8

景行錄曰, 保生者寡慾
保身者避名 寡慾易 無名難.[8]

> 경행록(에) 왈, 보생자(는) 과욕(하고)
> 보신자(는) 피명(이라) 과욕(은) 이(나) 무명(은) 난(이라).

《경행록》에 있다. '삶을 잘 보전하는 사람은 욕심을 줄이
고, 몸을 잘 보전하는 사람은 이름나기를 피한다. 욕심 줄이
기는 쉬우나 이름 피하기는 어렵다.'

> ○保生(보생)-삶을 잘 간직함. ○寡慾(과욕)-욕심을 적게 함. ○避
> 名(피명)-명예를 얻거나 이름나기를 피함. ○易(이)-용이하다, 쉽다.
> ○無名(무명)-이름이나 공적을 나타내지 않음. ○難(난)-어렵다.

(참고) 명철보신(明哲保身)하기 위해서는 욕심을 줄이고 세속적인 명리

---

8) 保(지킬 보), 寡(적을 과), 避(피할 피), 易(쉬울 이), 難(어려울 난).

(名利)에 집착하지 말아야 한다. 욕심을 억제하는 일은 어느 정도까지는 할 수 있다. 그러나 이름나기를 피하기는 어렵다.

___

5-9

___

子曰, 君子有三戒,
少之時 血氣未定 戒之在色
及其壯也 血氣方剛 戒之在鬪
及其老也 血氣旣衰 戒之在得.9)

　　자왈, 군자유삼계(하니),
　　소지시(엔) 혈기미정(이라) 계지재색(하고)
　　급기장야(엔) 혈기방강(이라) 계지재투(하고)
　　급기로야(엔) 혈기기쇠(라) 계지재득(이니라).

　공자가 말했다. '군자에게는 세 가지 경계할 것이 있다. 어릴 때에는 혈기가 미처 안정되지 못했으니 여색을 경계하고, 장성하면 혈기가 마냥 세차므로 싸움을 경계하고, 늙으면 혈기가 이미 쇠했으니 탐욕을 경계해야 한다.'

　　ㅇ君子(군자)-학식과 덕행을 겸비한 지성인. ㅇ三戒(삼계)-세 가지 삼가야 할 일. ㅇ血氣(혈기)-생명의 근원이 되는 원기, 의기. ㅇ未定 (미정)-아직 안정되지 못함. ㅇ戒之在色(계지재색)-경계할 것이 색에 있다. 여색을 경계해야 한다. ㅇ及(급)- ……함에 이르러. ㅇ壯

___

9) 戒(경계할 계), 血(피 혈), 氣(기운 기), 定(정할 정), 色(빛 색), 及(미칠 급), 壯(씩씩할 장), 剛(굳셀 강), 鬪(싸움 투), 旣(이미 기), 衰(쇠할 쇠).

(장)-장년이 되다. ○方剛(방강)-마냥 세차고 강하다. ○鬪(투)-싸움, 투쟁. ○旣衰(기쇠)-이미 쇠퇴함. ○得(득)-재물이나 명예를 얻으려는 욕심. 수양이 부족하면 늙을수록 탐욕을 부린다.

(참고) 혈기가 굳기도 전에 여색에 빠지면 몸을 망치고, 혈기가 넘친다고 싸움질하면 패가망신하며, 혈기가 쇠퇴한 노경에 탐욕을 부리면 추하고, 욕구불만으로 더욱 생명을 단축하게 마련이다. 군자는 항상 중용지도(中庸之道)를 지켜야 한다.

―(5-10-1)―

孫眞人養生銘云,
怒甚偏傷氣 思多太損神
神疲心易役 氣弱病相因.[10]

손진인 양생명(에) 운,
노심(이면) 편상기(요) 사다(면) 태손신(이라)
신피(면) 심이역(이오) 기약(이면) 병상인(이라).

　손진인이 〈양생명〉에서 말했다. '성을 심하게 내면 기가 쏠려 상하게 되고 생각이 많으면 맑은 정신을 크게 손상한다. 정신이 피곤하면 마음이 쉽게 지치고 기가 약해지면 따라서 병이 생긴다.'

---

10) 孫(손자 손), 眞(참 진), 養(기를 양), 銘(새길 명), 怒(성낼 노), 甚(심할 심), 偏(치우칠 편), 傷(상처 상), 損(덜 손, 손상), 神(정신 신), 疲(지칠 피), 役(부릴 역), 弱(약할 약), 病(병 병), 相(서로 상), 因(인할 인).

o孫眞人(손진인)-도교(道敎)의 도사. o養生銘(양생명)-양생을 위
한 계명. o怒甚(노심)-화를 심하게 내다. o偏傷氣(편상기)-기가
한쪽으로 치우쳐 상하다. o思多(사다)-잡된 생각이 많으면. o太損
神(태손신)-맑은 정신을 크게 해치다. o神疲(신피)-정신이 피곤해
지면. o心易役(심이역)-마음이 쉽게 지치다, 고달프게 됨. o氣弱
(기약)-기가 약해지면. o病相因(병상인)-그로 인하여 병이 나다.

(참고) 정신이 맑아야 마음도 맑고 따라서 몸도 건강하고 활기차게 살
수 있다. 반대로 정신이 탁하고 흐리면 마음도 몸도 쉽사리 고달파지
고 병에 걸리기 쉽다. 정신을 안정시키기 위해서는 잡념과 탐욕을 버
리고 기를 손상시키는 격노(激怒)를 피해야 한다.

5-10-2

勿使悲歡極 當令飮食均
再三防夜醉 第一戒晨嗔.[11]

물사비환극(하고) 당령음식균(하며)
재삼방야취(하고) 제일계신진(하라).

'슬픔과 기쁨을 심하게 나타내지 말고 음식을 마땅히 고르
게 섭취하며, 밤에 술 취하는 일을 거듭 금하고, 새벽에 성
내는 것을 가장 경계해야 한다.'

o勿使(물사)- ……하게 하지 마라. o悲歡極(비환극)-슬픔이나 기

---

11) 悲(슬플 비), 歡(기뻐할 환), 極(다할 극), 當(당할 당), 令(영 령), 均(고를
균), 醉(취할 취), 第(차례 제), 戒(경계할 계), 晨(새벽 신), 嗔(성낼 진).

뺨이 극에 달하다. ○當令(당령)-마땅히 ……하게 하다. ○飮食均
(음식균)-음식 드는 것을 적당히 고르게 함. ○防夜醉(방야취)-밤
에 술에 취하는 것을 삼가다. ○戒晨嗔(계신진)-새벽에 성내는 일을
삼가다.

(참고) 감정을 잘 조절하고 절도 있는 생활을 해야 한다. 특히 새벽에 성
을 내면 심기(心氣)가 흐트러지고 또 하루 종일 안정하지 못한다. 한
편 밤에 술취해 곤드라지면 정신적으로 멍청한 사람이 될 뿐만 아니
라 날로 건강을 해치고 마침내는 폐인이 될 우려마저 있다. 양생(養
生)은 하늘이 나에게 준 삶과 건강을 보전하는 일이다. 양생의 요체
(要體)는 육체적인 면보다 정신적인 면이 더 중하다.

───(5-11)───

景行錄曰,
食淡精神爽　心淸夢寐安.[12]

경행록(에) 왈,
식담정신상(이오) 심청몽매안(이라).

《경행록》에서 말했다. '음식이 담백하면 정신도 상쾌하고
마음이 맑으면 꿈자리도 편하다.'

　○景行錄(경행록)-1-7 참조. ○食淡(식담)-먹는 것이 담백하다.
　○爽(상)-상쾌하다. ○心淸(심청)-마음이 맑다. ○夢寐安(몽매
안)-잠자리서 꿈자리가 편하다. 매(寐)는 잠자다.

───────────

12) 淡(담박할 담), 精(정미 정), 爽(시원할 상), 夢(꿈 몽), 寐(잠잘 매).

참고 식생활을 담백하게 해야 정신도 맑고 마음도 허정(虛靜)하고 몸
도 편하고 밤에 불면증이나 악몽에 시달리지도 않는다. 재물이나 권
세에 대한 욕심을 억제할 수 있어야 심성이나 정신이 안정되고 따라
서 건강하고 안락한 삶을 살 수 있다.

5-12

定心應物
雖不讀書
可以爲有德君子.13)

정심응물(이면)
수부독서(라도)
가이위유덕군자(니라).

마음을 바로 정하고 사물을 잘 처리할 수 있다면 비록 글
공부를 안해도 덕 있는 군자가 될 수 있다.

○定心(정심)─마음을 바로잡다. ○應物(응물)─사물을 잘 처리함. 사
물에 적절히 대응함. ○可以爲(가이위)─ ······할 수 있다. 여기서는
군자가 될 수 있다. 혹은 군자라 하겠다.

참고 하늘의 도리를 기준으로 마음을 바르게 안정시키고 모든 사물을

---

13) 定(정할 정), 心(마음 심), 應(응할 응), 物(만물 물), 雖(비록 수), 讀(읽
을 독), 書(글 서), 爲(할 위), 有(있을 유), 德(덕 덕), 君(임금 군), 子
(아들 자).

도리에 합당하게 처리하면 덕 있는 군자라 할 수 있다. 이와 같은 사람을 '중용지도(中庸之道)'를 터득한 군자라고 한다. 중용지도는 곧 절대선인 하늘의 도리이다. 정치를 비롯하여 모든 사물을, 천도를 바탕으로 바르게 처리해야 한다. 오늘의 많은 지식인들은 학식이나 기능을 악용하고 이기적 탐욕을 채우는 데 골몰하고 있다. 따라서 그들은 군자가 아니다.

─────(5-13)─────

近思錄云,
懲忿如救火 窒慾如防水.[14]

근사록(에) 운,
징분(을) 여구화(하고) 질욕(을) 여방수(하라).

《근사록》에 적혀 있다. '분심 누르기를 불 끄듯이 하고 욕심 막기를 홍수 막듯이 하라.'

○近思錄(근사록)─송(宋)대의 성리학자 주자(朱子)와 그의 제자 여조겸(呂祖謙)이 함께 편찬한 수양서. ○懲忿(징분)─분심을 눌러 참는다. ○如(여)─ ······와 같다. ○救火(구화)─불을 끄다. ○窒慾(질욕)─욕심을 막다. ○防水(방수)─홍수를 막다.

참고 가슴속의 불이 바로 분(忿)이다. 불을 끄듯이 분을 눌러야 파멸하지 않는다. 한편 홍수처럼 넘치면 걷잡을 수 없는 것이 욕심이다.

─────────

14) 近(가까울 근), 錄(기록할 록), 懲(징계할 징), 忿(성낼 분), 如(같을 여), 救(건질 구), 窒(막을 질), 慾(욕심 욕), 防(둑 방, 막다).

욕심을 잘 제어해야 패가망신하지 않는다. 감정이나 욕심을 억제하는 것을 곧 자기제어라고 한다. 왕양명(王陽明)은 말했다. '산속에 숨은 도적을 격파하기는 쉬워도 마음속에 도사리고 있는 도적을 치기는 어렵다(破山中賊易 破心中賊難).'《논어》에서 공자는 말했다. '사리 사욕을 극복하고 천리에 돌아감이 인이다(克己復禮爲仁).' 이기적 탐욕을 극복해야 인덕(仁德)을 세울 수 있다. 예(禮)는 곧 천리(天理)이다.

5-14

夷堅志云,
避色如避讐 避風如避箭
莫喫空心茶 少食中夜飯.[15)

이견지(에) 운,
피색(을) 여피수(하고) 피풍(을) 여피전(하라)
막끽공심다(하고) 소식중야반(하라).

《이견지》에 적혀 있다. '여색 피하기를 원수 피하듯이 하고, 바람 피하기를 화살 피하듯이 하라. 공복에는 차를 마시지 말고 밤중에는 밥을 가볍게 들어라.'

○ 夷堅志(이견지)-송(宋)나라 홍매(洪邁)가 엮은 책. ○避(피)-피하다, 삼가다. ○讐(수)-원수. ○莫(막)- ……하지 마라. ○喫(끽)-

15) 避(피할 피), 讐(원수 수), 風(바람 풍), 箭(화살 전), 莫(말 막), 喫(마실 끽), 空(빌 공), 茶(차 다), 食(밥 식), 夜(밤 야), 飯(밥 반).

마시다. ㅇ空心(공심) - 여기서는 빈 속, 공복(空腹)의 뜻. ㅇ莫喫空心茶(막끽공심차) - 빈 속에 차를 마시지 마라. ㅇ中夜飯(중야반) - 한밤중에 (먹는) 밥, 밤참.

(참고) 여색에 빠지면 정기를 잃고 마음이 퇴폐하고 정신이 산란해진다. 심하게 바람맞으면 폐인이 된다. 그러므로 항상 여색과 바람을 피하도록 경계해야 한다. 한편 공복에는 자극성이 심한 차를 마시지 마라. 어쩌다가 밤늦게 음식을 드는 경우에는 가볍게 들어라. 밤새도록 마시고 노는 것은 육체 건강에도 해롭고 정신적으로도 나쁘다. 절도 있는 생활이 곧 건강의 비결이다.

──────(5-15)──────────────

荀子曰,
無用之辯 不急之察
棄而勿治.16)

순자왈,
무용지변(과) 불급지찰(을)
기이물치(하라).

순자가 말했다. '쓸데없는 말과 급하지 않은 일은 내버려 두고 말하거나 다스리지 마라.'

ㅇ荀子(순자, 기원전 298~기원전 238) - 전국(戰國)시대의 사상가로

───────────────────────
16) 荀(풀 이름 순), 用(쓸 용), 辯(말잘할 변), 急(급할 급), 察(살필 찰), 棄(버릴 기), 勿(말 물), 治(다스릴 치).

성악설(性惡說)을 주장했다. ㅇ辯(변)-말, 변론. ㅇ察(찰)-살핌. 여기서는 볼일의 뜻. ㅇ勿治(물치)-다스리지 마라, 하지 마라.

(참고) '삶'의 소중함을 깊이 알아야 한다. 하늘이 나에게 생명을 주고 삶을 누리게 한 뜻을 깊이 살펴야 한다. 모든 사람은 저마다 하늘로부터 내려 받은 귀중한 사명이 있다. 그것은 곧 인류의 역사 문화 발전에 선가치적(善價値的)으로 이바지함이다. 그러므로 모든 사람은 저마다 보람있는 삶을 살아야 한다.

5-16

子曰, 衆好之必察焉
衆惡之必察焉.17)

자왈, 중호지(라도) 필찰언(하고)
중오지(라도) 필찰언(하라).

공자가 말했다. '대중이 좋아해도 반드시 잘 살펴보고, 대중이 싫어해도 반드시 잘 살펴보아라.'

ㅇ衆(중)-대중. ㅇ好之(호지)-좋아하다. ㅇ必察焉(필찰언)-반드시 살펴보다. ㅇ惡之(오지)-미워하다.

(참고) 공자의 말에는 두 가지의 뜻이 내포되어 있다. 하나는 대중의 뜻을 존중하라는 뜻이다. 다른 하나는 백성을 다스릴 군자는 독선적이거나, 경솔하게 부화뇌동(附和雷動)하면 안된다는 것이다. 어디까지나 천도를 기준으로 대중과 함께, 혹은 대중을 교화해야 한다.

17) 衆(무리 중), 好(좋을 호), 必(반드시 필), 察(살필 찰), 惡(미워할 오).

─────(5-17)─────

酒中不語 眞君子
財上分明 大丈夫.[18]

주중불어(는) 진군자(요)
재상분명(은) 대장부(라).

술 취한 중에도 말이 없어야 참된 군자이고, 재물에 대한 셈이 분명해야 사내 대장부이다.

ㅇ酒中(주중)-취중에. ㅇ不語(불어)-허튼 소리를 하지 않다. ㅇ財上分明(재상분명)-재물이나 금전에 대한 셈이 분명하다.

(참고) 군자는 취중에도 입이 무거워야 하고 대장부는 재물보다도 대의(大義)를 앞세워야 한다. 《논어》에 '견리사의(見利思義)'란 말이 있다. 명예나 이득을 취하기에 앞서 대의명분을 먼저 가려야 한다.

─────(5-18)─────

萬事從寬 其福自厚.[19]

만사종관(이면) 기복자후(니라)

모든 일을 너그럽게 처리하면 복이 저절로 많게 된다.

───────────────

18) 眞(참 진), 財(재물 재), 丈(어른 장), 夫(지아비 부).
19) 從(좇을 종), 寬(너그러울 관), 福(복 복), 自(스스로 자), 厚(두터울 후).

○從寬(종관)-침착하고 관대하다. ○其福(기복)-그에 따르는 복.
○自厚(자후)-스스로 후하게 되다.

(참고) 침착하고 너그러운 태도로 모든 사람과 사귀고 또 모든 사물을
처리하면 결과도 좋고 또 그로 인한 복도 후하게 얻을 수 있다. '침착
하고 너그러운 태도'를 취하기 위해서는 '나의 마음을 비워야 한다.'
즉 '좁은 편견이나, 아집을 버리고, 만물을 품고 키워주는 하늘의 마
음과 하늘의 도리를 따라야 한다.' 도(道)에서 덕(德)이 선다.

$$5-19$$

太公曰, 欲量他人 先須自量.
傷人之語 還是自傷,
含血噴人 先汚其口.20)

태공(이) 왈, 욕량타인(커든) 선수자량(하라).
상인지어(는) 환시자상(이니),
함혈분인(이면) 선오기구(니라).

강태공이 말했다. '남을 헤아리려면 먼저 자신을 헤아려
보아라. 남을 해치는 말은 도리어 자신을 해친다. 피를 입에
물고 남에게 뿜으면 먼저 제 입을 더럽힌다.'

○太公(태공)-1-4 참조. ○欲(욕)- ……하고자 한다. ○量(량)-헤

---

20) 量(헤아릴 량), 須(모름지기 수), 傷(상처 상), 還(돌아올 환), 含(머금을
함), 血(피 혈), 噴(뿜을 분), 汚(더러울 오).

아리다, 저울질하고 비평하다. ㅇ須(수)-모름지기 …… 해라. ㅇ自量
(자량)-자기 자신을 헤아려 봄. ㅇ傷人之語(상인지어)-남을 해치거
나 상하게 하는 말. ㅇ還是(환시)-도리어. ㅇ自傷(자상)-자신을 상
하게 함. ㅇ含血(함혈)-입에 피를 물고. ㅇ噴人(분인)-남에게 뿜는
다. ㅇ汚(오)-더럽히다.

(참고) 남을 탓하기에 앞서 나 자신을 탓하라. 남을 욕하면 그 욕은 자신
에게 되돌아온다. 남을 욕하면 내 입이 먼저 더러워진다. 설사 남이
나를 욕하더라도 나는 관대한 마음으로 그를 품어야 한다.

(5-20)

凡戲無益 惟勤有功.[21]

범희(는) 무익(이오) 유근(이) 유공(이니라).

모든 놀이는 무익하다. 다만 근면이 공을 이룩한다.

ㅇ凡(범)-무릇, 모든. ㅇ戲(희)-놀이, 장난. ㅇ惟(유)-오직. ㅇ勤
(근)-근면, 부지런함. ㅇ有功(유공)-공적을 내다, 보람이 있다.

(참고) 부지런히 배우고 일해서 보람된 삶을 살아야 한다. 특히 청소년
은 공부와 독서에 열중해야 한다. 그래야 훌륭한 사람이 된다.

---

21) 凡(무릇 범), 戲(희롱할 희), 益(이익 익), 惟(오직 유), 勤(부지런할 근).

5-21

太公曰 瓜田不納履 李下不整冠.[22]

태공왈, 과전(에) 불납리(하고) 이하(에) 부정관(이라).

강태공이 말했다. '외밭에서는 신을 고쳐 신지 말고, 오얏 나무 아래에서는 갓을 고쳐 쓰지 마라.'

　○瓜田(과전)-참외나 오이밭.　○不納履(불납리)-몸을 굽혀 신을 고쳐 신지 않는다.　○不整冠(부정관)-갓을 고쳐 쓰지 않는다.

(참고) 남에게 오해나 의심을 받지 않도록 조심해야 한다. '신중한 몸가짐이 자신을 지키는 부적이다.(愼是護身之符)' 〈5-7〉

5-22-1

景行錄曰, 心可逸 形不可不勞,
道可樂 心不可不憂.[23]

경행록(에) 왈, 심가일(이언정) 형불가불로(요),
도가락(이언정) 심불가불우(니라).

《경행록》에서 말했다. '마음을 안락하게 갖더라도 몸은 수고롭게 부려야 한다. 도를 즐겁게 여기더라도 마음으로는 항상 염려해야 한다.'

---

22) 瓜(오이 과), 納(바칠 납), 履(신 리), 李(오얏 리), 冠(갓 관).
23) 可(옳을 가), 逸(편안할 일), 勞(힘쓸 로), 樂(즐길 락), 憂(근심할 우).

○心可逸(심가일)-마음을 편하게 가진다는 뜻은 곧 천명(天命)을 따르고 태연자약(泰然自若)함이다. ○形不可不勞(형불가불로)-몸은 수고롭게 부리지 않으면 안된다. 즉 부지런히 활동하고 일해야 한다. ○道可樂(도가락)-천도를 따르고 행하면서 즐거운 삶을 산다. ○心不可不憂(심불가불우)-마음으로 걱정하고 항상 조심해야 한다.

5-22-2

形不勞 則怠惰易弊
心不憂 則荒淫不定.24)

형불로 즉태타이폐(하고)
심불우 즉황음부정(이라).

'몸을 수고롭게 부리지 않으면 늘어져서 못쓰게 되기 쉽고, 마음으로 염려하지 않으면 황음 방탕하여 불안정하게 된다.'

○怠惰(태타)-태만하고 늘어지다. ○易弊(이폐)-쉽게 못쓰게 됨. ○荒淫(황음)-생활이 거칠고 난잡하게 되다.

5-22-3

故逸生於勞而常休 樂生於憂而無厭,
逸樂者 憂勞豈可忘乎.25)

---

24) 怠(게으를 태), 惰(게으를 타), 弊(해질 폐), 荒(거칠 황), 淫(음란할 음).
25) 逸(안일할 일), 勞(수고로울 로), 厭(싫을 염), 憂(근심할 우), 豈(어찌 기).

고(로) 일생어로 이상휴(하고) 낙생어우 이무염(하나니),
일락자(는) 우로(를) 기가망호(아).

'그러므로 안락도 수고로움을 통해서 얻어야 항상 좋고,
삶의 즐거움도 마음고생을 통해야 물리지 않는다. 안락한 자
라도 어찌 걱정이나 수고로움을 잊을 수 있으랴?'

ㅇ故逸生於勞(고일생어로)―편함도 수고로움을 통해 얻어져야. ㅇ而
常休(이상휴)―항상 좋다. 휴(休)는 아름답고 좋다. ㅇ樂生於憂(낙
생어우)―마음고생을 통해서 얻은 즐거움. ㅇ而無厭(이무염)―즐거움
이 물리지 않는다. ㅇ逸樂者(일락자)―일락을 누리려는 사람. ㅇ憂勞
(우로)―걱정과 노고. ㅇ豈可忘乎(기가망호)―어찌 잊을 수 있으랴.

(참고) 마음으로 염려하며 몸을 수고롭게 부려야 참다운 삶의 즐거움을
얻고 기쁨을 누릴 수 있다. 삶의 보람은 활동하고 사회적으로 공을 세
움에 있다. 하늘은 우리에게 인류의 역사와 문화 발전에 기여하라고
귀중한 생명을 내려주었다. 그러므로 놀면 안된다.

5-23

耳不聞人之非 目不視人之短
口不言人之過 庶幾君子.[26]

이불문인지비(하고) 목불시인지단(하고)
구불언인지과(라야) 서기군자(니라)

---

26) 視(볼 시), 短(짧을 단), 過(지날 과, 허물), 庶(여러 서), 幾(기미 기).

　　귀로는 남을 비방하는 말을 듣지 말고 눈으로는 남의 단
점을 보지 않고 입으로는 남의 허물을 말하지 않아야 비로
소 군자에 가깝다.

　　　ㅇ耳不聞(이불문)－귀로 듣지 않음. ㅇ人之非(인지비)－남을 비방하
　　　는 말. '비(非)'는 비방할 비(誹)에 통함. ㅇ人之短(인지단)－남의 단
　　　점. ㅇ人之過(인지과)－남의 과실, 허물. ㅇ庶幾(서기)－가깝다. 거
　　　의 ……와 같다.

　(참고) 군자는 남의 장점은 살리고 단점은 고치게 도와주어야 한다. 남
　의 결점만을 들춰내고 공격하면, 서로 존립할 수 없게 된다.

─────（5-24）───────────────────────

蔡伯皆曰, 喜怒在心
言出於口 不可不愼.[27]

　　　채백개왈, 희노재심(이면)
　　　언출어구(하나니) 불가불신(이니라).

　　채백개가 말했다. '기쁨이나 노여움이 마음에 있으면, 입을
통해 말로 나타나니 삼가지 않으면 안된다.'

　　　ㅇ蔡伯皆(채백개)－중국 후한(後漢)의 학자. 영자팔법(永字八法)을
　　　고안했다. ㅇ喜怒(희노)－기쁨이나 노여움. ㅇ言出於口(언출어구)－
　　　입을 통해 말로 나타난다. ㅇ不可不愼(불가불신)－삼가지 않으면 안

──────────────────

27) 喜(기쁠 희), 怒(성낼 노), 於(어조사 어), 愼(삼갈 신).

된다.

(참고) 우선 마음속에 과격한 감정이 일지 않도록 수양해야 한다. 그 다음에 격한 감정을 원색적으로 토해내지 않게 자제해야 한다.

─────── 5-25 ───────────

宰予晝寢 子曰,
朽木不可雕也 糞土之墻不可圬也.[28]

재여주침(이어늘) 자왈,
후목(은) 불가조야(요) 분토지장(은) 불가오야(니라).

재여가 낮잠 자는 것을 보고 공자가 말했다. '썩은 나무에는 조각할 수 없고 분토로 쌓은 담에는 흙손질할 수가 없다.'

o宰予(재여)-공자의 제자. o朽木(후목)-썩은 나무. o不可雕(불가조)-조각할 수 없다. o糞土(분토)-썩은 흙. o圬(오)-흙손질하다.

(참고) 바탕이 좋아야 아름답게 꾸밀 수 있다. "낮잠만 자는 저런 게으름뱅이를 무엇에 쓸까?" 공자는 유머러스하게 핀잔을 주었다. 학교 강의 시간에, 잠자는 학생들은 크게 각성해야 한다.

──────────────

28) 寢(잠잘 침), 朽(썩을 후), 雕(새길 조), 糞(똥 분), 墻(담 장), 圬(흙손 오).

5-26-1

紫虛元君 誠諭心文曰,
福生於淸儉 德生於卑退
道生於安靜 命生於和暢.[29]

> 자허원군 성유심문왈,
> 복생어청검(하고) 덕생어비퇴(하고)
> 도생어안정(하고) 명생어화창(하니라).

자허원군이 〈성유심문〉에서 말했다. '복은 청렴하고 검소하게 사는 데서 생기고, 덕은 자기를 낮추고 사양하는 데서 생기고, 도는 안정되고 허정한 마음에서 터득되고, 생명은 화창한 속에서 자란다.'

> ○紫虛元君(자허원군)-도교에서 높이는 여자 신선. 남자 신선은 진군(眞君)이라 부름. ○誠諭心文(성유심문)-성실하게 마음을 지니라고 가르친 글. ○生於(생어)- ……에서 나오다. ○淸儉(청검)-청렴과 검소. ○卑退(비퇴)-비하와 겸양. ○安靜(안정)-안정과 조용함. ○和暢(화창)-온화하고 맑음.

참고 맑고 검소한 생활, 청렴하고 절약하는 생활을 해야 복을 받는다. 덕성이 높은 사람은 스스로 비하하고 겸양한다. 마음이 안정되고 허정(虛靜)해야 깊고 높은 도리를 터득할 수 있다. 천지와 일체(一體)를 이루고 남을 사랑해야 장수할 수 있다.

---

29) 福(복 복), 儉(검소할 검), 卑(낮을 비), 靜(고요할 정), 暢(펼 창).

-----5-26-2-----

憂生於多慾 禍生於多貪
過生於輕慢 罪生於不仁.30)

우생어다욕(하고) 화생어다탐(하고)
과생어경만(하고) 죄생어불인(이니라).

'근심은 지나친 욕심에서 생기고 환난은 지나친 탐욕에서
생기며 과오는 경솔과 태만에서 생기고 죄악은 어질지 않음
에서 생긴다.'

o憂(우)-근심. o多慾(다욕)-많은 욕심. o禍(화)-화근. o貪(탐)-
탐욕. o過(과)-과실, 잘못. o輕慢(경만)-경솔과 태만. o罪(죄)-
죄악, 범죄. o不仁(불인)-어질지 않음, 즉 잔인함.

-----5-26-3-----

戒眼莫看他非 戒口莫談他短
戒心莫自貪嗔 戒身莫隨惡伴.31)

계안막간타비(하고) 계구막담타단(하고)
계심막자탐진(하고) 계신막수악반(하라).

'눈을 삼가 남의 비행을 들추어내지 말고 입을 삼가 남의

---

30) 慾(욕심 욕), 貪(탐할 탐), 慢(게으를 만), 罪(허물 죄), 仁(어질 인).
31) 戒(경계할 계), 嗔(성낼 진), 隨(따를 수), 伴(짝 반).

단점을 떠벌리지 말며 마음을 삼가 탐욕부리거나 진노하지
말고 몸을 삼가 악한 무리와 짝짓고 따르지 마라.'

  ○戒(계)-경계하고 삼가다. ○他非(타비)-타인의 비행. ○談(담)-
  말하다, 떠벌리다. ○貪嗔(탐진)-탐내고 성내다. ○隨(수)-따르다.
  ○惡伴(악반)-나쁜 무리와 짝하다.

───(5-26-4)───

無益之言 莫妄説
不干之事 莫妄爲.[32]

  무익지언(을) 막망설(하고)
  불간지사(를) 막망위(하라).

  '유익하지 않은 말은 하지 말고 나와 무관한 일은 함부로
간여하지 마라.'

  ○無益之言(무익지언)-이롭지 않은 말. ○莫妄説(막망설)-함부로
  말하지 마라. ○不干之事(불간지사)-나와 관계가 없는 일. ○莫妄爲
  (막망위)-함부로 나서서 간섭하지 마라.

(참고) 인간 세상의 모든 '우환(憂患)·재난(災難)·죄악(罪惡)' 등이
  다 인간의 마음가짐에서 연유한다. 마음은 몸의 주인이다. 마음이 바
  르고 착하면 행동도 바르고 착하게 된다.
  마음속에 욕심이 많고 탐욕이 넘치면 만사에 걱정과 재화가 따르

───

32) 益(이득 익), 妄(허망할 망), 説(말씀 설), 干(방패 간).

게 마련이다. 남을 무시하고 잔인하게 대하면 결국에는 죄를 짓게 된다. 남의 단점을 들춰내거나 비방하지 말고, 서로 사랑하고 잘 어울려야 한다.

―――――― 5-26-5 ――――――

尊君王 孝父母 敬尊長
奉有德 別賢愚 恕無識.[33]

존군왕(하고) 효부모(하며) 경존장(하고)
봉유덕(하고) 별현우(하고) 서무식(하라).

'군왕을 존중하고 부모에게 효도하며 연장자를 공경하고 덕 있는 사람을 받들며 슬기와 어리석음은 가리되 무식으로 인한 잘못은 용서해 주어라.'

○尊(존)-존경하다. ○敬尊長(경존장)-웃어른을 공경하다. ○奉有德(봉유덕)-덕 있는 사람을 받들다. ○別賢愚(별현우)-슬기와 어리석음을 분별하다. ○恕無識(서무식)-무식으로 인한 잘못을 용서함.

참고 나라의 중심인 임금에게는 충성하고, 가정에서는 부모에게 효도하며 사회에서는 연장자를 높이고 유덕자를 받들어야 한다. 남을 사랑하고 협동하되 현명한 사람과 우매한 자를 잘 분별해야 한다. 한편 알지 못하고 잘못을 한 사람은 너그럽게 용서해 주어라. 충(忠)·효

─────────────

33) 尊(높을 존), 孝(효도 효), 敬(공경할 경), 奉(받들 봉), 別(나눌 별), 賢(어질 현), 愚(어리석을 우), 恕(용서할 서), 識(알 식).

(孝)·제(悌)·서(恕) 및 경장(敬長)·존현(尊賢) 등 여섯 개는 전통 윤리의 덕목이다. '충(忠)'의 깊은 뜻을 바르게 알아야 한다. '충'은 '최선을 다한다'는 뜻이다. 즉 인군(仁君)을 잘 받드는 것이 충이다. 포악하고 악덕한 독재자에게 굴종(屈從)하는 것은 '충'이 아니다.

──── ⟨ 5-26-6 ⟩ ────

物順來而勿拒 物旣去而勿追
身未遇而勿望 事已過而勿思.[34]

　　물순래이물거(하고) 물기거이물추(하고)
　　신미우이물망(하고) 사이과이물사(하라).

　'순리로 들어온 재물은 굳이 물리치지 말되 이미 없어진 재물은 미련을 두고 뒤쫓지 마라. 내 몸에 닥치지 않을 것을 바라지 말며 지나간 일을 생각하지 마라.'

　　○物(물)─재물, 넓게는 사물. ○順來(순래)─순리로 오다. ○勿拒(물거)─거절하지 마라. ○旣(기)─이미. ○追(추)─뒤쫓다. ○身未遇(신미우)─아직 내 몸에 와 닿지 않다. ○望(망)─바라다.

(참고) 재물이나 부귀영화가 순리로 닥쳐오면 잘 받고 누려라. 한편 이미 없어지거나 놓친 재물이나 부귀영화는 깨끗이 잊어라.

────────────

34) 順(순할 순), 拒(막을 거), 旣(이미 기), 遇(만날 우), 望(바랄 망).

5-26-7

聰明多暗昧 算計失便宜
損人終自失 依勢禍相隨.[35]

> 총명(도) 다암매(요) 산계(도) 실편의(나라)
> 손인(이면) 종자실(이요) 의세(면) 화상수(라).

'총명한 사람도 어둡게 모를 때가 많고 잘 세운 계책도 불편하고 맞지 않을 때가 있다. 남에게 손해를 주면 끝내는 자신도 잃게 되고 세도에 의존하면 나중에 재화가 함께 따른다.'

> ○聰明(총명)-슬기롭다. ○暗昧(암매)-어둡고 어리석다. ○算計(산계)-잘 헤아린 계책. 잘 세운 계략. ○便宜(편의)-편리하고 좋다. ○損人(손인)-남을 해치다, 손해보게 하다. ○終(종)-끝내는. ○依勢(의세)-남의 세도에 의지하면. ○禍相隨(화상수)-화가 함께 따른다.

(참고) 인간의 능력에는 한계가 있다. 총명한 사람도 모르는 것이 많고, 잘 세운 계책에도 부족함이 있는 법이다. 절대로 자만하면 안된다. 남을 해치면 자기도 다치고 남의 세도를 믿고 무모한 짓을 하면 종국에는 재난을 입을 것이다.

---

35) 聰(귀밝을 총), 昧(어두울 매), 便(편할 편), 勢(기세 세), 隨(따를 수).

―――――（ 5-26-8 ）―――――

戒之在心 守之在氣,
爲不節而亡家 因不廉而失位.[36]

계지재심(하고) 수지재기(하라),
위부절이망가(하고) 인불렴이실위(니라).

'마음가짐을 신중하게 하고 원기를 잘 간직하라. 절제하지
않기 때문에 집안을 망치고, 청렴하지 않음으로 인하여 자리
를 잃는다.'

○戒之(계지)―경계하라. 삼가라. ○在心(재심)―마음속에서. ○守之
在氣(수지재기)―원기를 잘 간직하고 지키다. ○爲不節(위부절)―절
제하지 않기 때문에. ○因不廉(인불렴)―청렴하지 않음으로 인하여.

（참고） 주자는 '마음이 몸의 주인이다(心者 身之主也)'라고 말했다. 마
음가짐을 삼가야 몸과 행동이 바르게 된다. 생명의 근원인 원기(元氣)
를 잘 지키고 간직해야 수명 장수할 수 있다. 절약하지 않거나 청렴하
지 않으면 패가망신하게 된다.

---

36) 戒(경계할 계), 守(지킬 수), 節(마디 절), 因(인할 인), 廉(청렴할 렴).

5-26-9

勸君自警於平生 可歎可警而可思,
上臨之天以鑑 下察之以地祇,
明有三法相繼 暗有鬼神相隨,
惟正可守 心不可欺 戒之戒之.[37]

> 권군자경어평생(하노니) 가탄가경이가사(라),
> 상림지천이감(하고) 하찰지이지기(라),
> 명유삼법상계(하고) 암유귀신상수(이라),
> 유정가수(요) 심불가기(니) 계지계지(하라).

'그대에게 권한다. 평생을 스스로 경계하라. (이상의 훈계들을) 깊이 탄복하고 명심하고 지켜라. 위로는 하늘의 거울이 내려보고 있으며, 아래로는 땅의 신령들이 살피고 있다. 밝은 곳에는 삼법이 이어져 있고, 어둠에서는 귀신들이 따르고 있다. 오직 바른 도리를 지키고 양심을 속이지 마라. (이상의 가르침을) 삼가고 또 삼가야 한다.'

> ○勸君(권군)─그대에게 권한다. ○自警(자경)─스스로 경계하라.
> ○於平生(어평생)─평생을 두고 ○可歎(가탄)─탄복할 만하다. ○警

---

37) 勸(권할 권), 君(그대 군), 警(경계할 경), 歎(탄식할 탄), 警(경계할 경),
思(생각할 사), 臨(임할 림), 鑑(거울 감), 察(살필 찰), 祇(토지신 기),
繼(이을 계), 鬼(귀신 귀), 神(귀신 신), 隨(따를 수), 惟(오직 유), 欺
(속일 기).

(경)-경계하고 삼가다. ㅇ上(상)-위로는, 혹은 상제(上帝). 하느님. ㅇ臨之(임지)-(하늘이) 군림하여 감시하고 있다. ㅇ以鑑(이감)-거울을 가지고, 혹은 밝게 보고 있다. ㅇ地祇(지기)-땅의 신령. 토지신을 통해서 살핀다. ㅇ明(명)-밝을 때, 낮에는. ㅇ三法(삼법)-불교에서 말하는 '교(敎)·행(行)·증(證)'이다. 교는 가르침, 행은 행함, 증은 가르침대로 행하여 나타난 좋은 결과, 열매. ㅇ相繼(상계)-서로 이어진다, 밀접하게 인과관계를 맺고 있다. ㅇ暗(암)-어둠. 밤에는. ㅇ有鬼神(유귀신)-귀신이 있다. 죽은 사람의 혼령을 귀신이라고 한다. ㅇ相隨(상수)-함께 따른다. ㅇ惟(유)-오직. 어디까지나. ㅇ正可守(정가수)-바른 도리만을 따르고 지켜야 한다. ㅇ心不可欺(심불가기)-마음, 즉 양심을 속이면 안된다. ㅇ戒之(계지)-경계하고 삼가라.

(참고) 하늘에서는 천신(天神)이 내려다보고 있고 아래서는 신령들이 항상 살피고 있다. 설사 사람의 눈은 속일 수 있어도 하늘과 땅을 속일 수는 없다. 한편 원인과 결과는 언제나 일치한다. 좋은 가르침과 착한 동기에서 나온 행동은 선과(善果)를 맺고 악한 가르침과 나쁜 동기에서 나온 행동은 악과(惡果)를 맺는 법이다. 그것이 천도(天道) 천리(天理)이다.

중국도 고대에는 하늘을 인격신으로 믿었다. 그러나 후세에는 차츰 '우주 천지 자연 만물'을 '창조하고 섭리하는 절대(絶對) 및 절대선(絶對善)의 도리의 극치'라고 정신적으로 파악하게 되었다.

사람도 하늘에 의해서 태어났고 인간의 본성도 하늘에 의해서 주어졌다. 그러므로 고귀한 본성을 바탕으로 천도·천리를 따라 바르게 살아야 한다. '바를 정(正)'은 '하나[一]에 가서 멈추다[止]'의 뜻을 합친 글자이다. 하나는 곧 하늘을 말한다. 하늘은 만물의 창조주이고 동시에 우주의 운행과 천지 자연 만물의 생성 변화의 도리를 주재하는 절대(絕對)이다.

그 절대의 도리가 '하늘의 도리, 곧 천도(天道)'이다. 그러므로 땅 위에 사는 사람은 천도를 따르고 실천해야 한다. 그래야 살고 흥한다. 지상에 사는 사람이 천도를 따르고 실천해서 얻은 좋은 성과를 지덕(地德)이라고 한다.

그러나 많은 사람들이 정신적으로 천도를 깨닫지 못하고, 반대로 '동물적·이기적 탐욕이나, 육체적 쾌락'만을 추구하며 채우려고 온갖 악덕한 짓을 자행하고 있다. 그래서 지상 세계가 타락하고 전란과 불행이 넘치고 있는 것이다.

제6편 안분편(安分篇)

안분(安分)이란 하늘에 의해 주어진 자기의 분수에 만족함이다. 분수라는 말의 뜻을 좁게는 자기에게 주어진 사회적인 처지라고 풀이할 수 있다. 그러나 분수 속에는 크고 넓은 많은 뜻이 포함되어 있다.

우선 '내가 만물의 영장인 인간으로 태어났다'는 엄연한 사실이다. 그러므로 나는 만물의 창조주인 '하늘'과 '절대선의 하늘의 도리'를 알아야 한다. 사람으로 태어났으면서 하늘과 하늘의 도리를 모르면 동물적인 존재가 되고, 사람의 분수를 알고 또 지킬 수가 없다.

인간은 누구나 이 세상에 태어나기 전에 자기의 분수를 스스로 선택할 수 없다. '내가 사람으로 태어났다. 내가 20세기 후반에 한국의 모씨 집안의 맏아들로 태어났다'는 사실 등이 다 하늘이 정해 준 분수라 하겠다.

그뿐만이 아니다. 선천적으로 나에게 주어진 나의 소질 · 재능 · 성질 및 체질 등도 다 하늘이 나에게 준 분수에 속한다고 생각할 수 있다.

그렇다고 숙명론에 빠져 인간의 모든 노력을 부정하라는 뜻은 아니다. 또 그래서도 안된다. 나에게 주어진 분수, 즉 환경이나 위상 및 소질을 최대한으로 살리고 활용하고 성실하게 노력해서 나름대로의 좋은 성과를 거두어야 한다. 그렇게 하는 것이 내가 나의 삶을 주체적으로 잘 사는 것이며 또 그것을 '분수에 만족함[安分]'이라고 한다.

제6편에 있는 7개항은 자연의 평범한 도리를 따라 무난하게 살라고 가르치고 있다. 엉뚱한 생각이나 과도한 욕심을 버리고 안분지족(安分知足)하면 인생을 한가롭고 즐겁게 살 수 있음을 깨우치고 있다.

노자는 말했다. '만족함을 아는 사람이 부자이다(知足者富).' '만족할 줄 알면 욕을 보지 않는다(知足不辱).'

6-1

景行錄云,
知足可樂
務貪則憂.[1]

경행록(에) 운,
지족(이면) 가락(이요)
무탐(이면) 즉우(니라).

《경행록》에 있다. '족할 줄 알면 삶을 즐길 수 있으나, 탐욕을 부리고 채우려고 하면 모든 근심과 걱정이 일어나게 된다.'

　ㅇ景行錄(경행록)-1-7 참조. ㅇ知足(지족)-만족할 줄 알다. ㅇ可樂(가락)-즐길 수 있다. 삶을 즐겁게 살 수 있다. ㅇ務貪(무탐)-탐욕을 부리다. '무(務)'는 애를 쓰다. 힘쓰다. 탐욕을 채우려고 애를 쓰다. ㅇ則(즉)-그러면. ㅇ憂(우)-모든 근심 걱정이 일어난다.

참고) 안분지족(安分知足)이란 자기 분수에 안주(安住)하고 하늘이 나에게 준 모든 위상(位相)에 만족하며 산다는 뜻이다. 절대선인 하늘은 인간에게 선본성(善本性)을 주었다. 따라서 착하게 사는 것이 안분지족이다. 사람이면서 동물적·이기적 탐욕을 끝없이 채우려고 하니까 인간 세상에 온갖 마찰과 비극이 발생한다. '안분지족'은 결국 '안빈낙도(安貧樂道)'와 같은 경지이다.

---

1) 足(만족할 족), 務(힘쓸 무), 貪(탐할 탐), 則(곧 즉), 憂(근심할 우).

───── 6-2 ─────

知足者貧賤亦樂
不知足者富貴亦憂.[2]

지족자(는) 빈천역락(하고)
부지족자(는) 부귀역우(니라).

만족할 줄 아는 사람은 가난하고 천해도 즐겁게 살지만,
만족을 모르는 사람은 부귀를 누려도 걱정스럽기만 하다.

ㅇ知足者(지족자)–만족할 줄 아는 사람. ㅇ貧賤(빈천)–가난하고 천
하다. ㅇ亦(역)–역시. ㅇ樂(락)–즐겁게 산다.

(참고) 바로 앞의 말을 구체적으로 예시했다. 인생을 즐겁게 사느냐 짜
증스럽게 사느냐 하는 것은 외형적 재물이나 지위보다도 자신의 마음
가짐에 있다. 안빈낙도(安貧樂道)해야 한다.

───── 6-3 ─────

濫想徒傷神 妄動反致禍.[3]

남상(은) 도상신(이요) 망동(은) 반치화(니라).

허황한 생각은 공연히 정신을 상하게 하고, 경망한 행동은
도리어 재화를 초래한다.

2) 貧(가난할 빈), 賤(천할 천), 亦(또 역), 富(부할 부), 貴(귀할 귀).
3) 濫(함부로 람), 徒(공연할 도), 傷(상처 상), 妄(허망할 망), 反(되돌릴 반).

ㅇ濫想(남상)-허황된 생각. ㅇ徒(도)-공연히, 다만. ㅇ傷神(상신)- 정신을 상하다. ㅇ妄動(망동)-경거망동(輕擧妄動). ㅇ反(반)-반대로, 도리어. ㅇ致禍(치화)-재화를 부른다.

(참고) 사람은 사람답게 살아야 한다. 사람이면서 동물적·이기적 욕심을 채우기 위해 남을 살상(殺傷)하고 남의 재물을 탈취하면 안된다. 간악하게 남을 속이거나, 무력으로 남을 유린하려는 생각은 인간의 '선본성(善本性)'에 위배된다. 그러므로 잡념과 욕심은 인간의 맑은 정신을 흐리게 하고, 몸을 병들게 한다. 경거망동하면 재화를 초래하게 된다. 탐욕을 버리고 자신의 분수를 지키면 조용하고 즐겁게 살 수 있다. 하늘은 사람에게 하늘의 도리를 깨닫고 실천할 수 있는 선본성을 주었다. 따라서 허황한 욕심을 버리고 착한 본성을 따라야 한다.

6-4

知足常足 終身不辱
知止常止 終身無恥.4)

지족상족(이면) 종신불욕(하고)
지지상지(면) 종신무치(니라).

족할 줄 알고 항상 만족한 마음으로 살면 평생토록 욕되지 않을 것이다. 머무를 줄 알고 항상 적절하게 머무르면 평생토록 창피함이 없을 것이다.

---

4) 常(항상 상), 終(끝날 종), 辱(욕될 욕), 止(머물 지), 恥(부끄러워할 치).

ㅇ知足常足(지족상족)—족할 줄 알고 만족한 마음으로 산다. ㅇ終身(종신)—평생을 두고. ㅇ不辱(불욕)—욕을 보지 않는다. ㅇ知止常止(지지상지)—머무를 줄 알고 머무르다. ㅇ無恥(무치)—창피하지 않다.

(참고) 욕심을 억제하고 안분지족(安分知足)하면 욕되지 않고 창피하지 않고 평생을 즐겁게 살 수 있다.

(6-5)

書曰, 滿招損 謙受益.5)

서왈, 만초손(하고) 겸수익(이니라).

《서경》에 있다. '차면 줄어들고 겸손하면 이롭다.'

ㅇ書(서)—《서경(書經)》. 즉 《상서(尙書)》. ㅇ滿招損(만초손)—가득 차면 줄어든다. ㅇ謙受益(겸수익)—겸손하면 도리어 이득을 본다.

(참고) 이 말은 《서경》〈대우모(大禹謨)〉에 있는 구절이다. 자연의 이치가 다 같다. 높이 올라가면 떨어지고 가득 차면 줄게 마련이다. 기타 다음과 같은 말이 있다.

'달도 차면 이지러진다(月滿則虧).'

'사물도 극에 달하면 쇠퇴한다(物盛則衰).'

노자는 다음과 같이 말했다.

'부귀를 누리고 교만하면 스스로 남에게 허물을 남기게 된다(富貴

---

5) 滿(찰 만), 招(부를 초), 損(덜 손), 謙(겸손할 겸), 受(받을 수), 益(더할 익).

而驕 自遺其咎).'

'많이 저장하면 크게 잃는다(多藏必厚亡).'

6-6

安分吟曰,
安分身無辱 知機心自閑
雖居人世上 却是出人間.6)

안분음(에) 왈,
안분(이면) 신무욕(이요) 지기(면) 심자한(이라)
수거인세상(이나) 각시출인간(이니라).

〈안분음〉에서 말했다. '분수에 만족하면 몸에 욕됨이 없고 천기를 터득하면 마음이 스스로 한가하나니 비록 인간 세상에 살고 있으면서도 인간 세상을 벗어난 것이라 하겠다.'

ㅇ安分吟(안분음)—송(宋)대의 소옹(邵雍)이 지은 시. 〈격양시(擊壤詩)〉라고도 함. ㅇ安分(안분)—자기 분수에 안주(安住)함. ㅇ身無辱(신무욕)—몸에 욕됨이 없다. ㅇ知機(지기)—천기(天機)나 하늘의 기미(機微)를 알다. 천기는 우주의 메커니즘(mechanism). ㅇ心自閑(심자한)—마음이 스스로 한가롭다. ㅇ居(거)—살다, 몸담고 있다. ㅇ人世上(인세상)—인간 세상. ㅇ却是(각시)—도리어. ㅇ出人間(출인간)—세상에서 벗어나다.

---

6) 吟(읊을 음), 辱(욕 욕), 知(알 지), 機(틀 기), 閑(한가할 한), 雖(비록 수), 居(있을 거), 世(세상 세), 却(도리어 각).

(참고) 맑은 하늘의 오묘한 뜻과 도리를 깨닫고 하늘과 하나가 되면 추악한 인간 속세에서 해탈할 수가 있다. 천도와 천명을 터득하고 인간적인 추악한 탐욕을 부리지 않는 것이 바로 천기(天機)를 바르게 아는 것이다. 전통사상에서는 우주를 하나의 거대한 생명체로 본다. 따라서 우주의 메커니즘이 곧 천기이다. 그 천기의 하나가 바로 자연법칙이다. 과학자가 자연법칙을 활용해서 좋은 성과를 올리듯이 사회나 국가의 윤리 도덕 및 정치도 천도 천기를 기준으로 하고 실천해야 한다. 그것이 곧 안분(安分)이고 지기(知機)이다.

(6-7)

子曰, 不在其位 不謀其政.[7]

자왈, 부재기위(면) 불모기정(이니라).

공자가 말했다. '그 자리에 있지 않으면 그 정사를 도모하지 마라.'

> ○不在其位(부재기위)—그 직위에 있지 않으면. ○不謀其政(불모기정)—그 직위에서 행할 정사를 논하거나 꾀하지 마라.

(참고) 자기의 직분을 충실하게 수행하는 동시에 남의 직책에 대하여 간섭하거나 비평하는 일을 삼가야 한다. '군자는 생각하는 바가 그 직위를 벗어나지 않게 해야 한다(君子思不出其位).'(曾子) '군자는 자기가 처한 위상에 맞게 행동하고 밖의 것을 바라지 않는다. 부귀를 누리

---

7) 不(아닐 불), 在(있을 재), 其(그 기), 位(자리 위), 謀(꾀할 모), 政(정사 정).

게 되면 부귀를 누리는 사람답게 행동하고, 빈천한 자리에 떨어지면 빈천한 사람답게 행동한다(君子素其位而行 不願乎其外 素富貴行乎富貴 素貧賤行乎貧賤).'《中庸》

제7편 존심편(存心篇)

존심(存心)은 바르고 착한 마음을 항상 간직하라는 뜻이다. 누구나 예사롭게 마음이 있다고 말한다. 그러나 그 마음이 인체의 어느 부위에 있으며 그 모양이나 크기가 어떠한지 알 수가 없다. 그러면서 사람은 누구나 다 '나는 마음이 있다'고 말한다.

남의 장기(臟器)를 이식(移植)하여 죽어 가는 생명이나 기능을 소생시킬 수 있을 만큼 놀랍게 발달한 오늘의 의학으로도 마음의 실체를 과학적으로 설명하지 못한다. 천하의 명의(名醫)도 사람의 마음을 정확하게 지적해내지 못한다. 그러나 사람마다 마음은 분명히 있으며, 그 마음이 사람의 언행을 주재하고 있음을 누구나 다 알고 있다.

옛사람은 '보이지 않는 마음이 몸속 어딘가에 있으며 그 크기는 한 치도 못되게 작은 것이다'라고 생각했다. 그래서 '속에 있는 작은 마음[寸心]'이라고 일컬었다. .

그 작은 마음이 행동으로 나타난다. 착한 마음은 착한 행동으로 나타나고, 악한 마음은 악한 행동으로 나타난다. 그러므로 옛사람들은 마음의 수양, 즉 심성의 함양을 중하게 여겼던 것이다.

한 치의 작은 마음, 즉 촌심(寸心)은 선심(善心)과 악심(惡心)으로 대별할 수 있다. 하늘의 도리를 따르고 지성으로 부모님에게 효도하고 또 남을 사랑하고 더 나아가 나라에 충성하고 인류의 문화 발전에 이바지하려는 마음은 '착한 마음[善心]'이다. 반대로 욕심을 채우기 위해 남을 억압하거나 유린하고 간악한 수단으로 재물이나 명예를 획득하려는 마음은 '악심(惡心) 혹은 사심(邪心)'이다.

하늘은 인간에게 선본성(善本性)을 부여했다. 그러므로 누구나 수양하여 심성을 함양하면 착한 사람이 된다. 인성교육을 중시해야 한다.

7-1

景行錄云, 坐密室 如通衢
馭寸心 如六馬 可免過.[1]

경행록(에) 운, 좌밀실(을) 여통구(하고)
어촌심(을) 여육마(하면) 가면과(니라).

《경행록》에 있다. '밀실에 앉아 있어도 마치 네거리에 있는 것처럼 하고, 작은 마음 제어하기를 흡사 육두마차 부리듯 하면 가히 허물을 면할 수 있을 것이다.'

ㅇ坐密室(좌밀실)－밀실에 앉아 있다. ㅇ如通衢(여통구)－사방으로 통하는 네거리에 있는 것처럼 조심한다. ㅇ馭(어)－말을 부리다. ㅇ寸心(촌심)－작은 마음. ㅇ如六馬(여육마)－육두마차(六頭馬車) 몰듯 (긴장하고 조심하다).

참고 마음은 남의 눈에 보이는 것이 아니다. 그러므로 사람들은 나쁜 마음을 품으면서, 겉으로는 아닌 척한다. 그러나 마음은 말이나 행동으로 나타나게 마련이다. 나쁜 마음은 나쁘게 나타나고, 착한 마음은 착하게 나타난다. 그러므로 자기가 스스로 자기 마음을 잘 단속해야 한다. 특히 동물적・이기적 탐욕이나, 육체적・감각적 쾌락을 채우려는 타락한 마음을 잘 제어해야 한다. 육두마차(六頭馬車)를 몰듯이 긴장하고 조심해야 한다. 《대학》에는 '군자는 홀로 있을 때를 삼간다 (君子愼其獨也).'라는 말이 있다.

---

1) 密(은밀할 밀), 衢(네거리 구), 馭(말 부릴 어), 免(면할 면), 過(허물 과).

───(7-2)───

擊壤詩云,
富貴如將智力求 仲尼年少合封侯.
世人不解靑天意 空使身心半夜愁.[2]

격양시(에) 운,
부귀(를) 여장지력구(인대) 중니연소합봉후(라).
세인(은) 불해청천의(하고) 공사심신반야수(로라).

〈격양시〉에 있다. '부귀를 지능의 힘만으로 얻는다면 공자는 젊어서 마땅히 제후가 되었을 것이다. 세상 사람들은 푸른 하늘의 뜻을 모르고 공연히 한밤중에 몸과 마음으로 슬퍼하고 고민을 한다.'

○擊壤詩(격양시)─송(宋)대의 학자 소옹(邵雍)이 엮은 시집. ○富貴(부귀)─부유하고 신분이 높음. ○如(여)─만약에. ○將(장)─……으로써. ○智力(지력)─지혜로운 힘, 지식이나 슬기. ○仲尼(중니)─공자의 자(字). 공자의 모친 안씨(顔氏)가 이산(尼山)에 기도를 올리고 낳았다. ○合封侯(합봉후)─제후의 봉을 받아야 마땅하다. ○不解(불해)─이해하지 못하고. ○靑天意(청천의)─푸른 하늘의 뜻. ○空(공)─공연히. ○使身心愁(사신심수)─(허황된 욕심을 품고) 몸과 마음을 괴롭힌다.

참고 공자는 《논어(論語)》에서 말했다. '죽고 사는 것은 천명으로 주

───

2) 如(만약 여), 智(슬기 지), 封(봉할 봉), 侯(제후 후), 解(풀 해), 愁(시름 수).

어지고 부귀는 하늘에 매여 있다.(死生有命 富貴在天)' 그러나 속인
들은 욕심만으로 부귀를 누리려고 안달을 한다. 노자(老子)는 말했다.
'천도는 편애하지 않고 항상 선인을 편든다(天道無親 常與善人).' 즉
하늘은 선인[善]에게 복을 내린다.

─────(7-3-1)─────

范忠宣公戒子弟曰,
人雖至愚 責人則明
雖有聰明 恕己則昏.3)

　　범충선공(이) 계자제왈,
　　인수지우(나) 책인즉명(하고)
　　수유총명(이나) 서기즉혼(이라).

　범충선공이 자제를 훈계하여 말했다. '지극히 어리석은 사
람이라도 남을 책할 때에는 영악하고, 총명한 사람이라도 자
신의 잘못은 흐리멍덩 넘기려 한다.'

　　o范忠宣公(범충선공)─송(宋)대의 명신 범중엄(范仲淹)의 아들. 학
　　문과 덕이 높아 재상까지 올랐다. o至愚(지우)─지극히 우매하다.
　　o責人則明(책인즉명)─남을 책망할 때는 영악하다. o恕己則昏(서
　　기즉혼)─자신의 허물을 용서할 때는 흐리멍덩한 척하고 넘어간다.

　参考 남을 공격하기 좋아하는 사람은 곧 무식하고 우매한 사람이다.

─────────────────

　3) 責(꾸짖을 책), 聰(귀 밝을 총), 恕(용서할 서), 昏(어두울 혼).

자기의 잘못을 숨기고 가리려는 사람은 현명한 사람이 아니다. 진정
으로 현명한 사람은 자신에게 엄하고, 남에게 관대하다.

─────────────(7-3-2)─────────────

爾曹 但當以責人之心責己
恕己之心恕人
則不患不到聖賢地位也.4)

이조(는) 단당 이책인지심(으로) 책기(하고)
서기지심(으로) 서인(하면)
즉불환부도 성현지위야(니라).

'너희들은 마땅히 남을 책하는 마음으로 자신을 책하고 자
신을 용서하는 마음으로 남을 용서해 주어야 한다. 그러면
성인의 경지에 이르지 못할까 걱정하지 않아도 된다.'

ㅇ爾曹(이조)─너희들. ㅇ但當(단당)─오직 마땅히 ……해야 한다.
ㅇ以責人之心(이책인지심)─남을 책하는 마음으로써. ㅇ恕己之心(서
기지심)─자신의 허물을 용서하는 너그러운 마음. ㅇ不患不到(불환부
도)─이르지 못할 것을 걱정하지 않음.

(참고) 남의 과실을 관대하게 용서하고 반대로 자신의 잘못을 엄격하게
다스려야 한다. 그러면 성현의 경지에 도달할 수 있다. 특히 용서의
미덕을 발휘해야 한다. 용서는 소극적인 사랑이다.

─────────────────────

4) 爾(너 이), 曹(무리 조), 患(근심 환), 聖(성스러울 성), 賢(어질 현).

자신의 마음이나 행동을 엄히 단속하고 또 자신의 허물을 엄하게 책망해야 한다. 그것이 자기수양이다. 한편 남에게는 되도록 관대하게 포용하는 아량을 지녀야 한다.

7-4

聰明思睿 守之以愚
功被天下 守之以讓
勇力振世 守之以怯
富有四海 守之以謙.5)

　총명사예(라도) 수지이우(하고)
　공피천하(라도) 수지이양(하고)
　용력진세(라도) 수지이겁(하고)
　부유사해(라도) 수지이겸(하라).

총명하고 슬기로워도 어리석음으로 지켜야 하고, 공명이 천하에 넘쳐도 겸양하는 마음으로 지켜야 하며, 용맹이 세상에 떨쳐도 겁먹은 마음으로 지켜야 하고, 재물이 사해에 넘쳐도 겸손한 태도로 지켜야 한다.

　ㅇ思睿(사예)─슬기롭고 사려가 깊어도.　ㅇ守之以愚(수지이우)─어리석음으로써 지켜야 한다.　ㅇ功被天下(공피천하)─공명이 천하를 덮

---

5) 睿(깊고 밝을 예), 愚(어리석을 우), 讓(사양할 양), 勇(날쌜 용), 振(떨칠 진), 怯(겁낼 겁), 謙(겸손할 겸).

을 만해도. ○守之以讓(수지이양) – 예양(禮讓)하는 태도로 공명을 지켜야 한다. ○勇力振世(용력진세) – 용맹과 힘이 세상에 떨쳐도. ○守之以怯(수지이겁) – 겁 많은 사람처럼 신중하게 해야 한다. ○富有四海(부유사해) – 천하의 재물을 다 소유해도. ○守之以謙(수지이겸) – 부를 겸손으로 간직하고 지켜야 한다.

(참고) 알아도 모른 척하고 더욱 배워야 한다. 공을 세우고도 예양(禮讓)하고, 힘이나 재물이 있어도 남에게 겸손할 줄 알아야 한다. 순자(荀子)는 다음과 같이 말했다.

'신분이 높으면 남에게 공손해야 하고 부자일수록 검소하게 살아야하며 적에게 이겨도 더욱 경계해야 한다.(身貴而愈恭 家富而愈儉 勝敵而愈戒).'

───(7-5)───────────────

素書云,
薄施厚望者不報
貴而忘賤者不久.[6]

소서운,
박시후망자(는) 불보(하고)
귀이망천자(는) 불구(니라).

소서에서 말했다. '박하게 베풀고 후한 것을 바라는 사람은 보답을 못 받고, 귀하게 되고 천했던 때를 잊은 자는 오

────────────────────

6) 薄(엷을 박), 施(베풀 시), 厚(두터울 후), 報(갚을 보), 賤(천할 천).

래가지 못한다.'

　　o素書(소서)-한(漢)의 황석공(黃石公)이 쓴 책. o薄施厚望(박시후망)-적게 베풀고 많은 보답을 바람. o不報(불보)-보답받지 못함. o貴而忘賤(귀이망천)-귀하게 되고 나서 천했을 때를 잊는다. o不久(불구)-(귀한 자리를) 오래 지키지 못함.

(참고) 남에게는 많이 베풀고 남으로부터는 적게 받는 것이 좋다. 이 말은 불로소득(不勞所得)하면 안된다는 뜻도 있다. 속담에 '개구리 올챙이 때를 모른다'는 말이 있다. 출세하고 높은 자리에 올랐다고 옛 친구나 전에 신세진 사람들을 모른 척하는 패은망덕(悖恩忘德)한 자는 필시 하늘의 벌을 받는다.

───── 7-6 ─────

施恩勿求報
與人勿追悔.7)

　　시은(이어든) 물구보(하고)
　　여인(이어든) 물추회(하라).

　은혜를 베풀되 그에 대한 보답을 바라지 말고, 남에게 주고 나서 나중에 후회하지 마라.

　　o施恩(시은)-남에게 은혜를 베풀다. o勿求報(물구보)-보답을 바

---

7) 施(베풀 시), 勿(말 물), 報(갚을 보), 與(줄 여), 追(쫓을 추), 悔(뉘우칠 회).

라지 마라. ○與人(여인)-남에게 주다. ○勿追悔(물추회)-뒤늦게 (남에게 준 것을) 후회하지 마라.

(참고) 부모가 자녀를 사랑하는 참사랑의 심정으로 남에게 은혜를 베풀어라. 그리고 보답을 바라지 마라. 또 남에게 베푼 일을 나중에 아깝게 생각하거나 후회하지 마라. 진정한 사랑은 '상대를 좋은 사람 되게 하기 위하여, 아무런 조건 없이 내가 정성으로 후원해 주는 행동이다.'

───────── 7-7 ─────────

孫思邈曰,
膽欲大 而心欲小
知欲圓 而行欲方.[8]

손사막(이) 왈,
담욕대 이심욕소(하고)
지욕원 이행욕방(하라).

손사막이 말했다. '담력은 클지라도 마음가짐은 작은 듯 신중하고, 지식은 둥글고 넓게 가지되 행실은 방정해야 한다.'

○孫思邈(손사막)-당(唐)나라의 학자. ○膽(담)-쓸개. ○心欲小(심욕소)-마음가짐을 작은 듯이 하라. 마음을 세심하게 쓰라는 뜻. ○知欲圓(지욕원)-지식을 둥글고 넓게 가져라. ○行欲方(행욕방)-행실

─────────────────

8) 邈(멀 막), 膽(쓸개 담), 欲(하고자 할 욕), 圓(둥글 원), 方(모 방).

은 방정해야 한다. 바르고 절도가 있어야 한다.

(참고) 기상이나 포부는 담대하고 대범해야 한다. 하지만 사려나 행동은 치밀하고 신중해야 한다. 학문이나 지식은 박학다식(博學多識)하되, 행실은 절대선인 천도를 따라 한결같고 방정하고 독실해야 한다. 《회남자(淮南子)》에 있다. '아는 것은 둥글고 원만해야 한다. 그러나 행실은 방정해야 한다(智欲圓 而行欲方).' 방정한 행동은 곧 천도를 따라 광명정대(光明正大)하고 공평무사(公平無私)한 행동이다.

7-8

念念要如臨戰日
心心常似過橋時.9)

염념요여림전일(하고)
심심상사과교시(하라).

생각은 전투에 임하는 날처럼 신중하게 하고, 마음은 다리를 건널 때처럼 조심스럽게 가져라.

ㅇ念念(염념)─생각하고 또 생각한다. ㅇ要(요)─ ……해야 한다. ㅇ臨戰日(임전일)─전투에 임하는 날. ㅇ心心(심심)─조심하고 또 조심한다. ㅇ常(상)─항상, 언제나. ㅇ似(사)─ ……와 같게. ㅇ過橋時(과교시)─다리를 건너갈 때.

(참고) 생각과 행동을 신중하게 해야 한다. 전투에 임하는 날처럼 또 위

---

9) 念(생각할 념), 臨(임할 림), 戰(싸울 전), 似(같을 사), 橋(다리 교).

험한 다리를 건너갈 때처럼 긴장하고 조심조심해야 한다.

　이 말을 표면적인 비유라고만 생각하지 말고, 그 깊은 뜻을 생각해
보자. 이 세상의 전쟁은 사람들이 서로 저마다의 탐욕을 채우기 위해
서, 서로 죽이고, 토지나 재물을 쟁탈하는 악덕한 범죄행위다. 개인적
차원의 싸움이나, 국가간의 전쟁이나, 그 바탕은 동물적·이기적 탐욕
이다.

　사람도 같다. '한 마음' 속에 두 마음이 공존하면서 싸우고 있다. 즉
'착한 마음'과 '악한 마음'이 서로 싸우고 있다. 악한 마음을 제어하고
선한 마음을 높여야 한다.

───────(7-9)───────

懼法朝朝樂
欺公日日憂.10)

　　구법(이면) 조조락(이오)
　　기공(이면) 일일우(니라).

　법도를 두렵게 여기고 따르면 아침마다 즐겁고, 공사를 속
이면 날마다 근심스럽게 살아야 한다.

　　ㅇ懼法(구법)－나라의 법을 두렵게 여기고 지킨다. ㅇ朝朝(조조)－매
　　일 아침. ㅇ欺公(기공)－공무, 공사(公事)를 기만하다. ㅇ憂(우)－근
　　심하고 걱정함.

──────────────

10) 懼(두려워할 구), 法(법 법), 樂(즐거울 락), 欺(속일 기), 憂(근심할 우).

(참고) 사(私)보다 공(公)을 앞세우고 높여야 한다. 사리사욕(私利私慾)을 채우기 위해 대의명분(大義名分)을 망각하고 국법을 어기거나 공사(公事)를 문란케 하면 고생스럽게 살아야 한다.

7-10

朱文公曰, 守口如瓶 防意如城.[11]

주문공(이) 왈, 수구여병(하고) 방의여성(하라).

주자가 말했다. '입 지키기를 병을 막듯이 하고 욕심 막기를 성을 지키듯이 하라.'

○朱文公(주문공)－주자(朱子). ○守口(수구)－입조심하다. ○如瓶(여병)－병마개를 막아놓듯 함. ○防意(방의)－과도한 의욕이나 욕심을 제어함. ○如城(여성)－성문을 엄중히 지키듯이 욕심을 막다.

(참고) 입을 함부로 놀리지 말고 한마디 말이라도 신중하게 해야 한다. 말 때문에 인간관계가 틀어지고 또 세상이 시끄러워진다. 마음 단속을 흡사 성문을 지키듯이 엄하게 해야 한다. 맹자는 말했다. '학문을 배우는 근본은 다른 것이 아니다. 자신의 마음을 수습하고자 함이다 (學問之道無他 求其放心而已矣).'

---

11) 守(지킬 수), 瓶(병 병), 防(막을 방), 城(성 성).

───── 7-11 ─────

心不負人 而無慙色.[12]

심불부인(이면) 이무참색(이니라)

　마음속에 남을 배반할 생각이 없다면 얼굴에도 부끄러운 기색이 나타나지 않는다.

　　ㅇ負(부)-등지다, 배반하다. ㅇ人(인)-여기서는 남, 상대방의 뜻. ㅇ慙色(참색)-부끄러워하는 기색, 표정.

(참고) 마음이 맑으면 얼굴도 맑고 마음이 탁하면 얼굴도 탁하게 된다. 마음은 밖으로 나타나게 마련이다. 광명정대(光明正大)한 천도를 따르고 실천하려는 마음을 지니고 착하게 살면, 얼굴이 맑아지고 또 빛나게 마련이다.

───── 7-12 ─────

人無百歲人 枉作千年計.[13]

인무백세인(이나) 왕작천년계(니라).

　사람은 누구나 백 년을 살지 못하거늘 부질없이 천 년을 살 듯이 (욕심을 부리며) 계획을 세운다.

───────────────

12) 負(등질 부), 無(없을 무), 慙(부끄러울 참), 色(빛 색).
13) 百(일백 백), 歲(해 세), 枉(굽을 왕), 作(지을 작), 年(해 년), 計(꾀 계).

ㅇ百歲人(백세인)—백 세를 사는 사람. ㅇ枉(왕)—부질없이. ㅇ千年計(천년계)—욕심에 있어 천 년을 살 듯이 계획을 세운다.

참고 사람은 오래 살아야 백 년이다. 그러나 천 년을 살 것처럼 탐욕을 부리고 과분하게 재물을 모으니 딱하다. 한없는 욕심을 채우기 위해 서로 쟁탈하기 때문에 세상이 아수라장으로 화하는 것이다.

7-13

寇萊公六悔銘云, 官行私曲失時悔
富不儉用貧時悔 見事不學用時悔
藝不少學過時悔 醉後狂言醒時悔
安不將息病時悔.[14]

구래공육회명(에) 운, 관행사곡(이면) 실시회(하고)
부불검용(이면) 빈시회(하고) 견사불학(이면) 용시회(하고)
예불소학(이면) 과시회(하고) 취후광언(이면) 성시회(하고)
안부장식(이면) 병시회(니라).

구래공이 〈육회명〉에서 말했다. '벼슬할 때에 사욕을 앞세워 잘못하면 실직하고 나서 후회하고, 부유할 때에 절약하지 않으면 가난해지고 나서 후회하게 되고, 젊어서 기술을 배우

---

14) 寇(도둑 구), 萊(명아주 래), 悔(뉘우칠 회), 銘(새길 명), 曲(굽을 곡), 儉(검소할 검), 藝(기예 예), 醉(취할 취), 狂(미칠 광), 醒(깰 성), 息(숨쉴 식).

지 않으면 뒤늦게 나이들어 후회하고, 일을 보고 배우지 않
으면 자신이 일을 할 때에 후회하게 되고, 술에 취해서 망언
을 하면 깨어난 다음에 후회하게 되고, 몸이 성할 때에 양생
하지 않으면 병들어 후회하게 된다.'

　ㅇ寇萊公(구래공)−북송(北宋)의 고관. 성이 구(寇), 호가 내국공(萊
國公). ㅇ六悔銘(육회명)−구래공이 쓴 여섯 가지의 후회할 일을 삼
가라는 계명. ㅇ官行(관행)−관리로서 행세할 때에, 관직에 있으면서.
ㅇ私曲(사곡)−사사로운 이득을 취하고 도리에 어긋나게 일처리를
함. ㅇ失時(실시)−실각했을 때에. ㅇ悔(회)−후회하다, 뉘우치다. ㅇ儉
用(검용)−씀씀이를 절약함. ㅇ藝(예)−기능·기술. ㅇ見事(견사)−일
처리하는 것을 보다. ㅇ用時(용시)−같은 일을 처리할 때. ㅇ過時(과
시)−뒤늦게. ㅇ醉後(취후)−술에 취해서. ㅇ狂言(광언)−망언을 하
다. ㅇ醒時(성시)−깨어나서. ㅇ安(안)−건강하고 안락할 때에. ㅇ不
將息(부장식)−몸을 잘 보양하고 양생(養生)하지 않으면.

(참고) 구래공의 〈육회명〉을 요약하면 다음과 같다. ① 관직에 있을 때
사리사욕을 취하지 마라. ② 부유할 때 근검 절약하라. ③ 젊어서 기술
을 배워라. ④ 일찍이 일 처리하는 능력을 키워야 한다. ⑤ 술 취했을
때 흰소리치지 마라. ⑥ 평소에 건강 관리를 잘하라.

──（7-14）────────

益智書云,
寧無事而家貧 莫有事而家富
寧無事而住茅屋 不有事而住金屋

寧無病而食麤飯 不有病而服良藥.15)

익지서(에) 운,

영무사이가빈(이언정) 막유사이가부(요)

영무사이주모옥(이언정) 불유사이주금옥(이오)

영무병이식추반(이언정) 불유병이복양약(이니라).

《익지서》에서 말했다. '탈 많게 부유하느니 차라리 탈없이 가난한 편이 낫다. 탈 많으면서 대궐에 사느니 차라리 탈없이 초가집에 사는 편이 낫다. 병들어 좋은 약을 드니 차라리 병 없이 조밥을 먹는 편이 낫다.'

○益智書(익지서)−2-4 참조. ○寧(영)−차라리 ……하는 편이 좋다. ○寧無事而家貧(영무사이가빈)−집안에 탈없이 가난하게 사는 편이 낫다. ○莫有(막유)− ……하는 일이 없어야 한다. ○莫有事而家富(막유사이가부)−집안에 탈이 있으면서 부자로 사는 것보다. ○茅屋(모옥)−띠풀집, 초가집. ○麤飯(추반)−잡곡밥, 조밥. ○服(복)−(약을) 복용하다. ○寧無事而住茅屋(영무사이주모옥)−차라리 사고없이, 즉 편안하게 초가집에 사는 편이 낫다. ○不有事而住金屋(불유사이주금옥)−'사고에 시달리면서[有事]' '황금의 집에 살지[住金屋]'를 '않겠다[不]'. ○寧無病而食麤飯(영무병이식추반) 不有病而服良藥(불유병이복양약)−병에 시달리면서 좋은 약을 복용하느니, 차라리 조밥을 들면서도 건강하게 살겠다.

참고 부자로 큰집에 살면서 집안에 탈이 많은 것보다 가난하게 살아도 화목하고 집안이 안락한 편이 좋다. 약을 복용하면서 병에 시달리는

---

15) 益(더할 익), 寧(편안할 녕), 莫(말 막), 茅(띠 모), 屋(집 옥), 金(황금 금), 麤(거칠 추), 飯(밥 반), 服(복용할 복), 良(좋을 량), 藥(약 약).

것보다 보리밥 들면서 건강하게 사는 편이 더 좋고 행복하다.

─────(7-15)─────

心安茅屋穩 性定菜羹香.16)

심안(이면) 모옥온(하고) 성정(이면) 채갱향(이니라).

'마음이 편안하면 초가집도 안온하고 성품이 안정되면 나
물국도 향기롭다.'

ㅇ心安(심안)－마음이 편하다. ㅇ茅屋穩(모옥온)－초가집에서 살아도
안온하다. ㅇ菜羹香(채갱향)－나물국도 향기롭다.

(참고) 하늘의 도리를 따라서 살고 심성(心性)이 착하고 안정되면 외형
적인 어려움이나 가난도 쉽사리 극복할 수 있다. 마음이 편하고 안정
되려면 허황한 욕심이나 과격한 감정을 억제해야 한다. 특히 재물이
나 권력에 대한 탐욕을 억제하지 못하면 자기도 불행하고 종국에는
남을 해치게 된다.

─────(7-16)─────

景行錄云,
責人者不全交 自恕者不改過.17)

───────────────

16) 穩(평온할 온), 性(성품 성), 菜(나물 채), 羹(국 갱), 香(향기 향).
17) 責(꾸짖을 책), 交(사귈 교), 恕(용서할 서), 改(고칠 개), 過(허물 과).

경행록(에) 운,
책인자(는) 부전교(요) 자서자(는) 불개과(라).

《경행록》에 있다. '남을 책하는 자는 온전하게 사귈 수 없고 자기 허물을 흐리는 자는 자기의 잘못을 고치지 못한다.'

ㅇ責人(책인)―남을 탓하다, 책망하다. ㅇ不全交(부전교)―남과 온전하게 교제할 수 없다. ㅇ自恕者(자서자)―자신의 허물을 호도하는 사람. ㅇ不改過(불개과)―자신의 잘못을 고치지 못함.

(참고) 남에게는 관용을 베풀고 자기 관리는 엄하게 하라.

─── 7-17-1 ───

夙興夜寐 所思忠孝者
人不知 天必知之.[18]

숙흥야매(하며) 소사충효자(는)
인부지(라도) 천필지지(니라).

새벽부터 밤늦게까지 부모에게 효도하고 임금에게 충성하는 사람을, 남들은 모를지라도 하늘은 반드시 알아준다.

ㅇ夙興夜寐(숙흥야매)―아침에 일찍 일어나고 밤에 늦게 잔다. 즉 국가나 가정을 위해 부지런히 일하고 충성을 한다. ㅇ所思(소사)―생각하는 바. ㅇ忠孝(충효)―충성과 효도

(참고) 지성감천(至誠感天)이라. 정성에는 하늘도 감동한다.

---

18) 夙(일찍 숙), 興(일 흥), 寐(잠잘 매), 忠(충성 충), 孝(효도 효).

──────(7-17-2)──────

飽食煖衣 怡然自衛者
身雖安 其如子孫何.19)

포식난의(하여) 이연자위자(는)
신수안(이나) 기여자손하(오).

배불리 먹고 따뜻하게 입고 자신의 안락만을 위하면 제
한 몸은 편하지만 그 자손들은 어찌될 것인가?

ㅇ飽食(포식)—배불리 먹다. ㅇ煖衣(난의)—따뜻하게 입는다. ㅇ怡
然(이연)—즐거워함. ㅇ自衛(자위)—자기만을 위함. ㅇ雖(수)—비
록 ……이나. ㅇ其如子孫何(기여자손하)—그의 자손들은 어찌될 것
인가?

참고 가정이나 국가는 자자손손(子子孫孫) 세세대대(世世代代)로 이
어지면서 더욱 발전한다. 오늘의 나는 과거의 문화 유산을 계승하고
나의 노력과 공적으로 더욱 발전시켜서 후손에게 물려줄 책임이 있다.
나만을 위해서 산다는 생각은 잘못이다. 일가(一家)의 흥성과 역사의
발전을 위해 최선을 다해야 한다.

───────────

19) 飽(물릴 포), 煖(따뜻할 난), 怡(기쁠 이), 衛(지킬 위), 雖(비록 수).

以愛妻子之心　事親則曲盡其孝
以保富貴之心　奉君則無往不忠
以責人之心　　責己則寡過
以恕己之心　　恕人則全交.[20]

이애처자지심(으로) 사친즉곡진기효(이오)

이보부귀지심(으로) 봉군즉무왕불충(이오)

이책인지심(으로) 책기즉과과(요)

이서기지심(으로) 서인즉전교(니라).

처자를 사랑하는 마음으로 어버이를 섬기면 그 효도가 극
진하게 되고, 부귀를 보전하려는 마음으로 임금을 섬기면 어
느 면에서나 불충할 수 없으며, 남을 책망하는 마음으로 자
신을 엄하게 책망하면 자신의 허물이 적어질 것이고, 자신을
용서하는 마음으로 남을 용서해주면 남과의 교제가 원만하
게 될 것이다.

ㅇ以(이)……之心(지심) - ……하는 마음으로써. ㅇ愛妻子(애처자) -
아내와 자식을 사랑함. ㅇ事親(사친) - 부모님을 섬김. ㅇ曲盡(곡진) -
자세하고 간곡함. ㅇ保(보) - 간직하다. ㅇ奉君(봉군) - 임금을 받들다.
ㅇ無往不忠(무왕불충) - 어디로 가나, 어느 경우에나, 불충함이 없다.

---

20) 以(써 이), 愛(사랑 애), 妻(아내 처), 事(섬길 사), 則(곧 즉), 盡(다될
진), 保(지킬 보), 往(갈 왕), 寡(적을 과), 恕(용서할 서).

ㅇ寡過(과과)―허물이나 과실이 적어진다. ㅇ全交(전교)―사귐이 온전하게 된다.

(참고) 선과 악의 차이는 마음가짐에 있다. 이기적인 마음을 확대해서 이타(利他)로 돌려쓰면 훌륭한 인격자가 될 수 있다.

───(7-19)───

爾謀不臧 悔之何及,
爾見不長 敎之何益.
利心專則背道
私意確則滅公.[21)]

이모부장(이면) 회지하급(이며),
이견부장(이면) 교지하익(이리오).
이심전즉배도(요)
사의확즉멸공(이니라).

너의 계획이 옳지 못했으니 후회한들 무슨 소용이 있느냐? 너의 식견이 크지 못하거늘 가르친들 무슨 도움이 되겠느냐? 이기심에 골몰하면 바른 도리를 어기게 될 것이며, 사(私)만을 고집하면 공(公)을 망치게 될 것이다.

───────

21) 爾(너 이), 謀(꾀할 모), 臧(착할 장), 悔(뉘우칠 회), 益(더할 익), 利(이로울 리), 專(오로지 전), 背(등 배), 意(뜻 의), 確(굳을 확), 滅(멸망할 멸).

○爾(이)-그대. ○謀(모)-꾀함. ○不臧(부장)-착하지 않다. ○見(견)-식견. ○不長(부장)-크거나 넓지 않다. ○利心(이심)-이(利)를 탐하는 마음. 재물이나 권력을 탐내는 마음. ○專(전)-전념함, 골몰함. ○背道(배도)-바른 도리에 위배된다. ○私意(사의)-사사로운 의견. ○確(확)-고집하다. ○滅公(멸공)-공론(公論)을 무시하다. 혹은 공사(公事)를 망치게 하다.

(참고) 악하게 하고 후회한들 무슨 소용이 있는가? 편협하고 시견이 좁은 사람에게는 가르칠 수 없다. 이기적 탐욕이 넘치면 하늘의 도리를 어기게 된다. 대공무사(大公無私)해야 한다.

7-20

生事事生 省事事省.[22]

생사(면) 사생(이요) 생사(면) 사생(이라).

일을 만들면 일이 있게 되고, 일을 덜면 일이 없게 된다.

○生事(생사)-일을 만들다. ○省(생)-생략하다.

(참고) 욕심을 바탕으로 일을 꾸미면 세상이 복잡하게 뒤틀리고 악하게 된다. 마음을 비우면 세상이 조용하고 평안하게 된다.

제7편에 관한 설명을 보충하겠다. 공자가 《논어》에서 말했다. '덕은 외롭지 않다. 반드시 이웃이 있다(德不孤 必有隣).' 선한 행동과 어진 덕행은 남이 알아준다는 뜻이다. 선하고 어진 덕행의 기본은 충효(忠孝)다. 충(忠)은 나라의 중심점(中心點)인 임금에게 정성을 바치는

---

22) 生(날 생), 事(일 사), 省(생략할 생).

덕행이고, 효(孝)는 정성껏 부모를 공양하는 덕행이다. 충성(忠誠)이
나 효순(孝順)은 다 지성에서 나온다. '지성을 다하는 사람만이 능히
모든 것을 감화시킬 수 있다(惟天下至誠　爲能化).'(《中庸》)

제8편　계성편(戒性篇)

　　제8편 계성편(戒性篇)은 주로 '남에게 성질 부리는 일을 삼가라'는 글이 많다. 남을 대할 때, 온화하고 인자한 태도를 지니고 어려운 일을 처리할 때나 힘들고 고생스러운 경우에도 신중한 태도로 참고 견디는 자기수양을 해야 한다. 함부로 성미를 부리거나 자신의 감정을 원색적으로 과격하게 나타내면 안된다. 인격수양의 제일보가 바로 자신의 감정을 억제하고 또 이기적 탐욕을 극복하는 것이다. 인격수양은 훈련에 의해서 차츰 높아지게 마련이다. 따라서 탐욕이나 감정의 억제도 꾸준한 훈련과 노력을 바탕으로 점진적으로 이루어지게 자기수양을 해야 한다. 어려서부터 가정과 사회의 규범이나 예의 범절을 잘 배우고 실천을 통해 몸에 익숙하게 해야 한다. 그런 다음에 인간관계의 기본 도리인 윤리와 도덕을 따르려는 이성의 힘으로 이기적인 탐욕을 억제하고 또 순간적인 감정의 폭발을 억제하는 힘을 키워야 한다.

　　이성과 감정을 조화시키는 것이 인격 수양이다. 동물적으로 왈칵 성을 내고 남에게 덤비면 안된다. '땅에 엎어진 물을 되담을 수 없듯이, 한번 폭발한 감정을 되돌릴 수 없다'(8-1). 그러므로 항시 감정폭발, 특히 노기(怒氣)의 폭발을 마음속에서부터 제어하도록 수양해야 한다. 마음으로 참는 것을 한자로 '참을 인(忍)'이라 한다. 그 글자는 '마음 심(心)과 칼날 인(刃)'의 두 글자를 합한 것이다. 감정이나 분기를 폭발시키면 자기의 마음도 아프고 상대의 마음도 아프다. 그러므로 참고 또 참아야 한다. 공자는 다음과 같이 말했다. '천자가 참으면 나라에 해가 없고, 제후가 참으면 세력이 크게 되고, 관리가 참으면 지위가 높아지고, 형제가 참으면 집안이 부귀를 누리게 되고, 부부가 참으면 평생을 해로하게 되고, 붕우가 참으면 명성을 잃지 않고, 자신이 참으면 재앙이 없을 것이다'(8-5-3).

───────(8-1)──────────────────

景行錄云, 人性如水
水一傾 則不可復
性一縱 則不可反,
制水者 必以堤防
制性者 必以禮法.[1]

경행록(에) 운, 인성(은) 여수(니라).
수일경 즉불가복(이요)
성일종 즉불가반(이니),
제수자(는) 필이제방(하고)
제성자(는) 필이예법(이니라).

《경행록》에서 말했다. '사람의 성품은 물과 같다. 물은 한 번 엎질러지면 다시 되돌려 담을 수 없고 성품은 한번 방종해지면 다시 되돌릴 수 없다. 물을 제어하려면 반드시 제방으로써 막듯이 성품을 제어하려면 반드시 예법으로써 해야 한다.'

ㅇ人性(인성)—사람의 성품. ㅇ如水(여수)—물과 같다. ㅇ一傾(일경)—물이 기울고 쏟아지면. ㅇ不可復(불가복)—되돌려 담을 수 없다. ㅇ縱(종)—마음이 산란해지다, 방종하게 된다. ㅇ反(반)—되돌아오다. ㅇ制水(제수)—물을 막다. ㅇ以堤防(이제방)—제방으로써. ㅇ制性(제

────────────────────────────

1) 傾(기울 경), 縱(늘어질 종), 制(제어할 제), 堤(방죽 제), 禮(예도 례).

성)-나쁜 성품을 억제한다. ㅇ禮法(예법)-예절과 법도, 예의범절.

(참고) 하늘로부터 주어진 인간의 본성은 착하다. 그러나 이기적인 욕심에 혼탁하게 되며 심하면 사나워지고 방종해진다. 땅에 엎질러진 물을 되담을 수 없듯이 한번 일탈한 성품은 되돌리기 어렵다. 어려서부터 예절과 법도로써 잘 제어해야 한다. 특히 가정교육을 통해 자녀들에게 예의범절을 가르치고 훈련을 해야 한다. 내버려두면 동물 이하의 존재가 된다.

─── 8-2 ───

忍一時之忿
免百日之憂.2)

인일시지분(이면)
면백일지우(니라).

순간의 분을 참으면 백 일의 근심을 면할 수 있다.

ㅇ忍(인)-참다, 인내함. ㅇ忿(분)-분노, 분기. ㅇ免(면)-면하다. ㅇ百日之憂(백일지우)-백 일 동안의 걱정, 근심.

(참고) 일시적인 분노나 격분을 참지 못하고 폭발시켜 남을 매도하거나 남과 싸움을 하면 결국은 서로 원한을 품게 되고 심한 경우에는 인명을 살상하는 불상사까지 발생하게 되며 사회적으로 죄를 범하고 평생을 불행하게 살아야 한다. '참을 인(忍)'은 '자신의 마음에 칼날을 댄

───

2) 忍(참을 인), 忿(성낼 분), 免(면할 면), 憂(근심할 우).

듯이 분을 참고 견딘다'는 뜻이다. 평소에 예의범절을 몸에 익히면 분기를 참을 수 있다.

─────(8-3)─────

得忍且忍 得戒且戒,
不忍不戒 小事成大.3)

　　득인차인(하고) 득계차계(하라).
　　불인불계(면) 소사성대(니라).

　참고 또 참아야 하며 삼가고 또 삼가야 한다. 참지 않고 삼가지 않으면 작은 일을 크게 만든다.

　　ㅇ得(득) - ……해야 한다. ㅇ且(차) - 거듭, 또한. ㅇ戒(계) - 삼가다.
　　ㅇ得忍且忍(득인차인) - 참고 또 참아야 한다. ㅇ得戒且戒(득계차계) - 경계하고 또 경계해야 한다. ㅇ不忍不戒(불인불계) - 참지 않고 삼가지 않으면. ㅇ小事成大(소사성대) - 작은 일을 큰 낭패거리로 만든다.

(참고) 분을 참고 삼가야 한다. 대수롭지 않은 일을 가지고 분통을 터뜨리면, 서로 싸우고 급기야는 큰 불상사를 초래할 수 있다.

─────────

3) 忍(참을 인), 且(또 차), 戒(경계할 계), 事(일 사), 成(이룰 성).

8-4-1

愚濁生嗔怒 皆因理不通,
休添心上火 只作耳邊風.[4]

우탁생진노(는) 개인리불통(이라),
휴첨심상화(하고) 지작이변풍(하라).

어리석고 흐릿한 사람이 진노하는 까닭은 단지 사리에 통하지 못하기 때문이다. 마음의 불길을 돋아올리지 말고 귓가에 바람같이 흘려라.

> ㅇ愚濁(우탁)－어리석고 탁하고 흐릿한 사람. ㅇ生嗔怒(생진노)－화를 내다. 눈을 부라리고 성을 내다. ㅇ皆(개)－다, 모두. ㅇ因(인)－……로 인하여. ㅇ理不通(이불통)－사리에 통하지 못하기 때문에 쉽게 성을 내고 분을 터뜨리는 것이다. ㅇ休(휴)－……하지 마라. ㅇ添心上火(첨심상화)－마음에 불을 돋아올린다. ㅇ只(지)－단지. ㅇ作耳邊風(작이변풍)－귓가의 바람 스치듯이 무시한다.

참고 머리가 우둔하고 마음이 탁하고 흐릿한 사람일수록 쉽사리 성을 내고 화를 낸다. 그 모두가 사리에 밝게 통하지 못하기 때문이다. 그러므로 함께 맞장구를 치며 열을 내면 안된다. 불에 기름을 쏟는 격이 된다.

---

4) 愚(어리석을 우), 濁(흐릴 탁), 嗔(성낼 진), 添(더할 첨), 邊(가 변).

8-4-2

長短家家有 炎凉處處同,
是非無相實 究竟摠成空.5)

장단(은) 가가유(요) 염량(은) 처처동(이라),
시비(는) 무상실(하야) 구경총성공(이니라).

장점 단점은 누구에게나 있고 더위와 추위는 어디에나 같다. 옳고 그름은 본래 실상이 없으며 마침내는 모두가 공허하게 되게 마련이다.

ㅇ長短家家有(장단가가유)─어느 집안에나 혹은 사람마다 장단점이 있다. ㅇ炎凉處處同(염량처처동)─어디에서나 더위와 추위가 같다. 대국적인 경지에서 보면 자연의 도리는 같다는 뜻. ㅇ是非無相實(시비무상실)─사람들이 서로 시비를 따지지만 아무도 실상(實相)이나 본체(本體)를 알고 있는 사람은 없다. ㅇ究竟(구경)─구명(究明)하고 따져보면, 결국은. ㅇ摠(총)─모두. '거느릴 총(總)'과 같은 뜻. ㅇ成空(성공)─빈 것이 된다, 허무하다.

(참고) 대부분의 사람들은 엇비슷하다. 저마다의 장단점이 있고, 또 각자의 의견이 다르게 마련이다. 그렇거늘 서로 선악시비(善惡是非)를 따지고 언쟁을 하며 고집을 부린다. 아무도 절대적 진리나 실상을 깨닫고 아는 사람이 없으니 결국은 부질없는 짓이라 하겠다.

하늘과 하늘의 도리를 기준으로 선악시비를 판단해야 한다. 그러나

---

5) 短(짧을 단), 炎(불탈 염), 凉=涼(서늘할 량), 處(살 처), 非(아닐 비), 實(열매 실), 究(궁구할 구), 竟(다할 경), 摠(모두 총).

사람들은 자기를 기준으로 하고 '좋다, 나쁘다'를 가리려고 한다. 그러
므로 서로 싸우게 마련이다. 결국 '성을 내고 분기를 터뜨리는 자는
어리석은 사람이다(愚濁生嗔怒 皆因理不通).' 그러므로 그를 상대하
고 싸우면 안된다. '마음의 불길을 돋아올리지 말고 귓가에 바람같이
흘려야 한다(休添心上火 只作耳邊風).'

　　그렇다고 그를 경멸하거나 무시하는 태도를 노골적으로 내보이면
안된다. 그러면 그는 더욱 화를 낼 것이다. 상대가 누그러지거나, 감
정이 진정된 다음에 정성으로 그를 달래고 타일러 스스로 깨닫게 하
는 것이 좋다.

8-5-1

子張欲行 辭於夫子
願賜一言 爲修身之美.6)

　　자장(이) 욕행(에) 사어부자(할새),
　　원사일언(이) 위수신지미(하노이다).

　　자장이 떠나고자 공자에게 하직인사를 올리고 아뢰었다.
'한말씀 내려주시면 수신의 미덕으로 삼겠습니다.'

　　ㅇ子張(자장)-공자의 제자. ㅇ辭(사)-하직 인사를 하다. ㅇ願(원)-
　　원한다. ㅇ賜一言(사일언)-한말씀 내려주십시오. ㅇ爲修身之美(위
　　수신지미)-수신의 미덕으로 삼겠다.

------

6) 辭(말 사), 願(원할 원), 賜(줄 사), 修(닦을 수), 美(아름다울 미).

───── 8-5-2 ─────

子曰, 百行之本 忍之爲上
子張曰, 何爲忍之.[7]

자왈, 백행지본(은) 인지위상(이니라).
자장(이) 왈, 하위인지(이나이까).

공자가 말했다. '모든 행동의 근본으로 참음을 으뜸으로 삼아라.'

자장이 다시 물었다. '참음이란 어떻게 하는 것입니까?'

ㅇ百行之本(백행지본)-백행의 근본. ㅇ忍之(인지)-참음. '지(之)'는 동사임을 나타내는 조사. ㅇ爲上(위상)-으뜸으로 친다. ㅇ何爲(하위)-(참음이란) 어떻게 하는 것입니까?

참고 수신의 근본을 묻는 제자에게 공자는 '참을 인(忍)'을 강조했다. 사사로운 욕심과 과격한 감정 표현을 억제하는 것을 수신의 출발점으로 삼아야 한다.

───── 8-5-3 ─────

子曰, 天子忍之 國無害
諸侯忍之 成其大

───────────────

7) 曰(가로 왈), 本(밑 본), 忍(참을 인), 爲(할 위), 張(베풀 장), 何(어찌 하).

官吏忍之 進其位
兄弟忍之 家富貴
夫妻忍之 終其世
朋友忍之 名不廢
自身忍之 無禍害.8)

　　　자왈, 천자인지(면) 국무해(하고)
　　　제후인지(면) 성기대(하고)
　　　관리인지(면) 진기위(하고)
　　　형제인지(면) 가부귀(하고)
　　　부처인지(면) 종기세(하고)
　　　붕우인지(면) 명불폐(하고)
　　　자신인지(면) 무화해(니라).

　공자가 말했다. '천자가 참으면 나라에 해가 없고, 제후가 참으면 세력이 크게 되고, 관리가 참으면 지위가 높아지고, 형제가 참으면 집안이 부귀해지고, 부부가 참으면 평생을 해로하게 되고, 붕우가 참으면 명성을 잃지 않고, 자신이 참으면 재앙이 없을 것이다.'

　　　○諸侯(제후)－지방 국가의 임금. ○成其大(성기대)－그 나라가 커지다. ○進其位(진기위)－그 지위가 높아진다. ○終其世(종기세)－일생을 잘 마친다. 부부 해로함. ○名不廢(명불폐)－명성을 잃지 않음.

---

8) 諸(모든 제), 侯(임금 후), 吏(벼슬아치 리), 夫(지아비 부), 妻(아내 처), 終(끝날 종), 朋(벗 붕), 廢(폐할 폐), 禍(재화 화).

ㅇ無禍害(무화해)－재해나 화난을 면할 것이다.

(참고) 참음의 공덕(功德)을 여러 계층으로 나누어 열거했다. 위로는 천
자로부터 아래로는 일반 서민까지 참는 수양을 해야 한다. 이기적 탐
욕이나 과격한 감정 표출은 모든 재난의 근원이다.

──────── 8-5-4 ────────

子張曰, 不忍則何如.
子曰, 天子不忍 國空虛
諸侯不忍 喪其軀
官吏不忍 刑法誅
兄弟不忍 各分居
夫妻不忍 令子孤
朋友不忍 情意疎
自身不忍 患不除.9)

　　자장(이) 왈, 불인즉하여(이꼬)
　　자왈 천자불인(이면) 국공허(하고)
　　제후불인(이면) 상기구(하고)
　　관리불인(이면) 형법주(하고)
　　형제불인(이면) 각분거(하고)

─────────────────────

9) 虛(빌 허), 喪(죽을 상), 軀(몸 구), 刑(형벌 형), 誅(벨 주), 居(있을 거),
令(시킬 령), 孤(외로울 고), 疎=疏(트일 소), 患(근심 환), 除(제거할 제).

부처불인(이면) 영자고(하고)
붕우불인(이면) 정의소(하고)
자신불인(이면) 환부제(니라).

자장이 물었다. '참지 않으면 어떻게 됩니까?'

공자가 대답했다. '천자가 참지 않으면 나라가 텅 비게 되고, 제후가 참지 않으면 자신의 몸까지 잃게 되고, 관리가 참지 않으면 형법에 걸려 죽게 되고, 형제가 참지 않으면 제각기 흩어져 살게 되고, 부부가 참지 않으면 자식들을 고아로 만들고, 붕우가 참지 않으면 우정과 의리가 소원해지고, 자신이 참지 않으면 화를 면치 못한다.'

○國空虛(국공허)−나라가 텅 비게 된다. 즉 훌륭한 인재가 없어지고 또 재물이 탕진되고 국력이 약해진다. ○喪其軀(상기구)−몸과 생명마저 잃게 됨. ○刑法誅(형법주)−형법에 걸려 주멸됨. ○令子孤(영자고)−자식을 고아로 만들다. ○情意疎(정의소)−우정과 의리가 소원해짐. ○患不除(환부제)−재화(災禍)나 환난(患難)을 제거할 수 없다.

8-5-5

子張曰, 善哉善哉 難忍難忍,
非人不忍 不忍非人.[10]

자장왈, 선재선재(라) 난인난인(이여)

10) 哉(어조사 재), 難(어려울 난), 非(아닐 비).

비인불인(이오) 불인비인(이로다).

자장이 말했다. '참음이란 좋은 것이군요. 그러나 참기는
어렵고 또 어렵군요! 어질지 않으면 못 참으며, 못 참으면
어질지 않군요.'

> o善哉(선재)−좋구나! '재(哉)'는 감탄 조사. o難忍(난인)−참기 어
> 렵다. o人(인)−인덕을 갖춘 사람. 인(人)은 어질 인(仁)에 통함.

(참고) 대의(大義)를 위해 소아(小我)를 극복해야 한다. 그러기 위해서
는 각자가 동물적・이기적 탐욕을 억제하고 원색적 감정폭발을 눌러
야 한다. 안 그러면 공동체를 구성할 수 없다. 공자는 말했다. '천자가
참지 않으면 나라가 망하고, 제후가 참지 않으면 몸을 잃게 되고, 관
리가 참지 않으면 법에 걸려 죽게 되고, 형제가 참지 않으면 분산하
게 되고, 부부가 참지 않으면 자식들을 고아로 만들고, 붕우가 참지
않으면 의리가 단절되고, 자신이 참지 않으면 화를 면치 못한다.'

8-6

景行錄云,
屈己者能處重
好勝者必遇敵.[11]

> 경행록(에) 운,

---

11) 屈(굽을 굴), 己(자기 기), 能(능할 능), 處(살 처), 好(좋을 호), 勝(이길
   승), 必(반드시 필), 遇(만날 우), 敵(원수 적).

굴기자(는) 능처중(하고)
호승자(는) 필우적(이니라).

《경행록》에서 말했다. '자신을 굽히는 사람이라야 중대사를 처리할 수 있다. 이기기를 좋아하는 사람은 반드시 적을 만나게 될 것이다.'

○屈己者(굴기자)─자기를 굽힐 줄 아는 사람. ○處重(처중)─중대한 일을 처리함. ○好勝者(호승자)─이기기를 좋아하는 사람. ○必遇敵(필우적)─반드시 강한 적을 만나다.

참고 '자기를 굽힘'은 굴종(屈從)과 다르다. 자기만의 편견·아집·탐욕을 버리고, 대의명분을 밝히고 또 소아(小我)보다 대아(大我)를 높인다는 뜻이다. 그래야 큰 일을 할 수가 있다. 자기의 좁은 식견이나 고집만을 부리면 또 다른 고집쟁이와 맞부닥뜨리고 싸우게 마련이다. 심성을 수양하고 인격이 높은 사람은 대의(大義)를 위해 살신성인(殺身成仁)한다.

8-7

惡人罵善人 善人摠不對,
不對心淸閑 罵者口熱沸,
正如人唾天 還從己身墜.[12]

악인(이) 매선인(커든) 선인(은) 총부대(하라),

12) 罵(욕할 매), 摠(모두 총), 沸(끓을 비), 唾(침 타), 墜(떨어질 추).

부대(는) 심청한(이오) 매자(는) 구열비(니라),
정여인타천(하여) 환종기신추(니라).

악한 사람이 선한 사람에게 욕을 하고 대들어도 선한 사
람은 아예 그 자에게 대꾸도 하지 마라. 대꾸하지 않는 사람
의 마음은 맑고 한가하지만 욕하는 자의 입은 뜨겁게 끓어
오르고 있을 것이다. 마치 사람이 하늘에 대고 침을 뱉는 격
으로 (뱉는 욕이나 침이) 도로 제 몸에 떨어진다.

> ○罵(매)—욕하다, 매도하다. ○摠(총)—아예, 통. 總과 같음. ○不對
> (부대)—상대하지 않는다. 대꾸하지 않음. ○淸閑(청한)—맑고 한가함.
> ○口熱沸(구열비)—(욕하는 자의) 입이 뜨겁게 끓어오르고 있다.
> ○正如(정여)—바로 ……와 같다. ○人唾天(인타천)—사람이 하늘에
> 대고 침을 뱉음. ○還(환)—도리어, 혹은 되돌아와서. ○從己身(종기
> 신)—자기의 몸을 따라. ○墜(추)—떨어지다, 추락하다.

(참고) 하늘에 대고 침을 뱉으면 그 침은 다시 제 몸에 떨어진다. 그와
같이 남에게 욕을 하면 자기에게로 욕이 되돌아온다.

──── 8-8 ────

我若被人罵　佯聾不分説,
譬如火燒空　不救自然滅,
我心等虛空　摠爾飜脣舌.[13)]

───────────────

13) 被(이불 피), 佯(거짓 양), 聾(귀머거리 롱), 譬(비유할 비), 燒(사를 소),
滅(멸망할 멸), 飜(뒤칠 번), 脣(입술 순).

아약피인매(라도) 양롱불분설(하라),
비여화소공(하여) 불구자연멸(이라),
아심등허공(이어늘) 총이번순설(이니라).

내가 만약 남에게 욕을 먹더라도 귀먹은 체하고 따지려 들지 마라. 비유하면 불이 공중에서 타는 것과 같으니, 끄지 않아도 저절로 꺼지게 마련이다. 나의 마음은 텅 빈 하늘과 같거늘 그대가 공연히 입술과 혀를 놀리는 것이다.

ㅇ被人罵(피인매)-남에게 매도되다. ㅇ伴(양)-거짓으로 ……인 척하다. ㅇ聾(롱)-귀머거리. ㅇ不分說(불분설)-따지고 대들지 않음. ㅇ譬如(비여)-비유하면 ……와 같다. ㅇ火燒空(화소공)-텅 빈 공중에서 불이 타다. ㅇ不救(불구)-불을 끄지 않아도. ㅇ自然滅(자연멸)-스스로 꺼지다. ㅇ等(등)-같다. ㅇ虛空(허공)-텅 빈 하늘. ㅇ摠(총)-오직, 모두. ㅇ爾(이)-그대. ㅇ飜(번)-펄럭이다. ㅇ脣舌(순설)-입술과 혀.

(참고) 욕하고 매도하는 자를 상대하지 마라. 상대가 불같이 화를 내고 덤벼들어도 맞장구를 안치면 그 불이 꺼지게 마련이다.

───── 8-9 ─────

凡事留人情 後來好相見.[14)]

범사유인정(이면) 후래호상견(하리라)

───────────────

14) 凡(무릇 범), 事(일 사), 留(머무를 류), 情(뜻 정), 後(뒤 후), 來(올 래), 好(좋을 호), 相(서로 상), 見(볼 견).

　　모든 일에 인정을 남겨두면 후일에 서로 좋은 낯으로 보
게 된다.

　　ㅇ凡事(범사)―모든 일. ㅇ留人情(유인정)―모든 사람에게 다정하게
　　한다. ㅇ後來(후래)―후일에. ㅇ好相見(호상견)―좋은 낯이나 감정으
　　로 서로 대한다.

(참고) 모든 사람을 사랑하고 모든 사람에게 인정을 베풀어라. 제1편에
있다. '남에게 은혜와 의리를 넓게 베풀어라. 인생살이 어느 곳에서
또 만나지 않으랴. 남에게 원수와 원한을 맺게 하지 마라. 좁은 길목
에서 마주치면 피하기 어렵다(恩義廣施 人生何處 不相逢 讐怨莫結
路逢狹處 難回避).'

　　사람은 하늘로부터 착한 본성을 받고 태어났다. 그러나 동물적 본
능과 이기적 탐욕을 앞세우므로 남을 속이거나 심하면 남을 해치게
하고 재물을 탈취하는 악덕을 자행하는 것이다. 하늘이 준 착한 본성
을 잃지 않기 위해서는 동물적이고 또 이기적인 탐욕을 억제하고 참
아야 한다. 《논어(論語)》에서 공자는 말했다. '사사로운 욕심을 극복
하고 예에 돌아가야 인덕을 세운다(克己復禮爲仁).'

제9편 근학편(勤學篇)

　인간도 동물이다. 그러므로 육체적·동물적 생활을 영위한다. 그러나 인간은 동물과는 차원이 다르게 높은 정신적·윤리 도덕적 문화생활을 한다. 그러므로 학문과 문화를 배워 익히고 선인(先人)들의 역사 문화를 계승하고 더욱 새롭게 발전시켜야 한다. 바꾸어 말하면 동물적 생존을 넘어서 인간다운 삶을 영위하기 위해서는 학문이나 문화를 바탕으로 삶을 영위해야 하며, 인류의 역사 문화를 계승 발전시켜야 한다. 그 속에서 인간의 존엄성과 보람을 찾을 수 있다.

　인간에게 몸과 정신이 있듯이 인류의 문화도 외형적 물질문화와 내면적 정신문화가 있다. 따라서 이 두 가지를 잘 조화해야 한다. 특히 물질보다 정신가치를 높여야 한다. 그런데 많은 사람들이 정신가치를 소외하고 다만 물질가치만을 높임으로써 여러 가지 폐단이 발생하고 있다.

　정신문화 속에는 가정에서의 효도 및 사회에서의 윤리 도덕의 실천이 포함된다. 이를 바르게 알고 실천하기 위해서는 잘 배우고 훈련을 해야 한다. 공자는 말했다. '배워서 알고 때에 맞춰 실습하고 몸에 익히니 즐겁지 않으냐?(學而時習之 不亦說乎)'

　인간의 존엄성을 높이고 인류를 빛나게 하는 것이 바로 학문이며, 그 학문은 많은 사람들의 총명과 노력의 결정(結晶)이다. 우리도 더욱 새롭고 가치가 높은 학문과 문화를 창출하여 후세에 물려주어야 한다.

　한편 외형적 물질생활보다 더 귀중하고 차원이 높은 것이 바로 인간의 정신적 도의생활이다. 그러므로 우리는 물질생활을 발전시키는 과학·기술을 배우고 익힘과 아울러 보다 더 도의생활을 높이는 윤리·도덕을 중시하고 실천해야 한다.

―――――――― 9-1 ――――――――

子曰, 博學而篤志
切問而近思 仁在其中矣.[1]

자왈, 박학이독지(하고)
절문이근사(면). 인재기중의(니라).

공자가 말했다. '넓게 배우고 뜻을 독실하게 갖고 절실하
게 묻고 친근하게 생각하면 그 속에서 인을 터득할 것이다.'

ㅇ博學(박학)-넓게 배우다. ㅇ篤志(독지)-뜻을 독실하게 세우다.
ㅇ切問(절문)-문제의 핵심을 절실하게 묻다. ㅇ近思(근사)-내 자신
이 바르게 생각하다. ㅇ仁(인)-인행(仁行)·인덕(仁德)·인도(仁道).
ㅇ在其中矣(재기중의)-그 속에 인이 있다.

(참고) '박학(博學)'은 넓게 배우고 식견을 넓게 함이다. '독지(篤志)'는
큰 뜻을 품고 독실하게 행동함이다. '절문(切問)'은 현실적으로 자신
이 행할 바를 스스로 묻는 것이다. '근사(近思)'는 스스로 생각하고,
행동함이다. 그 속에 인(仁)이 있다. 공자는 인(仁)을 최고의 덕목으
로 높였다. 인을 현대적으로 풀이하면 크게 두 가지 뜻이 있다. ① 육
친애 및 동족애를 바탕으로 한 협동이다. ② 사랑과 협동을 실천하여
모든 사람이 함께 잘사는 공동체를 구성하는 최고의 덕목이다. 인(仁)
을 이루기 위해서는 '박학(博學)·독지(篤志)·절문(切問)·근사(近
思)'해야 한다.

―――――――――――――――

1) 博(넓을 박), 篤(도타울 독), 志(뜻 지), 切(끊을 절), 矣(어조사 의).

9-2

莊子曰,
人之不學 如登天而無術,
學而智遠 如披祥雲而觀青天,
登高山而望四海.2)

장자왈,
인지불학(은) 여등천이무술(하고),
학이지원(이면) 여피상운이도청천(하고),
등고산이망사해(니라)'

장자가 말했다. '사람이 배우지 않고 (살려는 것은) 마치
도술 없이 하늘에 오르려는 것과 같다. 배워서 지식이 원대
하게 되면 마치 상서로운 구름을 헤치고 푸른 하늘을 보고
높은 산에 올라 사방의 바다를 내려다보는 것과 같다.'

ㅇ莊子(장자)−1-3 참조. ㅇ登(등)−오르다. ㅇ登天而無術(등천이무
술)−신선이 되어 하늘에 오르고 싶으나 도술이 없어 못함. ㅇ智遠
(지원)−학식이나 지혜가 많고 원대함. ㅇ披祥雲(피상운)−상서로운
구름을 헤치다. ㅇ觀(도)−보다. ㅇ望(망)−바라보다.

(참고) 사람은 배워야 도리를 터득하고 지혜롭게 살 수 있다. 참 진리를
깨달으면 미망(迷妄)의 구름을 헤치고 진여(眞如)의 세계를 볼 수 있

---

2) 莊(풀 성할 장), 如(같을 여), 登(오를 등), 術(꾀 술), 智(슬기 지), 遠(멀
원), 披(나눌 피), 祥(상서로울 상), 雲(구름 운), 觀(볼 도), 海(바다 해).

고 또 지혜가 높으면 고산(高山)에 올라가 사방을 내려보듯이 모든 것을 밝게 관조(觀照)할 수 있다.

―――――（9-3）――――――――――――――――――――

禮記曰,
玉不琢 不成器
人不學 不知義.3)

예기(에) 왈,
옥불탁(이면) 불성기(하고)
인불학(이면) 부지의(니라).

《예기》에서 말했다. '옥돌은 다듬지 않으면 옥 그릇이 되지 않고, 사람은 배우지 않으면 도의를 알지 못한다.'

ㅇ禮記(예기)─오경(五經)의 하나로서 예의 원리와 예절에 대한 기록. ㅇ玉不琢(옥불탁)─옥돌도 다듬지 않으면. ㅇ不成器(불성기)─옥 그릇이나, 기물이 되지 못함. ㅇ不學(불학)─배우지 않으면. ㅇ義(의)─도의(道義) 및 사회생활의 바른 의리나 준칙(準則).

참고 배울 학(學)의 깊은 뜻은 '배워서 하늘의 도리를 깨닫고[覺] 아울러 그 도리를 실천함[效]이다.' 기능이나 기술을 배우고 익히는 일도 중요하다. 그러나 더 중요한 것은 인간으로서 바르고 보람있게 사는 도리를 터득하고 실천하는 일이다.

―――――――――――――――

3) 禮(예도 례), 琢(쪼을 탁), 器(그릇 기), 義(옳을 의).

9-4

太公曰,
人生不學 如冥冥夜行.4)

> 태공(이) 왈,
> 인생불학(이면) 여명명야행(이니라).

강태공이 말했다. '사람으로 태어나 살면서 배우지 않으면
흡사 어두운 밤길을 가는 것과 같다.'

> ○太公(태공)―1-4 참조. ○人生(인생)―사람이 살면서. ○冥冥(명
> 명)―어둡고 어둡다. ○夜行(야행)―밤길을 가다.

(참고) 배우지 않으면 삶의 도리와 바른 길을 모른다. 마치 암흑의 밤길
을 헤매듯 맹목적인 삶을 살게 될 것이다.

9-5

韓文公曰,
人不通古今 馬牛而襟裾.5)

> 한문공(이) 왈, 인불통고금(이면) 마우이금거(니라).

한퇴지가 말했다. '사람이 고금에 통하지 못하면 말이나

---

4) 如(같을 여), 冥(어두울 명), 夜(밤 야), 行(갈 행).
5) 韓(나라 이름 한), 古(예 고), 今(이제 금), 襟(옷깃 금), 裾(옷자락 거).

소에게 옷을 입혀논 꼴이 된다.'

　　ㅇ韓文公(한문공)－당대(唐代)의 문장가 한유(韓愈), 자는 퇴지(退之).　ㅇ通古今(통고금)－과거의 역사와 오늘의 사정에 통달함.　ㅇ襟裾(금거)－옷을 입음. '금(襟)'은 옷깃, '거(裾)'는 옷자락, 두루마기.

(참고) 인류는 문화를 창조하고 계승하면서 더욱 역사적으로 발전하고 있다. 오늘 우리가 누리고 있는 문화도 선인들이 남긴 귀중한 문화적 유산이다. 우리도 후손에게 빛나는 문화를 물려주어야 한다. 그렇게 하는 것이 오늘에 사는 우리의 책무이며 삶의 보람이다. 이와 같은 역사 계승과 문화 발전에 대한 의식을 가지고 모든 사람이 저마다 실천적으로 이바지해야 한다.

──────(9-6-1)──────

朱文公曰,
家若貧 不可因貧而廢學
家若富 不可恃富而怠學,
貧若勤學 可以立身
富若勤學 名乃光榮.[6]

　　주문공(이) 왈,
　　가약빈(이라도) 불가인빈이폐학(하고)

──────────

6) 若(만약 약), 貧(가난할 빈), 因(인할 인), 廢(폐할 폐), 恃(믿을 시), 怠(게으를 태), 勤(부지런할 근), 乃(이에 내), 榮(꽃 영).

가약부(라도) 불가시부이태학(이라)

빈약근학(이면) 가이입신(이오)

부약근학(이면) 명내광영(이라).

주자가 말했다. '집안이 가난해도 그로 인해 학문을 폐해서는 안되고, 집안이 부유해도 그를 믿고 학문을 태만히 하면 안된다. 가난한 자가 부지런히 배우면 입신출세할 것이고, 부유한 자가 부지런히 배우면 이름을 빛내고 영달할 것이다.'

○朱文公(주문공)−주자. 7-10 참조. ○家若貧(가약빈)−집안이 만약 가난해도. ○因貧(인빈)−가난으로 인해, 가난을 핑계하고. ○廢學(폐학)−학문을 폐하다. ○恃富(시부)−부유함을 믿다. ○怠學(태학)−배움을 태만히 함. ○貧若勤學(빈약근학)−가난해도 부지런히 배우면. ○立身(입신)−입신출세. ○乃(내)−즉, 곧. ○光榮(광영)−이름이 빛나고 집안이 번성한다.

―――― 9-6-2 ――――

惟見學者顯達
不見學者無成.[7]

유견학자현달(이요)

불견학자무성(이니라).

배운 사람만이 사회에 나타나고 성공한다. 배우고도 덕을

―――――――――

7) 惟(오직 유), 顯(나타날 현), 達(통달할 달).

이루지 못한 예는 없다.

○惟(유)-오직. ○學者顯達(학자현달)-배운 사람이 나타나고 공을 세운다. 입신출세한다. ○不見(불견)-보지 못하다. 그런 일이 없다. ○無成(무성)-성공하지 못함, 덕을 이루지 못함.

9-6-3

學者乃身之寶 學者乃世之珍,
是故 學則乃爲君子 不學則爲小人,
後之學者 宜各勉之.[8]

학자(는) 내신지보(요) 학자(는) 내세지진(이라),
시고(로) 학즉내위군자(요) 불학즉위소인(이니),
후지학자(는) 의각면지(하라).

학문은 곧 내 자신에게 보배가 되고 또 학문은 곧 세상이 진귀하게 높이는 것이다. 그러므로 배우면 군자가 되고 안 배우면 소인이 된다. 후학자는 각각 힘써 배우도록 하라.

○學者(학자)-여기서는 학문. ○身之寶(신지보)-몸의 보배. ○世之珍(세지진)-세상이 진귀하게 여김. ○君子(군자)-학식과 인덕(仁德)을 갖춘 인격자. ○小人(소인)-자기의 물질적 이득만을 탐하는 사람.

----

8) 則(곧 즉), 乃(이에 내), 宜(마땅할 의), 各(각각 각), 勉(힘쓸 면).

(참고) 개인이나 사회 및 국가가 발전하기 위해서는 학문이 절대로 필요하다. 학문을 바탕으로 과학 기술도 발달하고 사회의 윤리 도덕도 향상되고 또 국가도 부강(富強)하게 된다. 단 학문이나 과학 기술은 선용되어야 한다. 그러기 위해서는 모든 사람이 대아(大我)에 사는 군자가 되어야 한다. 지식을 악용하는 소인이 되면 안된다.

9-7

徽宗皇帝曰,
學者如禾如稻 不學者如蒿如草,
如禾如稻兮 國之精糧 世之大寶,
如蒿如草兮 耕者憎嫌 鋤者煩惱,
他日面墻 悔之已老.[9]

> 휘종황제왈,
> 학자(는) 여화여도(하고) 불학자(는) 여호여초(로다),
> 여화여도혜(여) 국지정량(이요) 세지대보(로다),
> 여호여초혜(여) 경자증혐(하고) 서자번뇌(니라),
> 타일면장(에) 회지이로(로다).

휘종황제가 말했다. '배운 사람은 벼 같고 안 배운 사람은 덤불쑥 같다. 벼는 나라의 좋은 양식이 되고 덤불쑥은 농부

---

9) 禾(벼 화), 稻(벼 도), 蒿(쑥 호), 糧(양식 량), 耕(밭갈 경), 憎(미워할 증), 嫌(싫어할 혐), 鋤(호미 서), 煩(번잡할 번), 墻=牆(담 장).

도 싫어하고 귀찮게 여기는 것들이다. 후일에 담을 마주한
듯이 답답해하며 뉘우쳐도 그때에는 이미 늙어 배우지 못
한다.'

　　○徽宗皇帝(휘종황제)-북송(北宋)의 슬기로운 임금, 서화를 잘했다.
　　○禾(화)-벼. ○稻(도)-벼. ○蒿(호)-쑥, 덤불쑥. ○如禾如稻兮(여
　　화여도혜)-(배운 사람은) 벼와 같다. 귀중하다는 뜻. 혜(兮)는 감탄
　　의 어조사. ○國之精糧(국지정량)-나라의 좋은 양식, 즉 (배운 사람
　　은) 나라의 좋은 일꾼이라는 뜻. ○大寶(대보)-큰 보배. ○耕者(경
　　자)-밭을 가는 사람, 농부. ○憎嫌(증혐)-미워하고 싫어함. ○鋤者
　　(서자)-김매는 사람. ○煩惱(번뇌)-괴롭고 귀찮게 여기다. ○他日
　　(타일)-후일 뒤늦게. ○面墻(면장)-담을 마주하다. 즉 배우지 못한
　　자신을 답답하게 여김. ○悔之(회지)-배우지 못함을 후회한다. ○已
　　老(이로)-그때에는 이미 늙어 배울 수가 없다.

참고 배운 사람을 귀중한 벼에 비유했고 안 배운 사람을 농부조차 싫
　　어하는 덤불쑥에 비유했다. 젊어서 잘 배워야 나라의 좋은 일꾼으로
　　쓰인다. 늙어서 후회한들 무슨 소용이 있겠느냐.

──────(9-8)──────

論語曰,
學如不及 惟恐失之.

　　논어(에) 왈,
　　학여불급(이요) 유공실지(니라).

　　《논어》에서 말했다. '배움은 항상 못 따를 듯이 부지런히

하라. 항상 배운 것을 잃지나 않을까 두려워하라.'

　o 學如不及(학여불급)-항상 못 미치는 듯이 서둘러 배워야 한다.
　o 恐失之(공실지)-배움의 때를 놓칠까 걱정한다.

(참고) 때를 잃지 않고 배워야 한다. 《예기(禮記)》에 있다. '옛날의 임금이 나라를 세우고 백성을 다스릴 때에는 가르침과 배움을 가장 앞세웠다(古之王者 建國君民 敎學爲先).'

제10편 훈자편(訓子篇)

집안은 대를 이어가면서 더욱 흥성하고 또 새롭게 발전한다. 사회 국가 및 인류의 역사 문화도 오랜 세월에 걸친 많은 사람들의 슬기와 노력으로 더욱 창조적으로 발전하고 향상되게 마련이다. 가정에서는 조부모-부모-자기-자녀-손자로 세세대대(世世代代) 이어지고 사회나 국가에서는 과거-현재-미래로 역사나 문화가 계승되면서 더욱 새롭게 창조적으로 발전한다. 발전은 외형적 물질문명과 아울러 내면적 정신문화의 양면을 다 겸해야 한다. 그리고 사회나 문화가 이어지면서 발전하기 위해서는 앞 세대의 사람보다 뒤의 오는 후세대가 더욱 많이 배우고 높은 기능을 지니고 특히 그들의 심성이 선량하고 또 인격이 더욱 높아져야 한다. 그러므로 가정에서 자녀에 대한 교육을 엄하게 해야 한다. 아울러 국가나 사회적으로도 청소년에 대한 학식과 기능 및 심성과 인격 교육을 중시해야 한다. 잘 배워야 훌륭한 사람이 된다. 사람들이 훌륭해야 그 사회나 국가가 흥성하고 발전하게 마련이다.

제10편에는 주로 자녀교육에 대한 항목이 많다. 옛말이로되 그 내용이나 정신은 오늘에 적용될 수 있다. 특히 오늘의 인류는 정신이나 윤리 도덕면에서 심각한 위기에 빠져 있다. 과학과 기술을 발전시키고 금전이나 물질 가치를 높이고 따라서 그에 대한 교육을 중시하는 것은 그 나름대로 좋다. 그러나 한쪽에만 기울고, 인간의 존엄한 정신이나 인격 및 윤리 도덕과 같은 사회적 규범을 무시한 것은 큰 잘못이다. 그 결과 오늘의 인류 사회가 총체적으로 혹심한 이기주의에 빠져 치열한 쟁탈전을 전개하고 있다. 이와 같은 위기를 극복하기 위해서는 바르고 선량한 인성교육을 강조해야 하며 특히 동양의 성현의 가르침과 전통사상을 가정 및 학교에서 폭넓게 교육해야 한다.

───────(10-1)───────

景行錄云,
賓客不來 門戶俗
詩書無敎 子孫愚.[1]

경행록(에) 운,
빈객불래(면) 문호속(하고)
시서무교(면) 자손우(하니라).

《경행록》에서 말했다. '빈객이 찾아오지 않으면 집안이 비속해지고 시서를 가르치지 않으면 자손이 우매하게 된다.'

ㅇ賓客(빈객)-귀한 손님. ㅇ門戶(문호)-집안의 뜻. ㅇ俗(속)-속되다. 저속하다. ㅇ詩書(시서)-시와 글. 《시경(詩經)》과 《서경(書經)》, 학문을 대표한 말. ㅇ愚(우)-우둔하다. 우매하다.

(참고) 집주인이 학문과 덕행이 높으면, 자연히 학식과 덕행을 겸한 선비들이 출입 내왕하며, 따라서 그 집안의 지체가 높아진다.

그와 마찬가지로 사람은 잘 배우고, 모든 사람에게 덕을 베풀어야 한다. 옛날에는 외형적인 물질문화보다 내면적인 정신문화를 높였다. 또 금전이나 재물 같은 경제적 부(富)보다, 인격 수양이나, 덕행 실천을 중시했다. 그 바탕이 《시경》이나 《서경》 같은 성현(聖賢)이 추리고 저술한 경전이었다.

────────────────

1) 賓(손 빈), 客(손 객), 俗(풍속 속), 詩(시 시), 書(쓸 서), 敎(가르침 교), 孫(손자 손), 愚(어리석을 우).

───────(10-2)───────

莊子曰,
事雖小 不作不成
子雖賢 不敎不明.

장자왈,
사수소(나) 부작(이면) 불성(이오)
자수현(이나) 불교(면) 불명(하니라).

장자가 말했다. '비록 작은 일도 하지 않으면 이루어지지 않고, 현명한 자식이라도 가르치지 않으면 밝게 알지 못한다.'

○莊子(장자)—1-3 참조. ○事雖小(사수소)—비록 작은 일도. ○不作不成(부작불성)—안하면 성취되지 않는다. ○賢(현)—천성이 똑똑하다. ○不明(불명)—사리를 밝게 알지 못함.

───────(10-3)───────

漢書云,
黃金滿籯 不如敎子一經
賜子千金 不如敎子一藝.[2]

한서(에) 운,

─────────────────────

2) 籯(광주리 영), 賜(줄 사), 藝(기예 예).

황금만영(이) 불여교자일경(이요)

사자천금(이) 불여교자일예(니라).

《한서》에서 말했다. '황금이 궤짝에 가득 차 있어도 자식
에게 한 권의 경서를 가르치는 것만 못하고, 자식에게 천 금
을 주는 것보다는 한 가지 기능을 가르쳐 주는 편이 낫다.'

> ㅇ漢書(한서)-한대의 역사를 적은 책, 반고(班固)가 완성했다. ㅇ滿
> 籝(만영)-궤짝이나, 광주리 속에 (황금이) 가득 찼다. ㅇ不如(불여)-
> ……만 못하다. ㅇ敎子一經(교자일경)-자식에게 한 권의 경서를 가
> 르치다. ㅇ賜子(사자)-자식에게 주다. ㅇ一藝(일예)-한 가지 기능,
> 기술.

참고 삶의 가치는 역사와 문화 발전에 선가치적(善價値的)으로 공헌
함에 있다. 그러므로 자식에게 돈이나 재물만을 남겨주려고 하지 말
고, 학식과 덕행을 높게 해주어야 한다.

10-4

至樂莫如讀書 至要莫如敎子.3)

지락(은) 막여독서(요) 지요(는) 막여교자(니라).

책 읽는 것보다 더 즐거운 일이 없고, 자식 교육보다 더
긴요한 일이 없다.

---

3) 至(지극할 지), 樂(즐거울 락), 莫(아닐 막), 如(같을 여), 讀(읽을 독),
   書(글 서), 要(긴요할 요), 敎(가르침 교), 子(아들 자).

ㅇ至樂(지락)-지극한 즐거움, 최고의 즐거움. ㅇ莫如(막여)- ……보다 더할 것이 없다. ……이 제일이다. ㅇ至要(지요)-가장 긴요한 것. ㅇ敎子(교자)-자식을 가르침, 자녀 교육.

(참고) 정신과 인격을 높이는 독서가 가장 즐겁고, 개인이나 국가적으로 가장 긴요한 것이 교육이다.

───(10-5)───

呂榮公曰,
內無賢父母 外無嚴師友
而能有成者鮮矣.4)

여영공(이) 왈,
내무현부모(하고) 외무엄사우(에)
이능유성자선의(니라).

여영공이 말했다. '집안에서 어진 부모의 가르침이 없고 밖에서 엄한 스승이나 벗의 깨우침이 없이 능히 대성한 사람은 거의 없다.'

ㅇ呂榮公(여영공)-북송(北宋) 때의 학자. ㅇ賢父母(현부모)-현명한 부모, 그 부모의 가르침. ㅇ嚴(엄)-엄격하다. ㅇ有成者(유성자)-대성한 사람. 학식과 인덕(仁德)을 완성한 사람. ㅇ鮮(선)-거의 없다.

───────────

4) 嚴(엄할 엄), 師(스승 사), 能(능할 능), 鮮(적을 선), 矣(어조사 의).

참고 여기서 말하는 교육은 주로 윤리 도덕적 교육을 말한다. 윤리 도덕 교육은 어려서부터 실천적으로 몸에 익숙하게 해야 한다. 그러므로 가정에서 부모는 자식에게 엄격하게, 효도와 형제간에 우애를 실천적으로 훈육해야 한다. 한편 사회적으로는 스승이 엄하게 훈도하고 또 붕우가 서로 학문과 덕행을 권장하고 서로 권선징악(勸善懲惡)해야 한다. 그래야 사회적으로 윤리 도덕이 실천되고 개인적으로는 훌륭한 인격자가 될 수 있다.

―――――**10-6**―――――――――――――――――――――――――――――――――

太公曰,
男子失敎 長必頑愚
女子失敎 長必麤疎.5)

　　태공(이) 왈,
　　남자실교(면) 장필완우(하고)
　　여자실교(면) 장필추소(니라).

　강태공이 말했다. '남자가 교육을 제대로 받지 못하면 자라서 반드시 완고하고 어리석은 사람이 되고, 여자가 교육을 제대로 받지 못하면 자라서 반드시 추악하고 거친 사람이 된다.'

　　○太公(태공)-1-4 참조. ○失敎(실교)-가르침을 잃다. 제때에 배우지 못하다. ○長(장)-자라서, 성장하여. ○頑愚(완우)-완고하고 어

―――――――――――――――――

5) 頑(완고할 완), 愚(어리석을 우), 麤(거칠 추), 疎=疏(소홀할 소).

리석다. ㅇ麤疎(추소)-추악하고 거칠다.

（참고） 교육을 제대로 받아야 사리에 통달하고, 이성적으로 행동도 하고 또 윤리 도덕을 지키고 실천하여 진정한 문화인으로서의 교양미도 풍기게 된다. 어려서 바르게 교육을 받고 예의범절이 몸에 익게 해야 한다. 교육을 못 받으면 완악(頑惡)하고 무례한 인간이 된다. 여기서 말하는 교육은 정신적 교육, 심성의 함양, 윤리 도덕의 실천 등을 주로 가리킴이다. 인격이 바르게 서야, 과학 기술을 선용하고, 재물을 유용하게 쓸 수 있다.

───（ *10-7-1* ）───────────────

男子長大 莫習樂酒
女年長大 莫令遊走.6)

남자장대(어든)　막습악주(하고)
여년장대(어든)　막령유주(니라).

'남자는 성장하면 유흥과 음주에 젖지 않게 하고, 여자는 나이들면 밖으로 놀러 다니지 않게 해야 한다.'

ㅇ莫習(막습)-길들게 하지 마라. ㅇ樂酒(악주)-음악과 음주, 혹은 술을 즐기다. ㅇ莫令(막령)-못하게 하다. ㅇ遊走(유주)-놀러 다님.

（참고） 육체적·감각적 쾌락보다, 정신적 수양을 중시해야 한다. 그래야 사회적으로 유용한 인간이 된다.

──────────────

6) 莫(말 막), 習(익힐 습), 令(시킬 령), 遊(놀 유), 走(달릴 주).

─────(10-7-2)─────────────────────────────

嚴父出孝子 嚴母出孝女,
憐兒多與棒 憎兒多與食,
人皆愛珠玉 我愛子孫賢.7)

　엄부(는) 출효자(하고) 엄모(는) 출효녀(니라),
　연아(여든) 다여봉(하고) 증아(여든) 다여식(하라).
　인개애주옥(이나) 아애자손현(이니라).

　'엄한 아버지 밑에서 효자가 나오고 엄한 어머니 밑에서
효녀가 나온다. 아이를 사랑하거던 매를 많이 주고, 아이를
미워하거든 밥을 많이 주어라. 남들은 주옥을 좋아하지만 나
는 자손이 현명하기를 바란다.'

　　o嚴父出孝子(엄부출효자)－엄부 밑에서 효자가 나온다.　o憐兒(연
　　아)－아이를 사랑함.　o多與棒(다여봉)－매를 많이 주다.　o憎(증)－
　　미워하다.　o愛珠玉(애주옥)－주옥 같은 재물을 좋아함.　o子孫賢(자
　　손현)－자손이 현명하기를 좋아하다.

참고　자녀들을 엄하게 키워야 한다. 유흥이나 향락에 빠지지 못하게
단속하고 아울러 고된 훈련과 학습을 가해서 현명하고 독실한 인간이
되도록 키워야 한다. 과잉보호는 자식을 망친다. 맹자의 어머니가 자
식 교육을 위해 집을 세 번이나 이사했다는 '맹모삼천(孟母三遷)'의
고사가 있다. 처음에는 교외 무덤 근처에 살았다. 그러자 어린 맹자가

──────────────

7) 憐(사랑할 련), 棒(몽둥이 봉), 憎(미워할 증), 珠(구슬 주).

장사지내는 놀이를 했다. 다음에 장터 가까이 살자 장사꾼 흉내를 내
므로 또 옮겼다. 세 번째로 학교 근처에 이사를 하자, 어린 맹자가 글
을 배우고 예의범절을 익히더라는 이야기다.

　사람의 성장과 인격 수양에는 환경이 지대한 영향을 준다. 따라서
부모는 자식들에게 세심한 주의를 기울여야 한다. 동물적으로 잘 먹
이고 키우기만 해서는 훌륭한 사람이 되지 않는다. 엄하게 훈도해야
한다. 고자(告子)는 '식과 색이 인간의 본성이다(食色性也)'라고 했
다. 먹어야 개체(個體)를 보전하고 발랄하게 활동한다. 한편 종족(種
族)을 번성(繁盛)시키기 위해서는 짝짓기[偶配]를 해야 한다. 그러
나 역사 문화를 계승 발전하기 위해서는 학문을 잘 익히고 인격을 수
양하고 윤리 도덕을 실천해야 한다.

제11편 성심편(省心篇) 상(上)

〈성심편〉은 옛 판본에서는 한 편이었다. 그러나 그 내용이나 항목이 너무 많아서 후세의 통행본에서는 제11편(상)과 제12편(하)으로 나누었다. 제11편에는 약 55개항의 글이 있고 제12편에는 약 35개항의 글이 있다.

이 편에 추린 55개항의 글도 그 내용이 각기 다르므로 전편의 특색을 한두 마디로 요약할 수 없다. 대략 제11편에서 강조하고 있는 점을 다음같이 추릴 수는 있다.

외형적인 물질가치보다 내면적 정신가치를 높여야 한다. 재물이나 세속적 명리(名利)를 쟁취하기에 앞서, 하늘의 도리를 높이고 국가 윤리의 근간인 충(忠)과 가정윤리의 근간인 효(孝)를 바탕으로 윤리 도덕을 실천해야한다.

사람의 마음은 알기 어렵다. 그러나 내가 먼저 남을 믿고 사랑하고 남을 미워하거나 투기하지 않으면 남도 나에게 잘 대해줄 것이다.

항상 남에게 겸손하고 겸양하는 마음으로 부귀나 권세를 누려야 한다. 그래야 하늘이 내려준 복을 오래 향유할 수 있다.

부지런히 일하고 절약해서 가정살림을 풍족하게 유지해야 한다. 심하게 궁핍하거나 인색하면 인정도 메마르고 남과의 사이도 멀어진다. 그러므로 자신의 삶을 위해서나 남과의 사귐에 있어서나 어느 정도의 물질적 여유를 가질 수 있어야 한다. 하늘은 세상에 녹(祿) 없는 사람을 태어나게 하지 않았다. 누구나 근면하면 작은 부자가 될 수 있다. 간교한 짓을 하지 마라. 하늘은 감시하고 또 악을 용서하지 않는다.

하늘과 천도를 따라 맑고 한가로운 마음으로 사는 사람이 바로 신선이다.

$\boxed{11\text{-}1}$

景行錄云,
寶貨用之有盡
忠孝享之無盡.1)

경행록(에) 운,
보화(는) 용지유진(이요)
충효(는) 향지무진(이니라).

《경행록》에서 말했다. '보화는 쓰면 다함이 있으나 충성이
나 효도는 마냥 누려도 다함이 없다.'

ㅇ景行錄(경행록)-1-7 참조. ㅇ有盡(유진)-다함이 있다. ㅇ享之
(향지)-충효의 공덕을 누리다. ㅇ無盡(무진)-끝남이 없다.

(참고) 재물은 한이 있으나 충효의 공덕(功德)은 무한하다.

$\boxed{11\text{-}2}$

家和貧也好 不義富如何
但存一子孝 何用子孫多.2)

가화(면) 빈야호(어니와) 불의(면) 부여하(오).
단존일자효(면) 하용자손다(리오).

---

1) 寶(보배 보), 貨(재화 화), 盡(다될 진), 享(누릴 향).
2) 家(집 가), 和(화할 화), 義(옳을 의), 富(가멸 부).

집안이 화목하면 가난해도 좋지만 의롭지 않으면 잘 살아 무엇하랴. 한 효자만 있으면 족하다. 어찌 자손이 많을 필요가 있겠느냐.

> ○家和(가화)-집안이 화목하면. ○貧也好(빈야호)-가난해도 좋다. ○不義(불의)-가족들이 의롭지 못하고 화목하지 않으면. ○富如何(부여하)-부유한들 어찌하랴? 무엇하랴? ○存一子孝(존일자효)-한 자식만이라도 효도한다면. ○何用(하용)-무슨 필요가 있으랴?

(참고) 집안에 돈이 많아도 가족들이 불의(不義) 불화(不和)하면 아무 소용이 없다. 또 자식이 많아도 부모에게 효도하는 자식이 하나도 없다면 무슨 소용이 있으랴?

11-3

父不憂心 因子孝 夫無煩惱 是妻賢
言多語失 皆因酒 義斷親疎 只爲錢.[3]

부불우심(은) 인자효(요) 부무번뇌(는) 시처현(이라).
언다어실(은) 개인주(요) 의단친소(는) 지위전(이라).

아버지가 마음 근심 안함은 아들이 효도하기 때문이고, 남편에게 번뇌가 없음은 아내가 현명하기 때문이다. 말을 많이 하고 실수하는 까닭은 술 때문이고, 의가 끊어지고 친분이

---

3) 憂(근심할 우), 煩(괴로워할 번), 惱(괴로워할 뇌), 斷(끊을 단), 錢(돈 전).

멀어짐은 오직 돈 탓이다.

ㅇ不憂心(불우심)-마음 걱정을 안함. ㅇ因(인)-……한 때문. ㅇ煩惱(번뇌)-마음이 시달리고 괴로워함. ㅇ語失(어실)-말실수를 함. ㅇ皆因酒(개인주)-모두가 술 때문이다. ㅇ義斷(의단)-의가 끊어짐. ㅇ親疎(친소)-친한 사이가 멀어짐. ㅇ只爲錢(지위전)-오직 돈 때문이다.

(참고) 부모에게 걱정을 끼치지 않는 것이 효도다. 자식된 사람은 가정에서 부모를 정성으로 섬기고 형제간에 우애하고, 사회에 나가서는 도를 따라 바르게 살면서, 공을 세워야 한다. 과음하고 함부로 폭언하거나 싸움질하면 신세를 망친다. 돈 때문에 서로의 정의가 끊어지면 안된다.

───(11-4)───

旣取非常樂 須防不測憂.[4]

기취비상락(이어든) 수방불측우(하라).

기왕에 심상치 못한 놀이를 했으면 모름지기 예측치 못할 우환을 방비해야 한다.

ㅇ旣(기)-이미, 기왕에. ㅇ非常樂(비상락)-정도(正道)에서 벗어난 즐거움, 놀이. ㅇ須(수)-모름지기 ……해야 한다. ㅇ防(방)-방비, 예방함. ㅇ不測憂(불측우)-예측하지 못했던 우환이나 걱정.

─────────

4) 旣(이미 기), 須(모름지기 수), 防(막을 방), 測(잴 측).

참고 주색잡기 같은 쾌락에 빠지면 패가망신한다. 특히 청소년 시절에
는 학업에 정진하고 근검절약해야 한다. 젊어서 놀기만 하면 훌륭한
사람이 되지 못할 뿐더러, 무위도식하는 부랑자가 되기 쉬우며, 주색
잡기를 위해 범죄를 저지를 우려가 있다.

11-5

得寵思辱
居安慮危.5)

득총사욕(하고)
거안려위(니라).

총애를 받고 호강할 때에 욕이 돌아올 것을 미리 생각하
고, 평안하게 살 때 위난에 빠질 일을 미리 염려해야 한다.

　ㅇ得寵(득총)－윗사람에게 총애를 받고 호강을 함. ㅇ辱(욕)－어쩌다
가 총애를 잃고 욕을 봄. ㅇ居安(거안)－편안하고 즐겁게 산다. ㅇ慮
(려)－염려함. ㅇ危(위)－위난, 위험, 위기.

참고 현재 뜻을 얻고 안락해도 자만하면 안된다. 앞날을 예측하고 신
중하게 대처하는 슬기를 가져야 한다. 속세에서 일시적으로 얻은 부
귀영화는 덧없는 것이다.

---

5) 得(얻을 득), 寵(총애 총), 辱(욕되게 할 욕), 慮(생각할 려), 危(위태
　할 위).

―――――― 11-6 ――――――

榮輕辱淺
利重害深.6)

영경욕천(이오)
이중해심(이라).

영화가 가벼우면 욕됨도 얕고, 이득이 많으면 따르는 해독도 심하다.

ㅇ榮輕(영경)―영화가 가볍다. ㅇ辱淺(욕천)―욕도 얕다. ㅇ利重(이중)―이득이 크고 무겁다. ㅇ害深(해심)―해독도 심각하고 크다.

(참고) 세속적인 영화나 이득에는 반드시 오욕과 해독이 따르게 마련이다. 바르고 성실하게 노력해서 부를 누려야 한다.

―――――― 11-7 ――――――

甚愛必甚費 甚譽必甚毁
甚喜必甚憂 甚臟必甚亡.7)

심애필심비(요) 심예필심훼(요)
심희필심우(요) 심장필심망(이니라).

―――――――――――

6) 榮(영화 영), 輕(가벼울 경), 辱(욕되게 할 욕), 淺(얕을 천).
7) 甚(심할 심), 譽(기릴 예), 毁(헐 훼), 臟(장물 장).

큰 사랑에는 반드시 큰 소모가 따르고, 큰 칭찬에는 반드 시 큰 훼방이 따르며, 크게 기뻐하면 반드시 크게 근심하게 되고, 크게 부정한 재물을 얻으면 반드시 크게 잃게 된다.

ㅇ甚(심)-심하게, 크게. ㅇ必(필)-반드시. ㅇ費(비)-소모하다, 허비 하다. ㅇ譽(예)-명예, 칭찬. ㅇ臟(장)-부정한 재물을 취함.

(참고) 욕구(欲求)나 희노애락(喜怒哀樂) 등의 감정을 잘 조절해야 한 다. 도를 넘으면 반작용이 따른다. 중용을 지켜야 한다.

11-8

子曰,
不觀高崖 何以知顚墜之患
不臨深淵 何以知沒溺之患
不觀巨海 何以知風波之患.[8]

자왈,
불관고애(면) 하이지전추지환(이며)
불림심연(이면) 하이지몰익지환(이며)
불관거해(면) 하이지풍파지환(이리오).

공자가 말했다. '높은 언덕을 보지 않으면 어찌 굴러 떨어 질 위험을 알며, 깊은 못에 가지 않으면 어찌 빠져 죽을 위

---

8) 崖(벼랑 애), 顚(넘어질 전), 墜(떨어질 추), 淵(못 연), 溺(빠질 닉).

험을 알며, 큰 바다를 보지 않으면 어찌 풍랑의 위험을 알 것이냐.'

ㅇ觀(관)―직접 자신이 보다. ㅇ高崖(고애)―높은 언덕. ㅇ何以知(하이지)―어찌 알겠는가? ㅇ顚墜(전추)―굴러 떨어짐. ㅇ患(환)―걱정. ㅇ臨(임)―임하다, 가다. ㅇ深淵(심연)―깊은 연못. ㅇ沒溺(몰익)―물에 빠져 죽음. ㅇ巨海(거해)―큰 바다. ㅇ風波(풍파)―바람과 파도.

(참고) 어려움이나 위험도 자신의 체험을 통해서 실감할 수 있다. 그러므로 기왕의 체험을 살려서 다시는 끔찍한 위험이나 위난에 부닥뜨리지 않게 미리 경계하고 대비해야 한다.

―――――(11-9)―――――

欲知未來 先察已然.

욕지미래(어든) 선찰이연(이라).

미래에 이루어질 일을 알려거든 먼저 과거에 있었던 일을 살펴야 한다.

ㅇ欲(욕)― ……하고 싶다. ㅇ未來(미래)―앞으로 일어날 일 또는 이루어질 일. ㅇ先察(선찰)―먼저 살피다. ㅇ已然(이연)―이미 이루어진 일, 과거에 있었던 일. 역사적 사실.

(참고) 인간이나 사회의 모든 일은 원인이 있고 또 시간의 흐름을 타고 역사적으로 나타나게 마련이다. 과거를 바탕으로 현재가 있고 현재를 바탕으로 미래가 꾸며진다. 사람은 역사의식을 가지고 전통을 존중하면서 밝은 미래를 창건해야 한다.

11-10

子曰,
明鏡所以察形
往者所以知今.9)

자왈,
명경(은) 소이찰형(이오)
왕자(는) 소이지금(이니라).

공자가 말했다. '밝은 거울은 형상을 보게 하는 도구이고
과거는 현재를 알게 하는 바탕이다.'

○明鏡(명경)−밝은 거울. ○所以(소이)−……하는 바탕. ○察形(찰
형)−형상을 살펴보다. ○往者(왕자)−지나간 일. ○知今(지금)−오늘
을 알다.

참고 자기의 얼굴을 거울에 비춰보듯이 과거의 사실이나 역사를 통해
오늘을 알고 평가할 수 있다. 즉 과거가 오늘에 투영되고 있는 것이
다. 특히 민족의 역사는 오늘에 생생하게 살아 있게 마련이다.

9) 鏡(거울 경), 察(살필 찰), 形(모양 형), 往(갈 왕).

11-11

過去事明如鏡 未來事暗似漆.[10]

과거사(는) 명여경(이오) 미래사(는) 암사칠(이니라).

과거사는 거울같이 밝게 알 수가 있어도, 미래의 일은 칠흑처럼 어두워 알기가 어렵다.

　○明如鏡(명여경)─밝음이 거울 같다. 거울에 비춰 보듯 밝게 알 수 있다. ○暗似漆(암사칠)─어둡기가 칠흑 같다.

(참고) 앞에서는 과거를 알면 지금을 알 수 있다고 했다. 그러나 여기서는 미래가 칠흑처럼 어둡기만 하다고 했다. 서로 모순되는 말 같다. 그러나 천도를 따르면 미래사를 예측할 수 있고 천도를 어기거나 이탈하면 앞일을 예측할 수 없는 법이다.

11-12

景行錄云,
明朝之事 薄暮不可必
薄暮之事 晡時不可必.[11]

경행록(에) 운,
명조지사(를) 박모(에) 불가필(이오)

---

10) 如(같을 여), 未(아닐 미), 暗(어두울 암), 似(같을 사), 漆(옻 칠, 검을).
11) 朝(아침 조), 薄(엷을 박), 暮(저물 모), 晡(신시 포).

박모지사(를) 포시(에) 불가필(이니라).

《경행록》에서 말했다. '내일 아침의 일을 오늘 저녁에 단정적으로 말할 수 없고, 저녁에 일어날 일을 포시에 단정적으로 말할 수 없다.'

> ○明朝之事(명조지사)─내일 아침에 일어날 일. ○薄暮(박모)─저녁 무렵. ○不可必(불가필)─반드시 어떠할 거라고 결정적으로 알거나 말하다. ○晡時(포시)─오후 네 시경, 신시(申時).

(참고) 미미한 존재에 불과한 사람은 절대인 하늘의 오묘한 조화를 결정적으로 알 수 없다. 다만 하늘의 메커니즘인 천기(天機)에 통하는 사람만이 그 일부를 알 수 있다. '천기' 즉 '하늘의 메커니즘'은 다른 것이 아니다. 우주(宇宙)의 이법(理法)이다. 우(宇)는 공간이고, 주(宙)는 시간이다. 그러므로 '공간과 시간을 통합한 도리'는 곧 '하늘의 도리, 즉 천도(天道)'이다. 그 천도의 오묘한 조직과 기능 및 조화를 '천기'라고도 했다.

─────(11-13)─────────────────

天有不測風雨
人有朝夕禍福.12)

천유불측풍우(하고)
인유조석화복(이라).

───────────────

12) 測(잴 측), 朝(아침 조), 夕(저녁 석), 禍(재화 화), 福(복 복).

하늘에는 예측할 수 없는 비바람이 몰아치고 인간에게는
아침저녁으로 재화 혹은 길복이 닥쳐온다.

　ㅇ不測(불측)-예측할 수 없는.　ㅇ禍福(화복)-재앙과 길복(吉福).

(참고) 인간사회의 화복(禍福)도 크게 보면 하늘의 오묘한 배려에 의해
서 결정된다. 동시에, 인간들의 악덕한 마음가짐에 의해서 복잡하게
뒤엉킨다. 그러므로 좀처럼 예측하기 어렵다.

──────(11-14)────────────────────────

未歸三尺土 難保百年身
已歸三尺土 難保百年墳.13)

　　　미귀삼척토(하얀) 난보백년신(이오)
　　　이귀삼척토(하얀) 난보백년분(이라).

　석 자 무덤에 돌아가기 전, 즉 살아서는 육신을 백 년간이
나 보전하기 어렵고, 이미 죽어 무덤에 돌아간 다음에는 그
분묘를 백 년간 보존하기 어렵다.

　　　ㅇ未歸三尺土(미귀삼척토)-세 자의 흙무덤으로 돌아가기 전. 즉 살
　　아 생전에.　ㅇ難保百年身(난보백년신)-백 년의 육신을 보전하기 어
　　렵다. 건강하게 백 년 살기 어렵다.　ㅇ已歸三尺土(이귀삼척토)-죽어
　　서 석 자 높이 무덤에 묻히다.　ㅇ難保百年墳(난보백년분)-분묘가 백
　　년 간 보전되기 어렵다.

─────────────

13) 歸(돌아갈 귀), 尺(자 척), 難(어려울 난), 保(지킬 보), 墳(무덤 분).

(참고) 육신이나 무덤은 온전하게 백 년간 보전되기 어렵다. 그러나 인간의 고결한 정신이나 빛나는 업적은 영원히 후세에 전한다.

─────(11-15-1)─────

景行錄云,
木有所養 則根本固
而枝葉茂 棟樑之材成.[14]

경행록(에) 운,
목유소양(이면) 즉근본고(하고)
이지엽무(하야) 동량지재성(하니라).

《경행록》에서 말했다. '나무를 잘 기르면 뿌리가 굳고 가지와 잎이 무성해서 기둥이나 대들보가 될 재목으로 성장한다.'

ㅇ有所養(유소양)-기르는 바 있으면. 잘 키우면. ㅇ枝葉茂(지엽무)-가지와 잎이 무성함. ㅇ棟(동)-기둥. ㅇ樑(량)-들보.

(참고) 나무를 잘 키우면 건축 자재가 된다. 그와 같이 사람도 잘 교육을 해야 쓸모 있는 인간이 될 수 있다.

────────────

14) 養(기를 양), 根(뿌리 근), 固(굳을 고), 枝(가지 지), 葉(잎 엽), 茂(우거질 무), 棟(용마루 동), 樑(들보 량), 材(재목 재).

(11-15-2)

水有所養 則泉源壯
而流派長 灌漑之利博.15)

수유소양(이면) 즉천원장(하고)
이류파장(하야) 관개지리박(하니라).

　물줄기를 잘 다스리면 샘의 수원이 세차게 솟아나고 그 물
줄기가 멀리 흐르며, 흩어져서 관개의 이로움이 클 것이다.

　ㅇ水有所養(수유소양)－물을 잘 간수하고 가꾸면. ㅇ泉源壯(천원
장)－샘이 수원에서부터 세차게 솟아나다. ㅇ流派長(유파장)－물의
흐름이 멀리 뻗고, 여러 줄기로 흐른다. ㅇ灌漑(관개)－농토에 물을
댐. ㅇ利博(이박)－이득이 크다. 넓게 이득을 보다.

(참고) 물은 모든 생물의 생명의 근원이다. 물이 고갈되거나 오염되면
사람은 물론 식물·동물도 사멸한다. 산림을 잘 관리하고 수원(水源)
을 보전해야 국토가 황폐하지 않고, 물도 고갈하지 않는다. 물을
잘 관리하고 관개에 이용하기 위해서는 총체적인 국토관리를 잘해
야 한다.

---

15) 泉(샘 천), 源(근원 원), 壯(씩씩할 장), 派(물갈래 파), 灌(물댈 관), 漑
　　(물댈 개), 博(넓을 박).

11-15-3

人有所養
則志氣大 而識見明
忠義之士出 可不養哉.[16]

인유소양(이면)
즉지기대(하고) 이식견명(하야)
충의지사출(이니) 가불양재(아).

사람을 잘 키우면 뜻과 기상이 크고 식견이 밝아져서 충성과 대의를 지키는 선비로 출세할 것이니 어찌 잘 키우지 않겠는가.

ㅇ志氣大(지기대)―뜻과 기상이 크다. 지조가 높고 기개가 크다. ㅇ識見明(식견명)―식견이 높고 밝다. ㅇ忠義之士(충의지사)―충의를 지키는 선비. 충성과 대의를 실천하는 선비. ㅇ出(출)―나타나다. 배출하다. ㅇ可不(가불) ……哉(재)― ……를 아니 할 수 있나?

(참고) 나무를 잘 키우면 건축할 때에 기둥이나 대들보로 쓸 수 있고 물을 잘 관리하고 가꾸면 넓은 농토에 관개를 하여 농작물을 재배할 수 있다. 특히 사람은 잘 교육해야 훌륭한 인재가 된다. 즉 지조가 굳고 식견이 높고 기상이나 기개가 고매하고 나라에 충성하고 정의를 지키는 어진 선비가 될 수가 있다. 훌륭한 사람의 척도는 물질이나 재물에 있지 않다. 정신적 가치와 인덕(仁德)에 있다.

---

16) 志(뜻 지), 識(알 식), 忠(충성 충), 義(옳을 의), 哉(어조사 재).

─────(*11-16*)─────

自信者人亦信之 吳越皆兄弟,
自疑者人亦疑之 身外皆敵國.[17]

　　자신자(는) 인역신지(하나니) 오월(이) 개형제(요),
　　자의자(는) 인역의지(하나니) 신외(는) 개적국(이니라).

　내가 남을 믿으면 남도 역시 나를 믿으므로 오와 월나라 사이라도 형제가 될 수 있다. 내가 남을 의심하면 남도 역시 나를 의심하므로 내 몸 이외의 모든 사람이 적이 되고 만다.

　　ㅇ自信者(자신자)-자신이 남을 믿으면. ㅇ人亦信之(인역신지)-남도 역시 나를 믿는다. ㅇ吳越(오월)-중국 춘추시대의 오와 월나라. 두 나라는 서로 앙숙이었다. ㅇ身外(신외)-자신 이외의 모든 사람.

─────(*11-17*)─────

疑人莫用 用人勿疑.[18]

　　의인(이면) 막용(하고) 용인(이면) 물의(하라).

　남을 의심하면 쓰지 말고, 남을 쓰면 의심하지 마라.

(참고) 서로 믿고 서로 도우면 모든 사람이 동지가 된다. 그러나 서로 의심하고 서로 배신하면 모든 사람이 원수가 된다. 서로 믿고 힘을 합해

────────────────────

17) 信(믿을 신), 吳(나라 이름 오), 越(넘을 월), 疑(의심할 의), 敵(원수 적).
18) 疑(의심할 의), 人(사람 인, 남), 莫(말 막), 用(쓸 용), 勿(말 물).

서 함께 잘 사는 공동체를 건설해야 한다.

11-18

諷諫云,
水底魚天邊雁 高可射兮低可釣
惟有人心咫尺間 咫尺人心不可料.[19]

> 풍간(에) 운,
> 수저어(와) 천변안(은) 고가사혜(요) 저가조(라)
> 유유인심지척간(에) 지척인심(을) 불가료(니라).

〈풍간〉에서 말했다. '물밑에는 물고기가 있고 하늘가에는 기러기가 있다. 높은 새는 활로 쏘고 물속의 고기는 낚을 수 있으나 오직 사람의 마음은 나의 곁 지척간에 있어도 그 지척간에 있는 남의 마음을 헤아릴 수가 없다.'

> ○諷諫(풍간)—풍자하고 간하는 글. 상세히는 모름. ○水底魚(수저어)—물밑에는 물고기가 있다. ○天邊雁(천변안)—하늘가에는 기러기가 날고 있다. ○高可射(고가사)—높은 새는 활로 쏠 수가 있다. ○兮(혜)—어조사. ○低可釣(저가조)—물밑의 고기는 낚을 수가 있다. ○人心(인심)—사람의 마음. 남의 마음. ○咫尺間(지척간)—아주 가까운 거리. ○不可料(불가료)—헤아릴 수가 없다.

---

19) 諷(욀 풍), 諫(간할 간), 底(밑 저), 邊(가 변), 雁(기러기 안), 射(쏠 사), 低(낮을 저), 釣(낚시 조), 咫(여덟치 지), 料(헤아릴 료).

(참고) 하늘의 새는 활로 쏘고 물속의 고기는 낚을 수가 있다. 그러나 지 척간에 있는 사람의 마음은 헤아릴 수가 없다.

──────(11-19)──────

畫虎畫皮難畫骨
知人知面不知心.[20]

화호화피난화골(이요)
지인지면부지심(이라).

  호랑이를 그림에 있어 가죽은 그리되 뼈는 그리기 어렵고, 사람을 앎에 있어 그의 얼굴은 알되 마음을 알기 어렵다.

    ○畫虎(화호)─호랑이를 그릴 때에. ○畫皮(화피)─겉가죽은 그릴 수 있다. ○難畫骨(난화골)─속 뼈는 그리기 어렵다. ○知人(지인)─사 람을 알다. ○面(면)─얼굴.

(참고) 호랑이의 겉모양은 그릴 수 있지만 속에 있는 골격은 그리기 어 렵다. 그러나 골격은 겉모양에 나타나 있다. 그와 마찬가지로 속마음 을 알기 어렵다고 하지만, 밖으로 나타난 행동을 보면 그 속마음을 알 수 있는 것이다.

──────────

20) 畫(그림 화), 虎(범 호), 皮(가죽 피), 骨(뼈 골).

───(*11-20*)───

對面共話 心隔千山.[21]

대면공화(나) 심격천산(이라)

서로 얼굴을 맞대고 이야기를 하지만 서로의 마음은 천산만큼 격해 있다.

> ○對面(대면)―얼굴을 맞대고 ○共話(공화)―함께 대화한다. ○隔(격)―떨어져 있다. ○千山(천산)―천 개의 산의 간격만큼.

(참고) 얼굴을 맞대고 대화를 나눈다고 서로의 마음이 통하는 것이 아니다. 가면을 쓰고 거짓된 마음으로 대화를 하기 때문이다.

───(*11-21*)───

海枯終見底
人死不知心.[22]

해고(면) 종견저(나)
인사(엔) 부지심(이라).

바다는 물이 마르면 바닥이 보이지만 사람은 죽어도 그의 속마음을 알지 못한다.

---

21) 對(대할 대), 共(함께 공), 話(말할 화), 隔(사이 뜰 격).
22) 海(바다 해), 枯(마를 고), 終(끝날 종), 底(밑 저), 死(죽을 사).

o海枯(해고)-바다의 물이 마르다. o終(종)-끝판에 가서는. o見底
(견저)-밑이 보인다. o人死(인사)-사람은 죽어도

(참고) 옛날부터 사람들은 남의 마음을 볼 수 없다고 한탄했다. 마음은
실체로 있는 것이 아니다. 마음은 인간의 이성과 감성을 통제하고 주
재하는 두뇌의 통합기능이다. 그러므로 행동을 통해서 마음의 좋고
나쁨을 판단해야 한다. 착하게 행동하는 사람의 마음은 착하고 나쁜
짓을 하는 사람의 마음은 나쁘다. 간교한 사람은 속 다르고 겉 다르기
때문에 알기 어렵다.

(11-22)

太公曰,
凡人不可逆相
海水不可斗量.23)

태공왈,
범인(은) 불가역상(이오)
해수(는) 불가두량(이니라).

태공이 말했다. '무릇 사람의 힘으로는 운세를 앞질러 내
다볼 수 없고 바다의 물을 말로써 되질하여 헤아릴 수 없다.'

o凡人(범인)-평범한 사람. o逆相(역상)-앞질러 보다. 운명을 미리
내다보다. o斗量(두량)-말로써 헤아리다.

---
23) 凡(무릇 범), 逆(거스를 역), 相(서로 상), 斗(말 두), 量(헤아릴 량).

참고) 범인(凡人)은 천기(天機)를 알기 어렵다. 천기는 하늘의 메커니즘이다. 하늘은 공간과 시간을 통합하고 만물을 생육화성(生育化成)하는 절대이며, 그 하늘의 도리와 기능을 합해서 천기라고 한다. 그와 같이 오묘한 도리와 조화를 평범한 사람들은 알지 못한다. 성현들만이 부분적으로 알고 말을 통해 표현할 뿐이다. 바다의 물을 말로써 측량할 수 없듯이 우주의 모든 현상을 미미한 인간의 좁은 식견이나 생각으로는 바르게 알 수 없다. 인간의 운세도 크게는 우주 천지의 운행과 관련이 있다. 그러므로 나라의 운세 혹은 개인의 운명도 우주적 차원에서 헤아려 보아야 한다.

11-23

景行錄云,
結怨於人 謂之種禍
捨善不爲 謂之自賊.[24]

> 경행록(에) 운,
> 결원어인(은) 위지종화(요)
> 사선불위(는) 위지자적(이니라).

《경행록》에서 말했다. '남과 원한을 맺는 일은 재앙의 씨앗을 뿌리는 짓이고 선을 버리고 행하지 않음은 스스로를 해치는 짓이다.'

---

24) 結(맺을 결), 怨(원망할 원), 謂(이를 위), 捨(버릴 사), 賊(도둑 적).

ㅇ結怨於人(결원어인)-남과 원한을 맺는다. ㅇ謂之(위지)- ……라
고 한다. 말한다. ㅇ捨善(사선)-선한 일을 버리고 ㅇ不爲(불위)-행
하지 않음. ㅇ自賊(자적)-자기 자신을 학대하고 해치다. 본래의 선한
인간의 성품을 스스로 해친다는 뜻.

참고) 남과 원한을 맺으면 나중에 화를 입는다. 선한 일을 행하지 아니
함은 선한 본성을 지니고 태어난 자신을 학대함이다. 인간을 만물의
영장이라고 높이는 까닭은 숭고한 정신과 지능으로 천도를 깨닫고,
윤리 도덕적으로 바르게 살고, 또 남을 사랑하고 역사 문화 발전에
선가치적(善價値的)으로 기여하기 때문이다. 남을 속이거나 무력으로
남의 재물을 탈취하는 짓은 인간 파괴이다.

───(11-24)───────────

若聽一面說 便見相離別.25)

약청일면설(이면) 변견상이별(이라).

만약 한편 말만 들으며 친한 사이라도 서로 갈라지게 된다.

ㅇ若(약)-만약에. ㅇ聽(청)-듣다. ㅇ一面說(일면설)-한편의 말.
ㅇ便見(변견)-즉 ……하게 된다. ㅇ相離別(상이별)-서로 이별함.

참고) 한쪽의 말만 듣고 남을 오해하면 안된다. 특히 정치 사회에서는
공명정대하게 처리해야 한다.

─────────────

25) 聽(들을 청), 說(말씀 설), 便(편할 편, 즉), 離(떼놓을 리).

11-25

飽煖思淫慾 饑寒發道心.26)

포난(에) 사음욕(하고) 기한(에) 발도심(이니라).

배부르고 따뜻하면 음욕이 생기고, 굶주리고 추우면 도심
이 생긴다.

ㅇ飽煖(포난)−배부르게 먹고 따뜻하게 잘 살다. ㅇ思淫慾(사음욕)−
음탕한 욕구를 채우고자 함. ㅇ饑寒(기한)−굶주림과 추위에 시달
리다. ㅇ發(발)−발휘하다. 분발하다. ㅇ道心(도심)−도를 지키려는
마음.

참고 부유하게 잘 살아도 타락하지 말고 예절을 잘 지켜야 한다. 한편
가난해도 자포자기하지 말고 더욱 분발 노력해야 한다.

11-26

疎廣曰,
賢人多財 則損其志
愚人多財 則益其過.27)

소광(이) 왈,

---

26) 飽(물릴 포), 煖(따뜻할 난), 淫(음란할 음), 慾(욕심 욕), 饑(주릴 기).
27) 疎=疏(트일 소), 廣(넓을 광), 賢(어질 현), 財(재물 재), 損(덜 손), 愚
(어리석을 우), 益(더할 익), 過(허물 과).

현인다재(면) 즉손기지(하고)

우인다재(면) 즉익기과(니라).

소광이 말했다. '현명한 사람은 재물이 많으면 지조가 손
상되고, 어리석은 사람은 재물이 많으면 허물이 많게 된다.'

ㅇ疎廣(소광)-한(漢)나라 때의 청렴한 선비. ㅇ損其志(손기지)-자
신의 지조(志操)가 손상되다. ㅇ益其過(익기과)-자신의 허물이나 과
실이 더욱 많아지다.

(참고) 재물을 선용(善用)해야 한다. 재물 때문에 타락하면 안된다. 외형
적인 재물보다도 내면적인 정신가치를 높이고, 윤리 도덕 및 대의명
분을 앞세우고 대도(大道)를 따르고 실천해야 한다. 오늘의 세계는
금전만능주의에 빠졌으며 무력을 바탕으로 서로 권력이나 재물을 쟁
탈하고 있다. 따라서 위기에 처해 있다. 맹자(孟子)가 말했다. '포식하
고 따뜻하게 입고 편하게 살되 교육이 없으면 금수와 같은 존재가 된
다(飽食暖衣 逸居而無敎 近於禽獸).'

11-27

人貧智短 福至心靈.28)

인빈(이면) 지단(하고) 복지(면) 심령(이니라).

사람은 가난하게 살면 지혜도 짧게 되고, 복받고 잘살면
마음도 영특해진다.

---

28) 貧(가난할 빈), 短(짧을 단), 福(복 복), 至(이를 지), 靈(신령 령).

o人貧(인빈)-사람이 가난하게 살면. o智短(지단)-지혜도 짧아진
다. o福至(복지)-복을 누리면. o心靈(심령)-마음이 영특하게 됨.

(참고) 사람은 경제적으로 어느 정도는 잘살아야 한다. 심하게 가난하면
정신도 위축된다. 경제적으로 잘살면, 마음도 영특하게 된다. 그렇다
고 무도하게 재물을 탐내면 안된다.

11-28

不經一事 不長一智.[29]

불경일사(면) 부장일지(니라).

한 가지 일을 직접 경험하지 않으면, 그 일에 대한 지식이
늘지 않는다.

o經(경)-경험하다, 체험하다. o長(장)-자라나다. (지식이나 지혜
가) 늘다. o一智(일지)-한 가지 지식이나 지혜.

(참고) 지식과 지혜는 경험과 체험을 통해서 터득된다.

11-29

是非終日有 不聽自然無.[30]

시비종일유(라도) 불청자연무(니라).

---

29) 經(경험할 경), 事(일 사), 長(길 장), 智(슬기 지).
30) 是(옳을 시), 非(아닐 비), 聽(들을 청), 自(스스로 자), 然(그러할 연).

종일 시비가 있어도 내가 듣지 않으면 저절로 없어진다.

> ○是非(시비)-옳다 그르다며 떠든다. ○終日(종일)-하루 종일. ○不聽(불청)-내가 듣지 않으면. ○自然(자연)-자연히, 스스로. ○無(무)-(시비가) 없어진다.

(참고) 혼자서는 싸움을 할 수 없다. 상대방이 덤벼도 내가 맞상대를 안하면 싸움이 되지 않는다.

───────(11-30)───────────────────────────

來說是非者 便是是非人.31)

내설시비자(는) 변시시비인(이라).

찾아와서 옳다 그르다 하는 자가 바로 시비꾼이다.

> ○說是非者(설시비자)-옳다 그르다 하고 말하는 사람. ○便(변)-곧, 바로. ○是(시)-……이다. ○是非人(시비인)-시비꾼.

(참고) 아무 일에나 시시콜콜 시비 잘하는 사람이 있다. 또 사방으로 다니면서 수다스럽게 이말 저말을 퍼뜨리기 좋아하는 사람도 있다. 그와 같은 소인배가 되면 안된다. 묵묵히 일을 해야 한다.

──────────────────────

31) 來(올 래), 說(말씀 설), 便(곧 편), 是(옳을 시).

11-31

擊壤詩云,
平生不作皺眉事 應無切齒人
大名豈有鐫頑石 路上行人口勝碑.[32]

격양시(에) 운,
평생(에) 부작추미사(하면) 응무절치인(이니)
대명(을) 기유전완석(가) 노상행인(이) 구승비(니라).

〈격양시〉에서 말했다. '평생 동안 눈썹 찡그릴 일을 하지
않으면 나에게 이를 갈 사람이 없을 것이니, 어찌 돌에 크게
이름을 새길 필요가 있으랴. 길을 오가는 행인들 평하는 말
이 비석보다 좋을 것이다.'

> ㅇ擊壤詩(격양시)−7-2 참조 ㅇ皺眉事(추미사)−눈썹 찌푸릴 일, 핀
> 잔을 받을 일. ㅇ應(응)−응당, 마땅히. ㅇ切齒人(절치인)−이를 갈
> 사람. ㅇ豈有(기유)−어찌 ……할 필요가 있으랴? ㅇ鐫(전)−새기다.
> ㅇ頑石(완석)−굳은 돌. ㅇ路上行人(노상행인)−길가는 행인. ㅇ口勝
> 碑(구승비)−입으로 말하는 것이 비석보다 뛰어나다.

참고 평소에 덕을 세우면 마을사람들이나 행인들이 칭찬을 할 것이다.
군이 돌에 크게 이름을 조각한 비석을 세우거나, 막대한 돈을 써서 거
짓된 공적을 적은 송덕비를 세우는 것은 어리석은 짓이다.

---

32) 皺(주름 추), 眉(눈썹 미), 應(응당 응), 切(끊을 절), 齒(이 치), 豈(어
찌 기), 鐫(새길 전), 頑(완고할 완), 勝(이길 승), 碑(비석 비).

11-32

有麝自然香 何必當風立.[33]

유사자연향(이니) 하필당풍립(가).

사향을 가졌으면 저절로 향기로운데 어찌 꼭 바람을 막고
서서 풍겨야 하나?

ㅇ麝(사)—사향. ㅇ自然香(자연향)—자연히 향기롭다. ㅇ何必(하필)—
어찌 ……할 필요가 있으랴? ㅇ當風立(당풍립)—바람을 막고 서다.

(참고) 학문이나 덕이 높은 사람은 일부러 광고하지 않아도 저절로 알려
지게 마련이다.

11-33

有福莫享盡 福盡身貧窮,
有勢莫使盡 勢盡寃相逢,
福兮常自惜 勢兮常自恭,
人生驕與侈 有始多無終.[34]

유복막향진(하라) 복진신빈궁(이요),
유세막사진(하라) 세진원상봉(이니),

---

33) 麝(사향노루 사), 香(향기 향), 當(당할 당), 風(바람 풍).
34) 窮(다할 궁), 寃(원통할 원), 逢(만날 봉), 驕(교만할 교), 侈(사치할 치).

복혜상자석(하고) 세혜상자공(하라),
인생교여치(하면) 유시다무종(이라).

복이 있어도 진탕 다 누리지 마라. 복이 다하면 빈궁한 신
세가 된다. 권세가 있어도 마구 부리지 마라. 권세가 다하면
원수와 만나게 된다. 유복하게 살 때에 항상 스스로 아끼고
권세가 있을 때에 항상 남에게 공손하게 하라. 인간 생활에
서 교만하고 사치하면 처음은 좋으나 나중에는 좋지 못하다.

ㅇ有福(유복) —복이 있다. 복을 누리다. 유복하게 살다. ㅇ莫(막) —……
하지 마라. ㅇ享盡(향진) —(주어진 복을) 진탕 누리다. ㅇ身貧窮(신빈
궁) —몸이 가난해진다. 빈궁에 몰리는 신세가 됨. ㅇ使盡(사진) —(권
세를 있는 대로) 다 행세하다. ㅇ冤相逢(원상봉) —나에게 원한을 품은
사람을 만나다. ㅇ福兮(복혜) —복을 누리면서, 유복하게 살 때에. ㅇ常
自惜(상자석) —항상 스스로 아끼다. ㅇ恭(공) —남에게 공손하게 대함.
ㅇ驕與侈(교여치) —교만과 사치. ㅇ有始(유시) —처음은 있으나. ㅇ多
無終(다무종) —대부분은 나중이 없다. 처음에는 교만하고 사치를 해도
나중에는 비참하게 되는 경우가 많다.

(참고) 오늘의 부귀영화에 도취하여 사치하지 말고 뒷날을 위해 절약하
고 남에게 겸손하고 또 덕을 베풀어야 한다. 오늘에는 부유하게 살다
가도 나중에는 가난하게 되는 수가 있다. 권세를 함부로 휘두르고, 남
을 해치면 장차 원한을 품은 사람을 만나게 될 것이다. 권세를 누리고
부유하게 살 때에도, 남에게 겸손해야 한다. 교만하고 사치하면 세상
사람에게 미움을 받고, 장차는 세도를 잃고 재물을 날리게 마련이다.
권좌에 올라 부귀를 누릴 때 더욱 겸손하고 신중한 태도로 윤리 도덕
을 실천해야 한다.

―――――(11-34)―――――――――――――――――

王參政四留銘曰,
留有餘不盡之巧 以還造物
留有餘不盡之祿 以還朝庭
留有餘不盡之財 以還百姓
留有餘不盡之福 以還子孫.35)

　　왕참정 사류명(에) 왈,
　　유유여부진지교 이환조물(하고)
　　유유여부진지록 이환조정(하고)
　　유유여부진지재 이환백성(하고)
　　유유여부진지복 이환자손(하라).

　왕참정은 그가 쓴 〈사류명〉에서 말했다. '여유를 두고 재주를 다 쓰지 말고 남겨 두었다가 재주를 준 조물주에게 되돌려 주고, 여유를 두고 녹을 다 쓰지 말고 남겨 두었다가 녹을 내려준 조정에게 되돌려 주고, 여유를 두고 재물을 다 쓰지 말고 남겨 두었다가 재물을 생산한 백성에게 되돌려 주고, 여유를 두고 복락을 다 누리지 말고 남겨 두었다가 뒤를 이을 자손들에게 넘겨주어라.'

――――――――――――――――――

35) 參(간여할 참), 政(정사 정), 留(남길 류), 銘(새길 명), 餘(남을 여), 盡(다될 진), 巧(공교할 교), 還(돌려 줄 환), 祿(복 록).

ㅇ王參政(왕참정)-송(宋)대의 정치가. ㅇ四留銘(사류명)-네 가지를 남겨 두라는 계명. ㅇ留(유)-남겨 두다. ㅇ有餘(유여)-나머지가 있다. 즉 나에게 주어진 것을 다 탕진해 버리지 말고 여분이 있게 하라는 뜻. ㅇ不盡之巧(부진지교)-다 쓰지 않은 재주. ㅇ以(이)-그래가지고. ㅇ還造物(환조물)-나에게 재주를 준 조물주에게 되돌려 주다. ㅇ祿(녹)-봉록. ㅇ還朝政(환조정)-녹을 내려준 조정에게 되돌려 주다. ㅇ還百姓(환백성)-재물을 생산한 백성에게 되돌려 주다. ㅇ還子孫(환자손)-자손에게 넘겨주다.

(참고) 나에게 주어진 모든 것을 나 한 몸을 위해 탕진하지 말고 국가와 국민에게 되돌려줄 수 있어야 한다. 그래야 자손들도 음덕을 입는다.

11-35

黃金千兩未爲貴 得人一語勝千金.[36]

황금천량(이) 미위귀(요) 득인일어(가) 승천금(이라).

황금 천량이 귀한 것이 아니다. 남의 좋은 말 한 마디 듣는 것이 천금보다 좋다.

ㅇ未爲貴(미위귀)-귀하지 않음. ㅇ得人一語(득인일어)-남의 좋은 말 한 마디를 듣는 것이. ㅇ勝(승)-더 좋다.

(참고) 물질보다 정신을 높이라는 '좋은 말'을 듣고 따르면, 인격이 향상된다. 그러한 말 한마디가 금전만능주의에 빠진 동물적 존재인 사람을 깨우쳐주는 바 크다.

---

36) 黃(누를 황), 兩(두 량), 得(얻을 득), 語(말씀 어), 勝(이길 승).

―――――――――（ 11-36 ）――――――――――

巧者拙之奴 苦者樂之母.37)

교자(는) 졸지노(요) 고자(는) 낙지모(라).

재주 있는 사람은 재주 없는 사람을 위해 일해야 한다. 오늘의 고생은 내일의 즐거움의 바탕이다.

ㅇ巧者(교자)-재주 있는 사람. ㅇ拙(졸)-재주 없는 사람.   ㅇ苦者(고자)-고생. ㅇ樂之母(낙지모)-즐거움의 어머니.

참고 재주 있는 사람, 곧 학문과 덕이 높은 군자는 백성들을 위해 일해야 한다. 고생을 해야 장차 즐거움을 얻을 수 있다.

―――――――――（ 11-37 ）――――――――――

小船難堪重載 深逕不宜獨行.38)

소선(은) 난감중재(요) 심경(은) 불의독행(이니라).

작은 배는 무거운 짐을 감당하기 어렵고, 깊고 으슥한 길은 혼자 걷기 좋지 않다.

ㅇ難堪(난감)-견디기 어렵다. ㅇ重載(중재)-무거운 짐. ㅇ深逕(심경)-깊은 오솔길. ㅇ不宜(불의)-좋지 않다. ㅇ獨行(독행)-혼자 걷다.

――――――――――――――――

37) 巧(공교할 교), 拙(졸할 졸), 奴(종 노), 苦(쓸 고), 樂(즐길 락).
38) 船(배 선), 堪(견딜 감), 載(실을 재), 逕(소로 경), 宜(마땅할 의).

(참고) 자기의 한계를 알고 과욕을 부리지 마라. 광명 정대한 길을 따라야 한다. 간악하고 어두운 삶을 살면 안된다.

———(11-38)———

黃金未是貴 安樂値錢多.[39)]

황금(이) 미시귀(요) 안락(이) 치전다(니라).

황금이 귀한 것이 아니다. 정신적 안락이 더 값이 크다.

o未是貴(미시귀)−귀하지 않다. o安樂(안락)−정신적으로 편하고 즐겁게 사는 일이. o値錢多(치전다)−그 값이 크다.

(참고) 절대선(絶對善)인 도를 따르고 살아야 정신적으로 편하고 즐겁다. 물질적 가치보다 정신적 가치를 높여야 한다.

———(11-39)———

在家不會邀賓客 出外方知少主人.[40)]

재가(에) 불회요빈객(이면) 출외(에) 방지소주인(이라).

집에서 내가 빈객 대접할 줄 모르면 밖에서 나를 빈객으로 맞이할 사람이 없음을 알 것이다.

---

39) 未(아닐 미), 是(옳을 시), 貴(귀할 귀), 値(값 치), 錢(돈 전), 多(많을 다).
40) 會(모일 회), 邀(맞을 료), 賓(손 빈), 客(손 객), 主(주인 주).

ㅇ不會(불회)-……할 줄 모른다. ㅇ邀(요)-맞이하고 대접하다. ㅇ出外(출외)-내가 밖에 갈 때. ㅇ方知(방지)-비로소 알다. ㅇ少主人(소주인)-나를 빈객으로 맞이해 줄 주인이 없다, 많지 않다.

참고 내가 손님 대접을 잘 해야지 남도 나를 잘 대접한다. 망은패덕(忘恩悖德)하는 사람도 있으니 조심해야 한다.

─────(11-40)───────────────────────

貧居 鬧市無相識
富住 深山有遠親.41)

빈거(면) 요시(에도) 무상식(이요)
부주(면) 심산(에도) 유원친(이니라).

　가난하면 번화한 시장에서도 서로 아는 사람이 없다. 부자로 살면 산속에 살아도 먼 데서 찾아오는 친척이나 친구가 있다.

ㅇ鬧市(요시)-번화한 시장. ㅇ相識(상식)-서로 잘 아는 사람. ㅇ遠親(원친)-멀리서 찾아오는 친척이나 친구.

참고 세상 인심은 야박스러운 것이다. 부(富)도 필요하지만 덕(德)은 더욱더 필요하다.

───────────────

41) 鬧(시끄러울 뇨), 市(저자 시), 識(알 식), 遠(멀 원), 親(친할 친).

─────── 11-41 ───────

人義盡從貧處斷 世情便向有錢家.42)

인의(는) 진종빈처단(이요) 세정(은) 편향유전가(니라).

사람의 의리는 결국 가난에서 끊어지고, 세상의 인정은 돈 있는 집안으로 쏠린다.

　○人義(인의)-인간의 의리. ○盡(진)-결국. ○從(종)-따라서. ○貧處(빈처)-가난한 데. ○向有錢家(향유전가)-돈 있는 집안으로 향한다.

참고　속인들의 의리나 인정은 돈에 따라 오락가락한다. 그러나 학덕(學德)이 높은 군자나 인격자는 돈에 좌우되지 않는다.

─────── 11-42 ───────

寧塞無底缸 難塞鼻下橫.43)

영색무저항(이언정) 난색비하횡(이니라).

차라리 밑 빠진 항아리는 막을 수 있어도 코밑에 가로놓인 입은 막기 어렵다.

　○寧(영)-차라리 ……할지언정. ○塞(색)-막다. ○無底缸(무저항)-밑이 없는 항아리. ○難塞(난색)-막기 어렵다. ○鼻下橫(비하횡)-코

─────────────────

42) 義(옳을 의), 從(좇을 종), 處(살 처), 斷(끊을 단), 便(편할 편), 錢(돈 전).
43) 寧(차라리 녕), 塞(막을 색), 缸(항아리 항), 鼻(코 비), 橫(가로 횡).

밑에 가로놓인 입.

(참고) 사람의 입 막기가 얼마나 어려운가? 말조심해야 한다. 우선 나 자신부터 허튼 소리를 하지 않도록 입을 잘 간수해야 한다.

─────(11-43)─────

人情皆爲窘中疏.[44]

인정(은) 개위군중소(니라).

사람의 정은 모두 궁핍하게 되면 멀어진다.

> ○人情(인정)─사람의 정, 정의(情義). ○爲(위)─……하게 된다. ○窘中疏(군중소)─궁핍하면 서로 정이 멀어지다.

(참고) 너무 궁핍하면 남에게 정을 나눌 여유조차 없게 된다. 부지런히 노력하고 일을 해서 궁핍을 벗어나야 한다.

─────(11-44)─────

史記曰,
郊天禮廟 非酒不享,
君臣朋友 非酒不義,
鬪爭相和 非酒不勸,

───────────────

44) 情(뜻 정), 皆(다 개), 爲(할 위), 窘(막힐 군), 疏(트일 소).

故有酒成敗 而不可汎飮之.45)

사기(에) 왈,
교천예묘(는) 비주불향(이요),
군신붕우(는) 비주불의(요),
투쟁상화(는) 비주불권(이라),
고(로) 유주성패 이불가범음지(니라).

《사기》에서 말했다. '하늘과 종묘에 제사 올릴 때 술이 아니면 흠향하지 않고, 임금과 신하 친구간에도 술이 아니면 정의가 두텁지 않고, 싸운 다음 화해할 때에도 술이 아니면 권하기 어렵다. 그러므로 술로써 일의 성패를 가릴 수가 있다. 그렇다고 술을 때없이 함부로 마시면 안된다.'

○史記(사기)-사마천(司馬遷)이 지은 역사책. ○郊天(교천)-교외(郊外)에서 하늘에 올리는 제사. 교제(郊祭). ○禮廟(예묘)-선조의 위패를 모신 사당에서 제사를 드림. 개인의 사당은 가묘(家廟), 왕가의 사당은 종묘(宗廟)라고 함. ○非酒(비주)-술이 아니면. ○不享(불향)-흠향(歆饗)치 않는다. 흠향은 신명(神明)이 제물을 받음. ○義(의)-광범한 뜻으로 쓰였다. 예의(禮義)·도의(道義)·정의(情義) 등. ○鬪爭(투쟁)-서로 싸우다. ○相和(상화)-서로 화해하다. ○有酒成敗(유주성패)-술로 성패를 가린다. ○汎飮之(범음지)-함부로 마시다.

참고 인간 사회에 술은 꼭 있게 마련이다. 술을 적당히 마시면 약주가

---

45) 郊(성밖 교), 禮(예도 례), 廟(사당 묘), 享(누릴 향), 鬪(싸움 투), 爭(다툴 쟁), 勸(권할 권), 汎(뜰 범, 널리), 飮(마실 음).

되지만 과도하게 마시면 독주가 된다. 술을 잘 제어(制御)할 수 있는
사람만이 음주를 하지 그렇지 못한 사람은 음주를 삼가라.

─────── 11-45 ───────

子曰,
士志於道 而恥惡衣惡食者
未足與議也.46)

자왈,
사지어도 이치악의악식자(는)
미족여의야(니라).

공자가 말했다. '선비가 되어 도에 뜻을 두고 있으면서 나
쁜 옷과 나쁜 음식을 부끄럽게 여긴다면 함께 도를 논의할
자격이 없다.'

○志於道(지어도)─도에 뜻을 두다. ○恥(치)─부끄럽게 여김. ○未
足(미족)─부족하다. ○與議(여의)─함께 의논함.

참고 선비의 사명은 천도를 따라 국가나 사회를 바로잡고 백성들을 행
복하게 해주는 것이다. 그러나 도가 쇠퇴한 난세에는 선비들은 가난
을 면치 못한다. 공자는 《논어》에서 말했다. '군자는 당연히 궁색하
다.(君子固窮)' 군자나 선비로서 고궁절(固窮節)을 지키지 못하면 함
께 천도의 구현을 논의할 만한 자격이 없다.

───────────────

46) 士(선비 사), 志(뜻 지), 恥(부끄러워할 치), 與(더불여 여), 議(의논할 의).

─────(11-46)─────

荀子曰,
士有妬友 則賢交不親
君有妬臣 則賢人不至.47)

순자왈,
사유투우(면) 즉현교불친(하고)
군유투신(이면) 즉현인부지(니라).

순자가 말했다. '선비에게 다른 벗을 투기하는 자가 있으면 어진 사람과 친근하게 사귈 수 없고, 임금에게 다른 신하를 투기하는 자가 있으면 어진 신하가 찾아오지 않는다.'

  ○荀子(순자)−5-15 참조. ○有妬友(유투우)−다른 벗을 투기하는 자가 있으면. ○賢交不親(현교불친)−현명한 사람과 친근해질 수 없다. ○君有妬臣(군유투신)−임금에게 다른 신하를 투기하는 자가 있으면. ○賢人不至(현인부지)−현명한 신하가 임금 곁에 찾아오지 않는다.

참고 간악하고 음흉한 자가 있으면 정의 사회가 문란하게 된다. 그런 자들은 간교한 말로 현명하고 착한 사람을 중상모략하기 때문이다. 특히 정치 사회에서는 간악한 자를 멀리해야 한다.

───────────────

47) 妬(강새암할 투), 賢(어질 현), 臣(신하 신), 至(이를 지).

11-47

天不生無祿之人 地不長無名之草.

천불생무록지인(하고) 지부장무명지초(이니라).

하늘은 녹 없는 사람을 태어나게 하지 않고, 땅은 명분 없는 풀을 자라게 하지 않는다.

> ○不生(불생)—태어나게 하지 않는다. ○無祿之人(무록지인)—녹 없는
> 사람. ○不長(부장)—자라게 하지 않는다. ○無名(무명)—명분 없는.

(참고) 사람은 하늘의 덕택으로 삶을 누린다. 동시에 저마다 하늘로부터 주어진 사명이 있다. 이를 의식하고 성심껏 일을 하면 하늘은 녹을 내려줄 것이다. 식물·동물도 저마다 존재하는 명분이 있다.

11-48

大富由天 小富由勤.

대부(는) 유천(하고) 소부(는) 유근(이라).

큰 부자가 되는 것은 하늘에 매여 있고, 작은 부자가 되는 것은 근면에 달려 있다.

> ○大富(대부)—큰 부자. ○由(유)—달려 있다. ○勤(근)—근면.

(참고) 큰 부귀는 하늘이 내린다. 그러나 근면하면 저마다 잘살 수 있다. 타락하고 악덕한 사회에서 권력과 재물을 누리는 것은 진정한 '큰 부자'가 아니다. 그들은 결국 범죄자다.

—————(11-49)—————

成家之兒惜糞如金
敗家之兒用金如糞.⁴⁸⁾

> 성가지아(는) 석분여금(하고)
> 패가지아(는) 용금여분(이니라)

집안을 일으킬 자식은 인분도 황금처럼 아끼고, 집안을 망칠 자식은 황금을 인분처럼 써버린다.

> ○成家之兒(성가지아) – 집안을 일으킬 자손. 혹은 흥하는 집안의 자손. ○惜糞(석분) – 인분도 아끼다. ○如金(여금) – 황금같이. ○敗家(패가) – 망하는 집안. ○用金(용금) – 황금을 쓰다.

(참고) 잘 되는 집안의 자손과 망하는 집안의 자손은 돈 씀씀이에서 다르다. 재물을 가치 있게 써야 한다.

—————(11-50)—————

康節邵先生曰,
閑居愼勿說無妨 纔說無妨便有妨,
爽口勿多能作疾 快心事過必有殃,
與其病後能服藥 不若病前能自防.⁴⁹⁾

---

48) 成(이룰 성), 惜(아낄 석), 糞(똥 분), 敗(깨뜨릴 패).
49) 愼(삼갈 신), 纔(겨우 재), 爽(시원할 상), 疾(병 질), 殃(재앙 앙).

강절소선생(이) 왈,
한거(에) 신물설무방(하라) 재설무방변유방(이니라),
상구물다(하라) 능작질(이오) 쾌심사과(면) 필유앙(이라),
여기병후능복약(으론) 불약병전능자방(이니라).

소강절 선생이 말했다. '잘산다고 거리낄 게 없다는 소리
를 함부로 하지 마라. 그런 말을 하는 즉시 거리낄 일이 생
기게 된다. 음식이 입에 좋아도 많이 먹지 마라. 그렇지 않
으면 병이 난다. 마음에 즐거운 일이라도 과하면 반드시 재
앙이 따른다. 병이 난 다음에 약을 먹을 수 있다 해도 병나
기 전에 스스로 예방할 수 있으면 더 좋다.'

○康節邵先生(강절소선생)-2-2 참조. ○閑居(한거)-편하게 지내
다. 잘산다. ○愼(신)-삼가다. ○勿說(물설)-말하지 마라. ○無妨
(무방)-(내 자신에게는) 아무런 걱정이나 거리낄 일이 없다. ○纔說
(재설)-말하자마자. ○便(변)-즉시, 이내. ○有妨(유방)-걱정거리가
생긴다. ○爽口(상구)-입에 산뜻하게 맛있는 음식. ○勿多(물다)-많
이 먹지 마라. ○能作疾(능작질)-질병을 나게 할 수 있다. ○快心(쾌
심)-마음에 통쾌하고 즐겁다. ○事過(사과)-(즐거운) 일도 과하
면. ○有殃(유앙)-재앙이 따른다. ○與其(여기)……不若(불약)-
……하는 것보다 차라리 ……하는 편이 좋다. ○服藥(복약)-약을 복
용함. ○自防(자방)-스스로 예방함.

参考 신중한 생활태도를 지녀야 한다. 지금 당장에 안락하다고 안하무
인격으로 큰소리치거나 사치하고 또 향락에 빠져들면 안된다. 그와
같은 무절제한 생활을 하면 우선 내 몸을 망치고 집안살림을 파탄 나
게 하고, 크게는 나라를 어지럽게 만든다. 병나기 전에 예방해야 한
다. 병이 난 다음에 약을 복용해도 사전에 예방하는 것만 못하다.

11-51

梓童帝君垂訓曰,
妙藥難醫冤債病 橫財不富命窮人,
生事事生君莫怨 害人人害汝休嗔,
天地自然皆有報 遠在兒孫近在身.50)

재동제군수훈(에) 왈,
묘약(도) 난의원채병(이요) 횡재(도) 불부명궁인(이라),
생사사생(을) 군막원(하고) 해인인해(를) 여휴진(하라),
천지자연개유보(하니) 원재아손근재신(이니라).

재동제군이 내린 가르침에서 말했다. '신묘한 약이라도 원한으로 생긴 병은 고치기 어렵고, 횡재로도 운수가 가난한 사람을 부자로 만들 수 없다. 일을 저지르고 나서 일이 생겼다고 원망하지 말고, 남을 해치고 나서 남이 나를 해친다고 성내지 마라. 하늘과 땅 사이의 모든 일에는 다 갚음이 있으니, 그 갚음은 멀게는 자손에게, 가까이는 자신에게 온다.'

○梓童帝君(재동제군)−도교(道教)에서 높이는 신의 이름. ○垂訓(수훈)−내린 가르침. ○妙藥(묘약)−신묘한 약. 영약. ○難醫(난의)−고치기 어렵다. ○冤債病(원채병)−원한이 맺어져서 난 병. ○橫財(횡재)−뜻밖에 생긴 재물. ○不富(불부)−부자로 만들어 주지 못한다.

───────────
50) 梓(가래나무 재), 垂(드리울 수), 訓(가르칠 훈), 妙(묘할 묘), 藥(약 약), 醫(의원 의), 寃=冤(원통할 원), 窮(다할 궁), 怨(원망할 원), 嗔(성낼 진).

o命窮人(명궁인)－명이 막힌 사람, 가난뱅이로 운명지어진 사람.
o生事事生(생사사생)－일을 저질러서 사단이 나다. o莫怨(막원)－
원망하지 마라. o害人人害(해인인해)－내가 먼저 남을 해침으로써
남도 나를 해친다. o休嗔(휴진)－성내지 마라. o皆有報(개유보)－
모두 갚음이 있다. 인과응보(因果應報)가 있다는 뜻. o遠在(원재)－
멀리는 (갚음이 자손에게) 나타나고 o近在(근재)－가까이는 (내 몸
에) 나타난다.

(참고) 불교에서 인과응보(因果應報)를 강조한다. 과거의 선악의 인연에
따라서 뒷날에 길흉화복의 갚음을 받게 된다는 뜻이다. 그러므로 한
평생 남에게 자비를 베풀어야 한다. 그러면 내 자신이나 혹은 후손에
게까지 길복(吉福)의 보답을 받게 된다. 반대로 남에게 원한을 맺게
하거나 악덕한 짓을 하면 후손에게까지 재앙이 미칠 것이다. 《좌전
(左傳)》에 다음과 같은 말이 있다. '재화나 길복은 문이 따로 없다.
오직 사람이 부르는 대로 온다(禍福無門 唯人所召).'

────(11-52)────

花落花開開又落 錦衣布衣更換着,
豪家未必常富貴 貧家未必長寂寞,
扶人未必上靑霄 推人未必塡溝壑,
勸君凡事莫怨天 天意於人無厚薄.51)

───────────

51) 錦(비단 금), 換(바꿀 환), 豪(호걸 호), 寞(쓸쓸할 막), 扶(도울 부), 霄
(하늘 소), 塡(메울 전), 溝(도랑 구), 壑(골 학), 勸(권할 권), 薄(엷
을 박).

화락화개개우락(하고) 금의포의갱환착(이라),
호가미필상부귀(요) 빈가미필장적막(이라),
부인미필상청소(요) 추인미필전구학(이라),
권군범사막원천(하라) 천의어인무후박(이니라).

꽃은 졌다가 다시 피고 피었다가 다시 지며 비단옷도 베옷으로 다시 바꿔 입게 마련이다. 부자라고 항상 부귀를 누릴 수 있는 것이 아니며 가난한 집이라고 언제까지나 적막한 것도 아니다. 사람을 부축해서 푸른 하늘에 올려놓을 수도 없고 사람을 밀어뜨려 깊은 골짜기를 메울 수도 없다. 그대에게 권하노니 만사에 있어 하늘을 원망하지 마라. 하늘의 뜻은 고르며 모든 사람에게 후하고 박함이 없다.

> ○開又落(개우락)—피고 또 지다. ○錦衣(금의)—비단옷. ○布衣(포의)—무명옷, 베옷. ○更換着(갱환착)—다시 바꿔 입다. ○豪家(호가)—부잣집. 호화 주택. ○未必(미필)—반드시 ……하지 않다. ○常富貴(상부귀)—항상 부귀를 누리는 (것이 아니다). ○貧家(빈가)—가난한 집안. ○長(장)—영원히. ○寂寞(적막)—적적하고 막막함. ○扶人(부인)—사람을 부축하여 올려 세우다. ○靑霄(청소)—푸른 하늘. ○塡溝壑(전구학)—구덩이를 메운다. 도랑 구(溝)를 언덕 구(邱)로 쓴 판본도 있다. ○勸君(권군)—그대에게 권하다. ○凡事(범사)—모든 일. 만사. ○莫怨天(막원천)—하늘을 원망하지 마라. ○天意(천의)—하늘의 뜻. ○於人(어인)—사람에 대해. ○無厚薄(무후박)—후하거나 박함이 없다.

(참고) 인간 세상에는 흥망성쇠가 있다. 부귀를 누리다가 몰락할 수도 있고 빈천한 사람이 부귀를 누릴 수도 있다. 지금 내가 불우하다고 하

늘을 원망하면 안된다. 하늘은 공평무사하다. 착한 사람에게는 복을
주고 악한 사람에게는 벌을 준다. 그것이 하늘의 뜻이기도 하다. 공평
하고 정대한 하늘을 믿고 착하게 살면 복을 받는다. 단 난세에는 악한
사람이 날뛰고 잘산다. 그것은 정상이 아니고 오래 가지 않는다. 난세
를 기준으로 하여 악덕한 길을 가면 안된다.

11-53

堪歎人心毒似蛇 誰知天眼轉如車,
去年妄取東隣物 今日還歸北舍家,
無義錢財湯潑雪 儻來田地水推沙,
若將狡譎爲生計 恰似朝開暮落花.[52]

감탄인심독사사(라) 수지천안전여거(요),
거년망취동린물(터니) 금일환귀북사가(라),
무의전재탕발설(이요) 당래전지수추사(라),
약장교휼위생계(면) 흡사조개모낙화(라).

심히 한탄할 노릇이다. 뱀같이 독한 마음을 지니고 있지만,
하늘의 눈이 수레처럼 돌면서 감시하고 있음을 아무도 모르
노라. 지난해에 동쪽 이웃에서 허튼 수작으로 재물을 취했으
나 오늘에는 북쪽 집사람에게 다시 되돌려 주게 되었구나.

---

52) 堪(견딜 감), 歎(한탄할 탄), 似(같을 사), 蛇(뱀 사), 轉(구를 전), 妄(허
망할 망), 湯(끓을 탕), 潑(뿌릴 발), 儻(갑자기 당), 狡(교활할 교), 譎
(속일 휼).

불의로 얻은 재물은 마치 끓는 물에 뿌려진 눈과 같고 뜻밖에 생긴 전답이나 땅은 물에 밀려온 모래와 같다. 만약 교활한 속임수를 가지고 생계로 삼는다면 흡사 아침에 피었다가 저녁에 지는 꽃과 같도다.

○堪歎(감탄)—능히 한탄할 만하다. 한탄스럽다. ○人心毒(인심독)—사람의 마음이 독하다. ○似蛇(사사)—흡사 뱀처럼. ○誰知(수지)—누가 알랴? ○天眼轉(천안전)—하늘의 눈이 돈다. 즉 항상 사방을 둘러본다는 뜻. ○如車(여거)—수레바퀴처럼. ○妄取(망취)—함부로 취하다. 나쁜 수단으로 취득하다. ○東隣物(동린물)—동쪽 이웃집의 재물. ○還歸(환귀)—다시 되돌려 주다. ○無義錢財(무의전재)—불의로써 얻은 돈이나 재물. ○湯潑雪(탕발설)—끓는 물에 뿌려진 눈[雪]. ○儻來(당래)—갑자기 얻은. ○水推沙(수추사)—물에 밀린 모래. ○若將狡譎(약장교휼)—만약 교활한 속임수로써. ○爲生計(위생계)—생계를 삼다. ○恰似(흡사)—거의 같음. 비슷함. ○朝開暮落花(조개모낙화)—아침에 피었다가 저녁에 지는 꽃.

(참고) 사람은 마음을 악하게 쓰고 악독한 짓을 하면 안된다. 언제나 어디에서나 하늘의 눈이 두루 감시하고 있음을 알아야 한다. 악덕과 불의로써 얻은 재물은 허무하게 없어지게 마련이다. 남을 속이고 교활한 수단으로 재물을 사취하는 사람은 천벌을 받을 것이다. 더욱이 인간의 삶의 가치는 역사나 문화 발전에 동참하고 자기 나름대로의 기여를 함에 있다. 사람의 생존과 생활은 더없이 존엄하다. 절대로 하루살이 인생이 되어서는 아니된다. 이 글에서 '하늘의 눈이 수레처럼 돌면서 감시하고 있다(天眼轉如車).'고 했다. 하늘은 보고 듣고 감시한다. 이때의 하늘은 절대선(絶對善)인 인격신(人格神)의 뜻도 있으나, '모든 백성'이란 뜻도 있다. 하늘은 백성을 통해서 선악을 가린다.

11-54

無藥可醫卿相壽 有錢難買子孫賢.53)

무약가의경상수(요) 유전난매자손현(이니라).

어떠한 약으로도 경상의 수명을 연장할 수 없고, 돈이 있
어도 자손의 현명함은 사기 어렵다.

　o無藥可醫(무약가의)-고칠 수 있는 약이 없다. o卿相壽(경상수)-
재상의 수명. o難買(난매)-사기 어렵다.

(참고) 높은 벼슬에 오른 경상도 약으로 수명을 늘게 할 수 없고 또 돈
으로 자손들을 현명하게 만들 수 없다.

11-55

一日清閑 一日仙.54)

일일청한(이면) 일일선(이라)

하루라도 마음을 맑고 한가하게 가지면, 그날만큼은 신선
이라 하겠다.

　o清閑(청한)-맑고 한가하게 산다면. o仙(선)-신선.

(참고) 탁하고 더러운 욕심을 바탕으로 서로 다투는 이승이 바로 지옥이

---

53) 醫(의원 의), 卿(벼슬 경), 壽(목숨 수), 難(어려울 난), 賢(어질 현).
54) 清(맑을 청), 閑(한가할 한), 仙(신선 선).

다. 그러므로 단 하루라도 맑고 한가한 마음을 갖는다면 그날만큼은 신선이 된 거나 다를 바가 없다.

여기서 우리는 깊이 생각해야 한다. 오늘의 세계 인류는 심각한 위기에 빠져 있다. 그 근본 원인은 개인이나 국가가 혹심한 탐욕을 채우기 위해 무자비하게 무력을 휘두르고 있기 때문이다. 이러한 풍조는 서양의 외형적 물질문화 및 무력주의만을 높이고 동양의 내면적 정신문화 및 윤리 도덕을 망각하거나 소홀히 하는 데서 비롯된 것이다.

인간은 물질이나 무력의 노예가 될 수 없다. 어디까지나 숭고한 정신을 바탕으로 하고 물질이나 무력을 활용해야 한다. 그러나 특히 2차 세계대전을 전후해서 오늘의 인류는 무력과 재물 일변도로 기울고 인간의 정신가치나 윤리 도덕을 거의 완전히 망각하고 있다. 이래서는 안된다. 동양의 숭고한 내면적 정신문화를 되살리고 선양하여 위기에 처한 인류를 구제해야 한다.

서양의 과학 기술을 배우고 외형적 물질생활을 풍부하게 또 편리하게 발전시키는 일은 절대로 필요하다. 그러나 기계나 물질에 의해서 인간의 숭고한 정신을 상실하거나 또 윤리 도덕을 망각하면 안된다. 과학 기술이 발전하면 할수록 정신 및 윤리 도덕도 높아져야 한다.

그러기 위해서는 먼저 개개인이 극기복례(克己復禮)해야 한다. 즉 동물적·이기적 탐욕을 극복하고 천도천리(天道天理)에 돌아가야 한다.

소아(小我)가 아닌 대아(大我)의 삶을 살아야 한다. 나 혹은 자기 나라만을 생각하지 말고 전체 인류의 역사와 문화 발전을 위해 선가치적(善價値的)으로 이바지하는 삶을 살아야 한다.

제12편 성심편(省心篇) 하(下)

제12편에는 총 35항의 구절이 있다. 그러나 한 항목이 긴 구절로 된 것이 많고 또 같은 항목 안에서도 여러 가지 내용의 교훈과 계명이 섞여 있으므로 전체의 특성을 몇 마디로 요약하기 어렵다. 중요한 가르침을 다음과 같이 요약할 수 있다.

남에게 인덕(仁德)을 베풀면 자손들까지 번성하고 반대로 남에게 해를 끼치면 후손들도 화를 입는다. 착하고 슬기로운 사람을 사랑하고 가까이하면서 배우면 평생을 안락하게 살 수 있다. 남을 모함하거나 남의 참언을 퍼뜨리지 말고 동시에 남에게 간교한 술책을 농하지 마라.

신종황제가 세자에게 내린 여러 가지 가르침은 이러했다. '정당하지 못한 재물을 취하지 마라. 과도한 음주를 삼가라. 이웃을 가려서 거처를 잡고 또 벗을 가려서 사귀어라. 투기심을 일으키지 말고 남을 모함하는 참언을 하지 마라. 가난한 일가 친척을 잘 돌봐주어라. 부자에게 과도하게 아첨하지 마라. 욕심을 억제하고 근검절약하고 겸손과 화목으로 모든 사람을 대하고 사랑하라. 항상 과거의 잘못을 뉘우치고 앞으로는 허물없기를 염원하라. 그렇게 하면 국가를 오래 잘 다스릴 수가 있을 것이다.'

복된 인연과 좋은 경사는 많은 선행을 행한 다음에 얻어지는 것이다. 세속을 초월하고 성인의 경지에 들어가기 위해서는 진실하게 살아야 한다. 다음 구절도 유명하다. '그 임금을 알려면 먼저 그 신하를 보고, 그의 사람됨을 알려면 먼저 그의 벗을 보고, 그 아비를 알려면 먼저 그 아들을 보라. 임금이 어질면 그 신하도 충성되고 아비가 인자하면 그 아들도 효도한다.'

12-1-1

眞宗皇帝御製曰,
知危識險 終無羅網之門,
擧善薦賢 自有安身之路.[1]

진종황제어제(에) 왈,
지위식험(이면) 종무나망지문(이요),
거선천현(이면) 자유안신지로(라).

　진종황제가 글에서 말했다. '미리 위험할 것을 알고 (조심하면) 평생토록 법망에 걸리는 일이 없다. 착하고 어진 사람을 천거해 쓰면 자연히 (임금이나 백성이) 편하게 사는 길이 있게 마련이다.'

　　o眞宗皇帝(진종황제)－북송(北宋)의 제3대 황제. o御製(어제)－임금이 지은 시문(詩文). o知危識險(지위식험)－위태로움을 알고 험난을 인식하다. 위험할 것을 미리 알다. o終(종)－평생토록. o羅網(나망)－그물. 법망(法網). o無羅網之門(무나망지문)－죄를 범하고 법망에 걸려 옥문(獄門)을 드나들 일이 없다. o擧善薦賢(거선천현)－선인(善人)을 등용하고 현사(賢士)를 천거함. o自有(자유)－스스로 있게 마련이다. o安身(안신)－몸이 안락할 수 있는 길.

(참고) 위험하다는 것을 미리 알고 조심하면 평생 법망에 걸리지 않을 것이다. 선정(善政)은 선량한 사람을 등용하는 것이다.

---

1) 識(알 식), 羅(새그물 라), 網(그물 망), 擧(들 거), 薦(천거할 천).

──────(12-1-2)──────

施仁布德 乃世代之榮昌,
懷妬報寃 與子孫之爲患,
損人利己 終無顯達雲仍,
害衆成家 豈有長久富貴.[2]

시인포덕(은) 내세대지영창(이요),
회투보원(은) 여자손지위환(이라),
손인이기(면) 종무현달운잉(이요),
해중성가(면) 기유장구부귀(리오).

인애를 베풀고 인덕을 펴면 집안이 대대로 영화롭고 번창
할 것이다. 시기하는 마음을 품고 한풀이를 하면 자손들까지
근심을 하게 된다. 남에게 손해를 끼치고 나를 이롭게 하면
끝내는 자손들이 현달하지 못하게 된다. 여러 사람을 해치고
나의 집안을 일으킨들 그 부귀가 오래 가겠는가?

ㅇ施仁布德(시인포덕)－남에게 인애(仁愛)를 베풀고 인덕(仁德)을
펴다. ㅇ乃(내)－즉, 곧. ㅇ世代之榮昌(세대지영창)－집안이 세세대대
로 번영하고 번창함. ㅇ懷妬報寃(회투보원)－투기심을 품거나 원한
풀이를 함. ㅇ與子孫之爲患(여자손지위환)－자손에게 걱정거리를 주
다. ㅇ損人利己(손인이기)－남에게 손해를 끼치고 내가 이득을 봄.
ㅇ無顯達雲仍(무현달운잉)－높이 나타나고 성공하는 자손이 없게 된
다. '운잉(雲仍)'은 자손. ㅇ害衆成家(해중성가)－많은 사람에게 해를

──────────

2) 懷(품을 회), 妬(투기할 투), 寃(원통할 원), 顯(나타날 현), 達(통달할 달).

끼치고 나의 집안을 일으키다. ㅇ豈有長久富貴(기유장구부귀) —어찌
그러한 부귀가 오래 가겠느냐?

───(12-1-3)───────────────────────

改名異體 皆因巧語而生,
禍起傷身 皆是不仁之召.[3)]

　　개명이체(는) 개인교어이생(이요)
　　화기상신(은) 개시불인지소(니라)

　이름을 바꾸고 변장을 하는 까닭은 애당초 간교한 말로
남을 속였기 때문이다. 재앙이 일어나고 몸까지 상하게 됨은
모두가 어질지 못함으로써 자초한 일이다.

　　ㅇ改名異體(개명이체) —이름을 고치고 몸의 모양을 다르게 함. 즉 자
　　신의 정체(正體)를 가리거나 혹은 변장을 함. ㅇ因(인) —원인이 있다.
　　ㅇ巧語(교어) —간교한 말로 남을 속임. ㅇ禍起(화기) —재앙이 일어나
　　다. ㅇ傷身(상신) —몸을 상하게 한다. ㅇ皆是(개시) —모두가 ……이
　　다. ㅇ不仁之召(불인지소) —어질지 않음으로써 자초한 것이다.

참고 부모가 선(善)을 행하면 자자손손 그 집안이 흥성하고, 반대로
　　악(惡)을 행하면 자손들까지 해를 받고 사회적으로도 출세하지 못하
　　게 된다. 남을 속이기 시작하면 나중에는 자신의 정체를 감추고 숨어
　　살아야 한다. 한편 남에게 어질지 못하고 악독하게 하면 종국에는 재
　　앙에 휩싸이고, 심하면 자기 몸마저 해치게 될 것이다.

──────────────────

3) 體(몸 체), 禍(재화 화), 起(일어날 기), 傷(상처 상), 召(부를 소).

12-2-1

神宗皇帝御製曰,
遠非道之財 戒過度之酒,
居必擇隣 交必擇友,
嫉妬勿起於心 讒言勿宣於口.4)

신종황제어제(에) 왈,
원비도지재(하고) 계과도지주(하라),
거필택린(하고) 교필택우(하라),
질투물기어심(하고) 참언물선어구(하라).

신종황제가 글에서 말했다. '도에 어긋난 재물을 멀리하고 과도한 음주를 삼가라. 반드시 이웃을 가려서 거처를 정하고 친구를 가려서 사귀어라. 마음속에 투기심을 갖지 말고 입밖으로 중상하는 참언을 퍼뜨리지 마라.'

○神宗皇帝(신종황제)-북송(北宋)의 제6대 임금. ○非道之財(비도지재)-도(道)에 어긋난 재물. ○過度之酒(과도지주)-과도한 음주. ○居必擇隣(거필택린)-거처를 정할 때에는 반드시 이웃을 살피고 가려라. ○交必擇友(교필택우)-반드시 벗을 가려서 사귀어라. ○嫉妬(질투)-남을 미워하고 시기함. ○勿起於心(물기어심)-마음속에 일지 않게 하라. ○讒言(참언)-무고하게 남을 중상하는 말. ○勿宣(물선)-퍼뜨리고 선전하지 마라.

---

4) 戒(경계할 계), 擇(가릴 택), 妬(강새암할 투), 讒(참소할 참), 宣(베풀 선).

骨肉貧者莫疎 他人富者莫厚,
克己以勤儉爲先 愛衆以謙和爲首.5)

골육빈자(를) 막소(하고) 타인부자(를) 막후(하라),
극기(는) 이근검위선(하고) 애중(은) 이겸화위수(하라).

동기간의 가난한 사람을 홀대하지 말고 남이 부자라도 도에 넘게 후대하지 마라. 자신을 이김에 있어서는 근면과 절약을 앞세우고 대중을 사랑함에 있어서는 겸손과 화목을 으뜸으로 삼아라.

○骨肉(골육)－뼈와 살을 함께 나눈 육친. ○莫疎(막소)－소홀히 하지 마라. ○莫厚(막후)－과도하게 두둔하거나 아첨하지 마라. ○克己(극기)－자기 자신을 극복함. 과도한 욕심이나 감정을 억제함. ○勤儉(근검)－근면과 절약. ○愛衆(애중)－모든 사람을 사랑함. ○謙和(겸화)－겸손과 온화한 태도 ○爲首(위수)－으뜸으로 삼다.

常思已往之非 每念未來之咎,
若依朕之斯言 治國家而可久.6)

상사이왕지비(하고) 매념미래지구(하라),

5) 克(이길 극), 勤(부지런할 근), 儉(검소할 검), 衆(무리 중), 謙(겸손할 겸).
6) 念(생각할 념), 咎(허물 구), 依(의지할 의), 朕(나 짐), 久(오랠 구).

약의짐지사언(이면) 치국가이가구(니라).

항상 과거의 잘못을 생각하고 언제나 앞으로의 허물을 염
려하라. 만약 짐이 한 말을 잘 따르면 국가를 오래 잘 다스
리게 된다.

> ○已往之非(이왕지비)—과거가 된 잘못. ○每念(매념)—매번 생각하
> 고 반성함. ○未來之咎(미래지구)—앞으로 있을 허물. ○依(의)—의
> 지하다. 따르다. ○朕(짐)—천자나 임금 자신이 자기를 낮춰 부르는
> 말. ○斯言(사언)—이상에서 한 말. ○可久(가구)—오래 갈 수 있다.

(참고) 신종황제의 가르침은 여러 가지에 걸쳤다. 사악한 재물은 멀리
하라. 과도하게 술을 마시지 마라. 환경을 가려서 거처를 정하고 친구
도 가려서 사귀어야 한다. 질투심을 스스로 억제하고 남에 대한 참언
을 입밖에 내지 마라.

일가 친척 간에 화목해야 한다. 특히 일가 중에 가난한 사람이 있
으면 나서서 도와주어야 한다. 가난한 자기 일가 친척을 소외하고 다
른 부자에게 아첨하고 아부하는 추악한 짓을 하지 마라.

탐욕을 억제하고 사치 낭비하면 안된다. 허망한 욕심을 극복하고
근검 절약해야 한다. 남들을 넓게 사랑하고 정성으로 도와주어야 한
다. 남에게 사랑을 베풀되 겸양과 화목한 자세를 지녀야 한다. 진정한
사랑을 베푸는 사람은 남에게 거만하지 않다.

항상 과거의 잘못을 뉘우치고 앞으로 다시는 허물없기를 염원하라.
그렇게 하면 국가를 오래 잘 다스릴 수 있을 것이다. 세자에게 가르친
말일 것이다. 그러나 일반 사람들에게도 좋은 교훈이 될 것이다.

──(12-3-1)──

高宗皇帝御製曰,
一星之火 能燒萬頃之薪
半句非言 誤損平生之德.7)

> 고종황제어제(에) 왈,
> 일성지화(도) 능소만경지신(하고)
> 반구비언(도) 오손평생지덕(이라).

　고종황제가 글에서 말했다. '한 점의 불씨가 능히 만 경 들판의 숲을 태울 수 있고, 반 마디의 그릇된 말이 평생의 덕을 손상시킬 수 있다.'

> ○高宗皇帝(고종황제)-남송(南宋)의 제1대 임금. ○一星之火(일성지화)-한 점의 작은 불씨. ○能燒(능소)-능히 태울 수 있다. ○萬頃之薪(만경지신)-만 경의 넓은 들의 숲, 혹은 나무. ○半句非言(반구비언)-반 마디의 그릇된 말. ○誤損(오손)-그르치고 손상되게 하다.

──(12-3-2)──

身被一縷 常思織女之勞
日食三飧 每念農夫之苦.8)

---

7) 星(별 성), 燒(사를 소), 頃(넓이 단위 경), 薪(섶나무 신), 誤(그릇할 오).
8) 被(이불 피), 縷(실 루), 織(짤 직), 飧(저녁밥 손), 農(농사 농).

신피일루(나) 상사직녀지로(하고)
일식삼손(이나) 매념농부지고(하라).

몸에 한 올의 누더기를 걸쳐도 항상 피륙을 짜는 여인의
수고로움을 생각하고, 하루 세 끼의 밥을 먹을 때마다 농부
들의 노고를 생각하라.

ㅇ身被(신피)-몸에 걸치다. ㅇ一縷(일루)-한 오라기의 실, 한 올의
누더기. ㅇ織女之勞(직녀지로)-베를 짜는 여인의 수고로움. ㅇ日食
三飧(일식삼손)-하루에 세 끼의 밥을 먹다. ㅇ每念(매념)-매번 생
각하다. ㅇ農夫之苦(농부지고)-농부의 고생.

───(12-3-3)───

苟貪妬損 終無十載安康,
積善存仁 必有榮華後裔,
福緣善慶 多因積行而生,
入聖超凡 盡是眞實而得.9)

구탐투손(은) 종무십재안강(하고),
적선존인(은) 필유영화후예(니라),
복연선경(은) 다인적행이생(이요),
입성초범(은) 진시진실이득(이니라).

가령 탐욕과 투기심으로 남에게 손해를 끼쳤다면 끝내 십

───────────

9) 載(해 재), 裔(후손 예), 緣(가선 연), 慶(경사 경), 超(넘을 초).

년간을 두고 평온하고 안락하지 못할 것이다. 남에게 덕을
쌓고 인애를 베풀면 반드시 후손에게도 영화가 미칠 것이다.
복된 인연과 좋은 경사는 많은 선행을 쌓은 다음에 얻어지
는 것이다. 범속을 초월하고 성인의 경지에 들어감은 오직
진실된 삶으로 얻어진다.

> ○苟貪妬損(구탐투손)—만약 탐욕스런 생각과 투기하는 마음으로 남
> 에게 손해를 끼친다면. ○終(종)—끝내는, 그 결과는. ○十載(십재)—
> 10년을 두고 ○安康(안강)—평안과 강녕. ○積善存仁(적선존인)—선
> 행을 쌓고 어진 마음을 지니고 인덕(仁德)을 베풀다. ○榮華後裔(영
> 화후예)—후손들도 영화롭게 된다. ○福緣善慶(복연선경)—복된 인연
> 을 맺고 좋은 경사가 있음. ○因(인)—인하다, 연유하다. ○積行而生
> (적행이생)—착한 행실을 쌓아서 나타난 것이다. ○入聖超凡(입성초
> 범)—평범한 경지를 초월하여 성인(聖人)의 경지에 들어감. ○盡是
> (진시)—다, 오직. ○眞實而得(진실이득)—진실함으로 얻어진다.

(참고) 한 점의 작은 불씨가 크게 번져 만 경(頃) 평야를 모두 태우듯이,
잘못한 말 한마디가 평생의 덕을 손상되게 하거나 혹은 뜻하지 않은
재화를 초래케 할 수 있다. 사람은 감사할 줄 알아야 한다. 우리가 먹
고 입고 사용하는 모든 음식이나 기물들이 다 다른 사람들의 신성한
노동으로 생산된 것들이다. 감사하는 마음으로 물자를 절약해야 한다.
필요 이상으로 낭비하면 가정적으로나 국가적으로 파탄나게 된다. 남
을 투기하고 내 욕심을 채우기 위하여 남에게 손해를 끼치면 결국은
나 자신의 마음이 편치 않고 양심의 가책을 받게 되거니와 또한 남으
로부터 나쁜 앙갚음을 받게 된다. 인애(仁愛)로운 마음을 지니고 남
에게 덕(德)을 베풀면 후손들도 번창하고 부귀영화를 누리게 될 것이

다. 적선하면 복된 인연이 맺어지고 경사가 많이 나타날 것이다. 진실하면 성인(聖人)이 될 수 있다.

───(12-4)───

王良曰,
欲知其君 先視其臣,
欲知其人 先視其友,
欲知其父 先視其子,
君聖臣忠 父慈子孝.10)

왕량(이) 왈,
욕지기군(커던) 선시기신(하고),
욕지기인(커던) 선시기우(하고),
욕지기부(커던) 선시기자(하라),
군성신충(하고) 부자자효(니라).

왕량이 말했다. '그 임금을 알려면 먼저 그 신하를 보고, 그의 사람됨을 알려면 먼저 그의 벗을 보고, 그 아비를 알려면 먼저 그 아들을 보라. 임금이 거룩하면 그 신하도 충성되고, 아비가 인자하면 그 아들도 효도한다.'

ㅇ王良(왕량)－춘추(春秋)시대 진(晉)나라 사람. ㅇ欲知(욕지)－알고 싶다. ㅇ先視(선시)－먼저 보라. ㅇ君聖(군성)－임금이 현명하고 거룩

───────────

10) 視(볼 시), 聖(성스러울 성), 忠(충성 충), 慈(사랑할 자).

하면. ○臣忠(신충)−신하가 충성함. ○父慈(부자)−아비가 인자하면.
○子孝(자효)−자식이 효도한다.

(참고) 나라를 다스리는 임금이, 밝고 성스러우면 자연히 현명하고 충성
된 신하들을 뽑아서 등용한다. 반대로 임금이 우둔하고 포악하면 간
악한 신하들이 득세할 것이며 따라서 나라가 문란해질 것이다. 그와
마찬가지로 가정에서 아버지가 인자하고 성실하면, 그 자식도 효도하
고 착할 것이다. 붕우를 사귐에 있어서도 나쁜 사람은 나쁜 벗과 어울
리고 좋은 사람은 좋은 벗과 어울리게 마련이다.

───── 12-5 ─────────────────────────────

家語云,
水至淸則無魚
人至察則無徒.11)

　　가어(에) 운,
　　수지청즉무어(하고)
　　인지찰즉무도(니라).

　　《공자가어》에 있다. '물이 지극히 맑으면 고기가 없고 사
람이 지극히 살피면 친구가 없다.'

　　　○家語(가어)−《공자가어(孔子家語)》. 공자의 언행을 적은 책. ○至
(지)−지극히, 심하게. ○察(찰)−살피다. ○徒(도)−친구, 벗.

────────────────────

11) 至(이를 지, 지극히), 則(곧 즉), 魚(고기 어), 察(살필 찰), 徒(무리 도).

참고 완전무결(完全無缺)한 사람은 없다. 서로 이해하고 관용하는 너그러움이 있어야 서로 어울리고 벗할 수 있다. 설사 잘못해도 관대하게 용서해야 서로 어울릴 수 있다. 나의 좁은 식견이나 편견을 기준으로 남을 탓하고 비난하면 원만한 인간관계를 유지할 수 없다.

──── 12-6 ────

許敬宗曰,
春雨如膏 行人惡其泥濘
秋月揚輝 盜者憎其照鑑.12)

> 허경종(이) 왈,
> 춘우여고(나) 행인(은) 오기이녕(하고)
> 추월양휘(나) 도자(는) 증기조감(이니라).

허경종이 말했다. '봄비가 땅을 기름지게 하지만 행인들은 그 진창을 싫어하고, 가을달이 휘영청 밝지만 도적은 그 밝음을 증오한다.'

> ○許敬宗(허경종)─당(唐)대의 정치가. ○膏(고)─땅을 기름지게 함. ○泥濘(이녕)─진창. ○揚輝(양휘)─가을달이 높이 떠서 밝다. ○照鑑(조감)─밝게 보인다.

참고 모든 사람은 우주의 영원한 시간과 무한한 공간 속에 살고 있는

────────────

12) 膏(살찔 고), 惡(싫어할 오), 泥(진흙 니), 濘(진창 녕), 揚(오를 양), 輝(빛날 휘), 盜(훔칠 도), 憎(미워할 증), 照(비출 조), 鑑(거울 감).

극히 미미한 존재다. 그러므로 내가 우주와 하나가 되어야 한다. 그래야 소아(小我)가 아닌 대아(大我)의 삶을 살 수 있다. 한편 모든 사람은 저마다 우주의 중심적 존재로 가장 귀중한 존재다. 그러므로 사람은 저마다 자기를 중심으로 하여 자연을 보고 해석하기도 한다. 단 좁은 편견으로 전체를 보거나 비판하면 안된다.

12-7

景行錄云,
大丈夫 見善明 故重名節於泰山
用心精 故輕生死於鴻毛.[13)]

경행록(에) 운,
대장부(는) 견선명, 고(로) 중명절어태산(하고)
용심정, 고(로) 경생사어홍모(니라).

《경행록》에서 말했다. '대장부는 밝게 선을 보니까 명분과 절개를 태산보다 중하게 여기고, 마음을 정성되게 하니까 생사를 새털보다 가볍게 여긴다.'

o景行錄(경행록)-1-7 참조. o見善明(견선명)-선을 밝게 보다. o重名節(중명절)-명분과 절개를 중히 여기다. o於(어)-……보다도 o泰山(태산)-중국에 있는 명산(名山). o用心精(용심정)-마음 씀이 정성되다. 정(精)은 정밀(精密), 정일(精一), 정순(精純). o輕死生(경사생)-생사를 가볍게 여김. o鴻毛(홍모)-기러기의 털. 가벼

---

13) 節(절개 절), 泰(클 태), 精(정밀할 정), 輕(가벼울 경), 鴻(큰기러기 홍).

운 것.

(참고) 선(善)은 천도를 따르고 행함이다. 선을 밝게 봄은 결국 천도를 깨닫고 행함이다. 천도와 천리를 따르고 지키려는 마음이 곧 정성된 마음이다. 마음이 하늘과 하나가 되면 육신의 생사(生死)를 초월할 수 있다.

12-8

悶人之凶 樂人之善,
濟人之急 救人之危.[14]

민인지흉(하고) 낙인지선(하라),
제인지급(하고) 구인지위(하라).

남의 불행을 민망히 여기고 남이 잘됨을 함께 기뻐하라. 남이 긴박할 때에는 도와주고 남이 위태로울 때에는 구해주어라.

  ㅇ悶(민)-민망히 여기다. 동정하고 걱정하다. ㅇ凶(흉)-언짢은 일. ㅇ濟(제)-도와주다. ㅇ急(급)-다급하게 몰리다. 위급(危急). ㅇ救(구)-구해주다. ㅇ危(위)-위험, 위난(危難).

(참고) 동고동락(同苦同樂)해야 한다. 남의 불행을 민망히 여기고 구제해 주고 남의 잘됨을 함께 기뻐하고 축하해 주어야 한다. 그것이 함께 어울려 사는 인정이며 예의이다.

---

14) 悶(민망할 민), 凶(흉할 흉), 濟(구제할 제), 救(건질 구).

━━━━━(12-9)━━━━━━━━━━━━━━━━━━━━━━

經目之事 恐皆未眞
背後之言 豈足深信.15)

경목지사(도) 공개미진(이어늘)
배후지언(을) 기족심신(이리오).

눈으로 본 일도 다 진실이 아닐까 두려운데 뒤로 하는 말
을 어찌 깊이 믿을 수 있나?

o經目(경목)-직접 눈으로 보다. o恐(공)-두렵다. o未眞(미진)-
진실되지 않다. o背後之言(배후지언)-등 뒤에서 하는 말. o豈足深
信(기족심신)-어찌 깊이 믿을 만하냐?

(참고) 타락한 속세에서 실지로 있었던 일이라도 도리에서 벗어난 일은
진리에 맞는 일이 아니다. 하물며 등 뒤에서 애매하게 하는 말은 더욱
그 진실성이 의심스럽다.

━━━━━(12-10)━━━━━━━━━━━━━━━━━━━━━

不恨自家汲繩短
只恨他家古井深.16)

불한자가급승단(하고)

───────────────────

15) 經(지날 경), 恐(두려울 공), 眞(참 진), 背(등 배), 豈(어찌 기).
16) 恨(한할 한), 汲(길을 급), 繩(줄 승), 短(짧을 단).

지한타가고정심(이라).

우리집 두레박 줄 짧음을 탓하지 않고 남의 집 옛 우물이
깊다고 투정을 한다.

　　ㅇ恨(한) － 한탄하다.　ㅇ汲繩短(급승단) － 두레박 줄이 짧다.　ㅇ只
(지) － 오직, 다만.　ㅇ古井深(고정심) － 오래된 우물이 깊다.

　(참고) 사람들은 흔히 일이 잘못되면 남의 탓으로 돌린다. 스스로의 잘
못을 반성해야 한다.

──────（ 12-11 ）──────────────────────

贓濫滿天下 罪拘薄福人.[17]

　　장람(이) 만천하(하되) 죄구박복인(이니라).

뇌물을 받고 부정을 저지른 사람이 천하에 가득하지만 죄
에 걸려 구속되는 사람은 다만 박복한 사람뿐이다.

　　ㅇ贓濫(장람) － 뇌물을 받고 부정을 저지르다.　ㅇ滿(만) － 가득하다.
　　ㅇ罪拘(죄구) － 죄로 구속됨.　ㅇ薄福人(박복인) － 박복한 사람.

　(참고) 도의가 땅에 떨어진 타락 사회의 일면을 잘 나타낸 말이다.

────────────────

17) 贓(장물 장), 濫(퍼질 람), 罪(허물 죄), 拘(잡을 구), 薄(엷을 박).

12-12

天若改常 不風卽雨
人若改常 不病卽死.18)

천약개상(이면) 불풍즉우(요)
인약개상(이면) 불병즉사(니라).

하늘이 만약 평상과 다르게 되면 폭풍이 불지 않으면 폭
우가 쏟아진다. 사람은 상도를 이탈하면 병들지 않으면 죽
는다.

○若(약)-만약. ○改常(개상)-평상과 다르게 됨, 상도(常道)를 어기
다. ○不(불)……卽(즉)…… - ……하지 않으면 즉 ……한다.

참고 하늘이 노하면 거센 폭풍우를 내린다. 특히 인간들이 잘못하면
하늘이 천벌을 내린다고 믿었다. 사람들이 따르고 지킬 상도(常道)는
하늘의 도리를 바탕으로 하고 있다. 그러므로 하늘이 평상과 다르게
폭풍우를 내린다 함은 인간들이 천도를 어기고 하늘의 노여움을 샀음
을 뜻한다.

---

18) 改(고칠 개), 常(항상 상), 卽(곧 즉), 病(병 병), 死(죽을 사).

─────(12-13)─────

壯元詩云,
國正天心順 官淸民自安,
妻賢夫禍少 子孝父心寬.[19]

> 장원시운,
> 국정(이면) 천심순(하고) 관청(이면) 민자안(하고)
> 처현(이면) 부화소(하고) 자효(면) 부심관(이라).

장원시에 다음 같은 구절이 있다. '나라가 바르면 하늘의 마음도 따르고, 관청이 맑으면 백성들이 스스로 안락하며, 아내가 현명하면 남편에게 화가 적고, 아들이 효도하면 아비의 마음이 너그럽게 된다.'

> ○壯元詩(장원시)—과거에서 장원으로 뽑힌 사람의 시. ○國正(국정)—나라의 정치가 바르다. ○天心順(천심순)—하늘의 마음이 부드럽게 된다. 천심(天心)은 민심(民心)이다. ○官淸(관청)—벼슬아치나 관청이 청렴결백(淸廉潔白)함. ○夫禍少(부화소)—남편에게 미치는 화가 적어짐. ○父心寬(부심관)—아버지의 마음이 편하다, 관대하게 된다.

(참고) 천심순(天心順)에는 '하늘의 마음과 만민의 마음이 순탄하게 된다'는 뜻과 '자연의 운행이 순조롭게 된다. 즉 풍조우순(風調雨順)'의 뜻이 다 포함되어 있다.

────────────

19) 壯(씩씩할 장), 順(순할 순), 官(벼슬 관), 妻(아내 처), 賢(어질 현), 禍(재화 화), 孝(효도 효), 寬(너그러울 관).

─(12-14)─

子曰,
木從繩則直 人受諫則聖.[20]

자왈,
목종승즉직(하고) 인수간즉성(이니라).

공자가 말했다. '나무는 먹줄을 받으면 곧아지고 사람은
간언을 받으면 성인이 된다.'

ㅇ木從繩(목종승)-나무를 먹줄을 따라 재단하다. ㅇ直(직)-곧게 되
다. ㅇ受諫(수간)-남의 간언을 잘 받아들인다. ㅇ聖(성)-거룩하게
된다. 성인의 경지에 들 수가 있다.

(참고) 남의 충고나 간언을 넓은 마음으로 잘 받아들여야 한다. 자기를
반성하고 잘못을 거듭하지 않고 정진하면 훌륭한 사람이 된다. 단 간
언은 함부로 하는 것이 아니다. 평소에 서로 사랑하고 서로 믿을 수
있는 사이에서만 간언을 할 수 있다. 사랑과 믿음이 없는 사이에서 섣
부르게 간언을 하면 도리어 오해를 받게 된다.

─────────────

20) 從(좇을 종), 繩(줄 승), 直(곧을 직), 諫(간할 간), 聖(성스러울 성).

─(*12-15*)─

一派靑山景色幽 前人田土後人收,
後人收得莫歡喜 更有收人在後頭.[21]

일파청산경색유(러니) 전인전토후인수(라),
후인수득막환희(하라) 갱유수인재후두(니라).

한 줄기로 뻗은 밭이 청산을 끼고 그 경치가 그윽하다. 저
밭은 전 사람이 가꾸던 전답을 뒷사람이 차지한 땅이다. 그
러나 뒷사람아, 땅을 차지하고 거두었다고 기뻐하고 좋아하
지 마라. 그 땅을 차지할 또 다른 사람이 뒤에 있다.

　o一派(일파)-한 줄기로 쭉 뻗은. o景色幽(경색유)-경치가 그윽하
고 아름답다. o前人田土(전인전토)-먼저 주인이 농사지었던 전답이
다. o後人收(후인수)-뒷사람이 거두어 차지함. o莫歡喜(막환희)-
기뻐하고 좋아하지 마라. o更有收人(갱유수인)-땅을 차지할 또 다
른 사람이 있다. o在後頭(재후두)-뒤에 기다리고 있다. 즉 또 다른
사람이 땅을 차지할 것이다.

(참고) 지금 내가 소유하고 있는 땅도 전에 다른 사람이 차지했던 것이
다. 또 지금의 내 땅도 오래지 않아서 다른 사람이 차지하게 될 것이
다. 재물에 대한 집착은 미망(迷妄)이다. 인간의 삶의 가치는 재물을
소유함에 있지 않고 재물을 활용하여 문화를 창조함에 있다. 창조적
삶을 살아야 한다.

──────────

21) 派(물갈래 파), 景(볕 경), 幽(그윽할 유), 收(거둘 수), 莫(말 막), 歡(기
뻐할 환), 喜(기쁠 희), 更(다시 갱).

12-16

蘇東坡云,
無故而得千金
不有大福 必有大禍.[22]

소동파운,
무고이득천금(은)
불유대복(이라) 필유대화(니라).

　소동파가 말했다. '까닭 없이 천금을 얻음은 큰 복이 아니라 장차 큰 화가 있을 징조이다.'

　　○蘇東坡(소동파)-북송(北宋)의 명신(名臣), 학자 및 문학가. 이름은 소식(蘇軾). ○無故(무고)-이유 없이. ○得(득)-얻다. ○不有大福(불유대복)-나에게 큰 복이 있어서 공돈이 들어온 것이 아니다. ○必有大禍(필유대화)-장차 반드시 큰 화가 있을 것이다.

(참고) 도를 따르고 노력한 대가로 잘 사는 것은 좋다. 금전이나 재물도 정직하게 일한 대가로 얻어야 떳떳하고 정당하다. 그러므로 부정하게 권력이나 재물을 탈취하면 안된다. 그런 자들은 반드시 하늘의 심판이 내리고 역사적으로 지탄을 받는다. 아울러 요행이나 공돈을 바라지 마라. 뜻밖의 횡재는 예기치 않던 재앙이 따르게 마련이다. 정직하게 일해서 분수에 맞게 검소하게 살자.

---

22) 蘇(차조기 소), 坡(고개 파), 故(연고 고), 福(복 복), 禍(재화 화).

──────(12-17)──────

康節邵先生曰,
有人來問卜 如何是禍福
我虧人是禍 人虧我是福.[23]

강절소선생(이) 왈,
유인래문복(하여) 여하시화복(고)
아휴인시화(요) 인휴아시복(이니라).

　소강절 선생이 말했다. '어떤 사람이 점을 치러 와서 "어떤 것이 화가 되고 어떤 것이 복이 되나요?"하고 묻기에 내가 대답했다. "남을 해치면 화가 올 것이고 남이 나를 해치면 복이 올 것이다."'

　　ㅇ康節邵(강절소)-2-2 참조.　ㅇ問卜(문복)-점을 치며 묻다.　ㅇ如何(여하)-어떻게 하느냐? 어떠한 상태.　ㅇ禍福(화복)-재화(災禍)나 길복(吉福).　ㅇ虧(휴)-손해를 주다. 해치다.

(참고) 속이 좁은 인간은 물질의 다과(多寡)를 기준으로 화나 복을 헤아린다. 따라서 남에게 해를 끼치면서 자신의 욕심을 채우기도 한다. 그러나 하늘의 눈으로 보면 그와 같은 악덕은 재화의 근원이다. 한편 악한 사람에게 해를 당해도 하늘의 견지에서는 도리어 복을 받을 수도 있다. 동물적·이기적 욕심을 바탕으로 행동하지 말고, 선본성(善本性)인 인심(仁心)을 바탕으로 행동하고 살아야 한다.

─────────────

23) 問(물을 문), 卜(점 복), 禍(재화 화), 福(복 복), 虧(이지러질 휴).

12-18

大廈千間 夜臥八尺
良田萬頃 日食二升.[24]

> 대하천간(이라도) 야와팔척(이요)
> 양전만경(이라도) 일식이승(이라).

천 간의 큰 건물에 살아도 밤에 눕는 자리는 여덟 자뿐이
고 만 이랑의 좋은 밭이 있어도 하루에 먹는 양은 두 되뿐
이다.

> ㅇ廈(하)—큰 건물. ㅇ夜臥(야와)—밤에 눕는 자리의 뜻. ㅇ尺(척)—
> 자. ㅇ頃(경)—이랑. ㅇ升(승)—되.

(참고) 가족이 알맞게 먹고 안락하게 살기 위한 재물과 집이 있으면 족
하다. 재물을 위해 비리를 저지르거나 무도한 짓을 하면 안된다.

12-19

久住令人賤 頻來親也疎,
但看三五日 相見不如初.[25]

> 구주령인천(이요) 빈래친야소(라)
> 단간삼오일(에) 상견불여초(라)

---

24) 廈(큰 집 하), 臥(누워 잘 와), 頃(넓이 단위 경), 食(먹을 식), 升(되 승).
25) 久(오랠 구), 令(영 령), 賤(천할 천), 頻(자주 빈), 但(다만 단).

남의 집에 가서 오래 묵으면 사람이 천해진다. 빈번히 찾
아가면 친해도 푸대접을 받게 된다. 고작 3, 4일 서로 보고
함께 지내도 처음과 다르게 시들해진다.

> ㅇ久住(구주) — 남의 집에 가서 오래 유(留)함. ㅇ令(영) — ……
> 하게 만들다. ㅇ賤(천) — 천하다. 천대받다. ㅇ頻來(빈래) — 자주
> 찾아오다. ㅇ親也疎(친야소) — 친한 사이도 멀어지다. ㅇ但(단) — 다
> 만, 오직. ㅇ看三五日(간삼오일) — 사흘이나 닷새간을 서로 보면 (시
> 들해진다). ㅇ相見(상견) — 보고 반김. ㅇ不如初(불여초) — 처음
> 같지 않다.

(참고) 친척이나 친구를 자주 찾고 서로 만나면 좋다. 그러나 상대방에
게 지나치게 부담을 주거나 상대방으로부터 과도한 대접이나 신세를
지면 안된다. 조촐하게 인사를 치르어야 친분도 오래간다.

──── (12-20) ────

渴時一滴 如甘露
醉後添盃 不如無.26)

갈시일적(은) 여감로(요)
취후첨배(는) 불여무(니라).

목마를 때에 마시는 물 한 방울은 단 이슬과 같지만 술 취

---

26) 渴(목마를 갈), 滴(물방울 적), 甘(달 감), 露(이슬 로), 醉(취할 취), 添
(더할 첨), 盃=杯(잔 배).

한 후에 잔을 더함은 아니 든 것보다 못하다.

　　o渴時(갈시)−목이 마를 때. o一滴(일적)−한 방울의 물. o如甘露
　　(여감로)−단 이슬과 같다. o醉後(취후)−술 취한 후에. o添盃(첨
　　배)−술잔을 더 들다. o不如無(불여무)−없음만 못하다.

(참고) 술은 적당히 마시면 약주가 되지만 과음하면 독주가 된다. 취한
다음 거듭 마시면 안된다. 스스로 자제할 줄 알아야 한다. 술이 술을
마시게 하는 사람은 술을 마실 자격이 없다.

───(12-21)───────────────

酒不醉人 人自醉
色不迷人 人自迷.27)

　　주불취인(이요) 인자취(라)
　　색불미인(이요) 인자미(니라).

　술이 사람을 취하게 하는 것이 아니라 사람이 스스로 술
에 취하는 것이다. 색이 사람을 미혹시키는 것이 아니라 사
람이 스스로 색에 미혹되는 것이다.

　　o人自醉(인자취)−자신이 자제력을 잃기 때문에 취한다는 뜻. o人
　　自迷(인자미)−여색에 대해서도 스스로 자제력을 잃기 때문에 미혹되
　　고 빠지게 된다는 뜻.

───────────────

27) 酒(술 주), 不(아닐 불), 醉(취할 취), 色(빛 색), 迷(미혹할 미).

참고 주체성이 확립되어 있으면 술이나 색에 빠지고 미혹되지 않고 또 술과 여색 때문에 패가망신하지도 않는다. 과도한 음주를 삼가고, 여색에 미혹되지 않도록 자신의 마음을 단속해야 한다.

12-22

公心若比私心 何事不辨
道念若同情念 成佛多時.[28]

공심(을) 약비사심(이면) 하사불변(이며)
도념(을) 약동정념(이면) 성불다시(니라)

공덕심을 만약에 이기심만큼 지닌다면 무슨 일인들 분명히 가리지 못하랴. 도를 지키려는 마음이 정념만큼 있었다면 부처가 된 지 이미 오래일 것이다.

ㅇ公心(공심)－공을 위하는 마음. 공덕심. ㅇ比(비)－비등하다. 같다. ㅇ私心(사심)－사를 위하는 마음, 이기심. ㅇ何事不辨(하사불변)－무슨 일인들 분명히 가리지 못하랴? ㅇ道念(도념)－도를 따르고 이루겠다는 마음, 생각. ㅇ情念(정념)－애정에 대한 집념. ㅇ成佛(성불)－마음이 부처의 경지와 하나가 됨. ㅇ多時(다시)－오래 되다.

참고 사람은 이기심 때문에 사리를 공평하게 분별하지 못하고 또 세속적인 애정에 사로잡히면 진여(眞如)의 세계와 모든 실상(實相)을 보지 못한다. 만약에 공덕심(公德心)과 도심(道心)을 이기심이나 정념과 바꾸어 지닌다면 훌륭한 인격자가 될 것이다. 공덕심과 도심은 곧

---

28) 比(견줄 비), 辨(분별할 변), 念(생각할 념), 成(이룰 성), 佛(부처 불).

하늘의 도리를 따르고 실천하는 데서 일어난다. 동물적·본능적 욕구를 채우려는 탐욕에서 이기심과 물질 및 금전을 위해 남을 속이거나 살상하는 악덕이 발생하게 마련이다.

───(12-23)───

濂溪先生曰,
巧者言 拙者默 巧者勞 拙者逸,
巧者賊 拙者德 巧者凶 拙者吉,
嗚呼! 天下拙 刑政徹,
上安下順 風淸弊絶.29)

　　염계선생(이) 왈,
　　교자언(하고) 졸자묵(하며) 교자로(하고) 졸자일(하며),
　　교자적(하고) 졸자덕(하며) 교자흉(하고) 졸자길(하나니),
　　오호(라) 천하졸(이면) 형정철(하고),
　　상안하순(하며) 풍청폐절(이니라).

　염계선생이 말했다. '간교한 자는 간사하게 말을 잘하지만 소박하고 우직한 사람은 말이 없다. 간교한 자는 수다스럽지만 우직한 사람은 태연하다. 간교한 자는 도적질을 하지만

─────────────

29) 巧(공교할 교), 拙(졸할 졸), 默(묵묵할 묵), 勞(일할 로), 逸(안일할 일),
　　賊(도둑 적), 凶(흉악할 흉), 嗚(탄식소리 오), 呼(부를 호), 刑(형벌 형),
　　徹(통할 철), 弊(해질 폐), 絶(끊을 절).

우직한 사람은 덕을 베푼다. 간교한 자는 남에게 음흉한 짓을 하지만 우직한 사람은 남에게 복을 안겨준다. 아아! 천하가 우직하면 정치나 법도가 잘 다스려지고 상하가 안락하며 기풍도 맑고 또 악폐도 근절될 것이다.'

○濂溪先生(염계선생)−북송(北宋)의 대학자, 이름은 주돈이(周敦頤). ○巧者(교자)−간교하고 간사한 재주꾼, 덕보다 재주를 앞세우고 자신의 탐욕을 채우는 소인배. ○拙者(졸자)−소박하고 우직한 사람, 도(道)를 지키는 사람. 노자(老子)는 '대교약졸(大巧若拙)'이라고 말했다. ○默(묵)−말없이 묵묵히 도를 행한다. ○勞(로)−수고롭고 번거롭게 움직이고 일함. ○逸(일)−태연하다, 무위자연(無爲自然)의 도를 지키므로 항상 한가하고 태연하다. ○賊(적)−욕심을 채우기 위하여 남의 재물을 훔친다. ○凶(흉)−음흉하고 흉악한 짓을 한다. ○吉(길)−착하고 복된 일을 한다. ○嗚呼(오호)−아아! 감탄사. ○天下拙(천하졸)−천하의 모든 사람들이 도를 따라 우직하다면, 혹은 천하를 다스리는 정치를 도를 따라 우직하게 한다면. ○刑政徹(형정철)−형벌이나 정치가 투명하게 됨. ○上安下順(상안하순)−위도 편하고 아래도 순탄하다. ○風淸(풍청)−국가나 국민들의 기풍이 맑아진다. ○弊絶(폐절)−폐단이 근절되다.

(참고) 소인(小人)은 사사로운 탐욕을 채우고 권세나 이득을 얻기 위하여 간교하고 간사한 권모술수(權謀術數)를 농한다. 남을 속이고, 남의 재물을 사취한다. 소인배들이 정치에 참여하면 국민을 기만하고 국가의 재물을 도둑질한다. 그 결과 국가나 백성에게 흉악한 재앙을 안겨준다. 이와는 반대로 소박하고 우직하게 무위자연(無爲自然)의 도를 따르고 행하는 대인(大人)은 나라를 흥성케 하고 백성에게 착하고 길한 복을 안겨준다. '무위자연'의 도는 곧 만물을 스스로 자라고

번성케 하는 자연의 도리, 즉 천도(天道)다. 천도는 광명정대(光明正
大)하고, 공평무사(公平無私)하고 영구불변(永久不變)하는 진리다.
천도를 소박하고 우직하게 지키고 행하는 사람이 대인이다.

─────(**12-24**)─────

易曰, 德微而位尊
智小而謀大 無禍者鮮矣.[30]

> 역(에) 왈, 덕미이위존(하고)
> 지소이모대(면) 무화자선의(니라).

《역경》에서 말했다. '덕이 부족한데 지위가 높거나 지략이
없는데 도모하는 바가 크면 화를 입지 않을 자가 거의 없다.'

○易(역)−《역경(易經)》. ○德微(덕미)−덕이 없다. ○位尊(위존)−
지위가 높다. ○智小(지소)−지혜나 지략이 부족하다. ○謀大(모대)−
도모하는 바가 크다. ○無禍者(무화자)−화를 입지 않는 사람. ○鮮矣
(선의)−드물다. 거의 없다.

(참고) 학문과 인덕(仁德)을 갖춘 대인(大人)이라야 높은 자리에 오르고
남을 다스릴 수 있다. 소인(小人)은 남을 다스리지 못한다.

────────────────

30) 微(작을 미), 尊(높을 존), 智(슬기 지), 謀(꾀할 모), 鮮(적을 선).

12-25

說苑曰,
官怠於宦成 病加於小愈
禍生於懈怠 孝衰於妻子
察此四者 愼終如始.31)

> 설원(에) 왈,
> 관태어환성(하고) 병가어소유(하며)
> 화생어해태(하고) 효쇠어처자(이니),
> 찰차사자(하여) 신종여시(니라).

《설원》에서 말했다. '관리의 게으름은 벼슬이 높아졌을 때에 비롯되고, 병의 악화는 조금 좋아졌다고 안도하는 데서 비롯되며, 재앙의 발생은 긴장을 풀고 게으름 피는 데서 비롯되고, 효성의 흐려짐은 처자식에게 기울기 때문이다. 이상의 네 가지를 잘 살펴서 끝까지 변함없이 신중하게 행해야 한다.'

ㅇ說苑(설원)-한(漢)나라의 유향(劉向)이 저술한 책. ㅇ官怠(관태)-관직을 태만히 함. ㅇ宦成(환성)-벼슬이 이루어지다. 즉 관직이 높아지다. ㅇ病加(병가)-병이 더 심하게 됨. ㅇ小愈(소유)-조금 나아지다. ㅇ懈怠(해태)-해이해지고 태만히 함. ㅇ孝衰(효쇠)-부모

---

31) 怠(게으름 태), 宦(벼슬 환), 愈(나을 유), 懈(게으를 해), 衰(쇠할 쇠),
    察(살필 찰), 愼(삼갈 신).

에 대한 효성이 쇠퇴함. ㅇ於妻子(어처자)-처자에게 빠지기 때문에.
ㅇ察(찰)-살피다. ㅇ愼終(신종)-끝까지 신중하게 행동함. ㅇ如始
(여시)-처음과 다름없이, 한결같이.

(참고) '시종여일(始終如一)' 즉 처음부터 끝까지 한결같이 해야 한다.
그러기 위해서는 항상 긴장된 마음으로 정성을 다해서 모든 일을 처
리해야 한다. 벼슬에 올랐다고 거만하면 벼슬을 잃는다. 심하게 앓던
병세에 약간 차도가 있다고 안도하면 도리어 병이 악화된다. 성장하
여 장가를 들고 처자식만을 편애하면, 부모에 대한 효도를 소홀히 할
염려가 있다. 해의(懈意)하거나 태만(怠慢)하지 마라.

─────(12-26)─────

器滿則溢 人滿則喪.32)

기만즉일 (하고) 인만즉상 (이니라).

그릇은 차면 넘치고 사람도 재물을 많이 가지면 잃게 된다.

ㅇ器(기)-기물, 그릇. ㅇ滿(만)-가득 차다. ㅇ溢(일)-넘치고 밖으
로 흐르다. ㅇ人滿(인만)-사람이 재물을 많이 갖거나 더없이 높은
자리에 오르면. ㅇ喪(상)-재물이나 지위를 상실함.

(참고) 만즉휴(滿則虧)란 말이 있다. 달도 차면 기울 듯이 만사가 위에
올랐다가는 아래로 내려오게 마련이다. 그렇거늘 사람은 끝없는 욕심
으로 끝없이 가지려고 한다. 그것을 미망(迷妄)이라고 한다.

───────────

32) 器(그릇 기), 滿(찰 만), 則(곧 즉), 溢(넘칠 일), 喪(죽을 상).

──────（ 12-27 ）──────

尺璧非寶 寸陰是競.[33]

척벽비보(요) 촌음시경(이니라).

한 자 크기의 옥돌이 보배가 아니다. 한 치의 시간을 아껴라.

○尺璧(척벽)－한 자 길이의 옥돌. ○非寶(비보)－보배가 아니다.
○寸陰(촌음)－짧은 시간. ○競(경)－다투듯이 아껴라.

(참고) 시간을 귀중히 여겨야 한다. 주어진 시간을 최대한 활용하여 공부하고 착한 일을 해야 한다.

──────（ 12-28 ）──────

羊羹雖美 衆口難調.[34]

양갱(이) 수미(나) 중구난조(니라).

양고기 국이 비록 맛이 좋아도 여러 사람의 입맛을 맞추기는 어렵다.

○羊羹(양갱)－양고기 국. ○美(미)－맛이 좋다. ○衆口(중구)－여러 사람의 입. ○難調(난조)－여러 사람의 입맛에 맞추기 어렵다.

───────────────

33) 璧(둥근 옥 벽), 寶(보배 보), 陰(응달 음), 競(겨룰 경).
34) 羹(국 갱), 雖(비록 수), 衆(무리 중), 難(어려울 난), 調(고를 조).

(참고) 아무리 맛있는 음식이라도 싫다는 사람이 있듯이 모든 사람을 고루 만족시키기 어렵다는 뜻.

───── **12-29** ─────

益智書云,

白玉投於泥塗 不能汚穢其色

君子行於濁地 不能染亂其心

故松栢可以耐雪霜 明智可以涉危難.³⁵⁾

익지서(에) 운,
백옥(은) 투어니도(라도) 불능오예기색(이요)
군자(는) 행어탁지(라도) 불능염란기심(하나니)
고(로) 송백(은) 가이내설상(이오) 명지(는) 가이섭위난(이니라).

《익지서》에 있다. '흰 구슬을 진흙 속에 던지더라도 그 흰 빛을 더럽게 할 수 없으며 군자는 혼탁한 곳에서 처신할지라도 그 마음을 흐리고 흐트리게 할 수 없다. 그러므로 소나무와 잣나무는 눈과 서리를 이겨내고 밝은 지혜는 위급한 난국을 잘 넘기게 할 수 있다.'

ㅇ益智書(익지서)-2-4 참조. ㅇ投(투)-던지다. ㅇ泥塗(니도)-진흙.

───────

35) 泥(진흙 니), 塗(진흙 도), 汚(더러울 오), 穢(더러울 예), 濁(흐릴 탁), 染(물들일 염), 栢=柏(측백나무 백), 耐(견딜 내), 霜(서리 상), 涉(건널 섭).

○汚穢(오예)-더럽히다. ○行於濁地(행어탁지)-혼탁한 곳에서 행동하다, 처신(處身)하다. ○染亂(염란)-(군자의 마음을) 나쁘게 물들도록 하고 산란하게 하지 (못함). ○松栢(송백)-소나무와 잣나무. ○可以(가이)-할 수 있다. ○耐(내)-견디다. ○雪霜(설상)-눈과 서리. ○明智(명지)-명석한 지혜 혹은 지혜 있는 사람. ○涉(섭)-넘어가다. 극복하다. ○危難(위난)-위태로운 난국.

(참고) 군자는 절대선(絶對善)인 천도(天道)를 구현(具現)하려는 고결한 뜻을 지니고 있다. 그러므로 혼탁한 속세에 처해도 타락하거나 충절을 잃는 법이 없다. 군자의 절개는 엄동설한(嚴冬雪寒)에도 굽히지 않는 송백(松栢)과 같아야 한다. 《논어》에 있다. '겨울 날씨가 혹독하게 추우면 소나무나 잣나무가 다른 나무보다 늦게 시들음을 알 수 있다(歲寒然後 知松柏之後凋也).' 《사기(史記)》에는 다음과 같은 말이 있다. '온 세상이 혼탁해지면 비로소 맑은 선비가 누군지 돋보인다(擧世混濁 纔見淸士).'(〈伯夷傳〉) 또 《후한서(後漢書)》에 있다. '모진 바람이 불 때에 비로소 넘어지지 않는 억센 풀을 알 수 있고, 혹독한 서리철에 굳은 나무를 식별할 수 있다(疾風知勁草 嚴霜識貞木).'

───(12-30)───

入山擒虎易 開口告人難.[36]

입산금호(는) 이(나) 개구고인(은) 난(이니라).

산에 들어가 호랑이 잡기는 쉬워도 입을 열고 남에게 고

───

36) 擒(사로잡을 금), 虎(범 호), 易(쉬울 이), 告(알릴 고).

하기는 어렵다.

○擒虎(금호)-호랑이를 사로잡다. ○易(이)-쉽다. ○告人難(고인
난)-남에게 어떤 내용을 고하기는 어렵다.

(참고) 말 잘하기는 어렵다. 논리를 바르게 세우고, 표현을 정확하게 해
야 한다. 또 때와 장소를 가려서 말을 해야 한다.

──────(12-31)──────────────────────

遠水不救近火 遠親不如近隣.37)

원수(는) 불구근화(요) 원친(은) 불여근린(이니라).

먼 곳의 물로는 가까운 불을 끄지 못하고 먼 곳의 친척은
가까운 이웃만 못하다.

○遠水(원수)-멀리 있는 물. ○不救近火(불구근화)-가까운 불을 끄
지 못한다. ○遠親(원친)-멀리 사는 친척; 혹은 사이가 벌어진 친척.
○不如近隣(불여근린)-가까이 사는 이웃만 못하다.

(참고) 멀리 있는 친척은 다정한 이웃만 못하다.

──────────────────────

37) 遠(멀 원), 救(건질 구), 近(가까울 근), 隣(이웃 린).

──────（12-32）──────

太公曰,

日月雖明　不照覆盆之下

刀刃雖快　不斬無罪之人

非災橫禍　不入愼家之門.[38]

　　태공(이) 왈,
　　일월(이) 수명(이나) 부조복분지하(하고)
　　도인(이) 수쾌(나) 불참무죄지인(하고)
　　비재횡화(는) 불입신가지문(이니라).

　강태공이 말했다. '해나 달이 밝아도 엎어진 동이 밑은 비추지 못하고 칼날이 날카로워도 죄 없는 사람을 베지 못하며 그릇된 재앙이나 빗나간 화도 신중한 집안에는 들지 못한다.'

　　ㅇ太公(태공)－1-4 참고. ㅇ雖(수)－비록 ……해도. ㅇ不照(부조)－비추지 못한다. ㅇ覆盆(복분)－엎어놓은 동이. ㅇ刀刃(도인)－칼날. ㅇ快(쾌)－잘 든다, 날카롭다. ㅇ斬(참)－베다. ㅇ非災(비재)－엉뚱한 재앙. ㅇ橫禍(횡화)－빗나간 화, 뜻밖의 화난. ㅇ愼家(신가)－신중한 집안.

(참고) 몸가짐을 신중하게 하고 집안 살림을 성실하게 가꾸면 엉뚱한 횡액(橫厄)이나 빗나간 재난을 당하지 않을 것이다. 죄를 지지 않으면

──────────────

38) 覆(뒤집힐 복), 盆(동이 분), 斬(벨 참), 禍(재화 화), 愼(삼갈 신).

형벌의 칼을 두려워하지 않아도 된다. '위험을 미리 알고 조심하면 법망에 걸리지 않는다(知危識險 終無羅網之門).' 〈12-1〉

──── 12-33 ────

太公曰,
良田萬頃 不如薄藝隨身.[39]

태공(이) 왈,
양전만경(이) 불여박예수신(이니라).

태공이 말했다. '좋은 밭 만 이랑도 작은 재주를 몸에 지닌 것만 못하다.'

ㅇ萬頃(만경)―만 이랑. ㅇ薄藝(박예)―작은 재주. ㅇ隨身(수신)―몸에 지니다. 몸에 익히다.

(참고) 사람은 누구나 다 저마다의 기능(技能)을 발휘하고 제 손으로 일해서 먹고 살아야 한다. 무위도식(無爲徒食)은 죄악이다.

──── 12-34 ────

性理書云, 接物之要
己所不欲 勿施於人
行有不得 反求諸己.[40]

---

39) 頃(넓이단위 경), 薄(엷을 박), 藝(기예 예), 隨(따를 수).
40) 接(사귈 접), 要(요점 요), 欲(원할 욕), 施(베풀 시), 諸(모든 제).

성리서(에) 운, 접물지요(는)
기소불욕(을) 물시어인(하고)
행유부득(이어든) 반구제기(니라).

《성리서》에서 말했다. '사물에 접할 때의 요체는 내가 원치 않는 일을 남에게 하라고 강요하지 말고 또 행하고도 좋은 성과가 없으면 그 잘못된 원인을 자신에게서 찾아야 한다.'

> ○性理書(성리서)-5-1 참조. ○接物之要(접물지요)-사람을 접하고 사물에 대하는 요체(要諦), 요령(要領). ○己所不欲(기소불욕)-내가 원하지 않는 것. ○勿施於人(물시어인)-남에게 시키지 마라. ○行有不得(행유부득)-자기 행동에 잘못이 있다. 혹은 행하고도 좋은 성과를 얻지 못함. ○反求諸己(반구제기)-잘못을 돌이켜 자신에게서 찾음.

(참고) 내가 하기 싫은 것을 남에게 강요하지 마라. 일이 잘못된 경우에는 그 원인을 자신에게서 찾아야 한다. 《논어》에 있다. '군자는 자기에게 구하고 소인은 남에게 구한다(君子求諸己 小人求諸人).'

12-35

酒色財氣四堵墻 多少賢愚在内廂
若有世人跳得出 便是神仙不死方.[41]

주색재기사도장(에) 다소현우재내상(이라).

---

41) 堵(담 도), 墻(담 장), 愚(어리석을 우), 廂(행랑 상), 跳(뛸 도).

약유세인(이) 도득출(이면) 변시신선불사방(이니라).

음주·여색·재물·혈기의 네 가지 장벽에 둘러싸여 어질
거나 어리석거나 많은 사람들이 곁채에 갇혀있다. 만약 세상
사람이면서 그 울타리를 넘고 나올 수 있다면 그것이 바로
신선이 되어 죽지 않는 방책이다.

> ○堵墻(도장)-담 울타리. ○多少(다소)-퍽 많다. ○賢愚(현우)-현
> 명한 사람, 어리석은 사람. ○在內廂(재내상)-본채가 아닌 곁채에 있
> 다. 그릇된 속에 갇혀 있다. ○跳得出(도득출)-도약해서 나오다. 뛰
> 어나오다. ○不死方(불사방)-죽지 않는 방책.

(참고) 인간이 타락하는 악덕의 근본은 나쁜 욕구에 있다. 그 중에도 음
주·여색·재물·혈기의 네 가지가 가장 사람을 망치게 한다. 그 네
개의 울타리를 뛰어넘을 수 있다면 누구나 신선이 될 수가 있다. 다음
과 같은 격언도 있다.

'나 자신을 수양하고 남을 책망하지 않으면 재난을 면할 수 있다
(修己而不責人 則免於難).'《左傳》

'천하에서 가장 얻기 어려운 것은 형제의 인연이다. 토지나 전답
은 쉽게 구할 수 있는 것이다(天下難得者兄弟 易求者田地).'《北
齊書》

'군자는 하늘의 도리를 따르고 행하지 못할 것을 걱정할지언정 가
난하게 사는 것을 걱정하지 않는다(君子憂道 不憂貧).'《論語》

제13편 입교편(立敎篇)

제13편 〈입교편〉은 총 13개 항목의 글로 구성되었다. 그러나 한 항목의 글이 길기 때문에 본서에서는 다시 작은 구절로 나누어 풀이를 했다.

대체로 '바른 가르침[敎]과 배움[學]의 중요성' 및 '몸 가꾸기[修身], 집안 일으키기[成家], 나라 다스리기[治國]' 등에 관한 명구가 추려져 있다.

결국 이 편에는 동양의 전통 윤리의 핵심인 '삼강(三綱)·오륜(五倫)' 및 '수신(修身)·제가(齊家)·치국(治國)'을 위한 가르침이 추려져 있다고 하겠다. 그 중요한 내용을 들면 다음과 같다.

일생의 계획은 어릴 때에 매여있고 1년의 계획은 봄에 매여있고 하루의 계획은 새벽에 매여있다.

수신(修身)과 보신(保身)의 기본은 효도(孝道)와 도의(道義)의 실천이고, 성가(成家)의 기본은 독서(讀書)이고, 생재(生財)의 기본은 근검과 절약이고, 치국(治國)의 근본은 공평(公平)과 청렴(淸廉)이다.

장사숙(張思叔)의 좌우명(左右銘)에는 약 14개 조항의 행동 지침이 적혀 있다.

범익겸(范益謙)의 좌우명에는 '7개의 말하면 안될 사항'과 '7개의 행하면 안될 사항'이 적혀 있다.

강태공(姜太公)은 '부자가 못되는 사유'를 '십도(十盜) 삼모(三耗)'라 하고 그 내용을 자세히 설명했다.

──(13-1)──────────────────────────────────

子曰, 立身有義而孝爲本 喪祀有禮而哀爲本,
戰陣有列而勇爲本 政治有理而農爲本,
居國有道而嗣爲本 生財有時而力爲本.[1]

> 자왈, 입신유의이효위본(이요) 상사유례이애위본(이요),
> 전진유열이용위본(이요) 정치유리이농위본(이요),
> 거국유도이사위본(이요) 생재유시이역위본(이니라).

공자가 말했다. '입신에 지킬 도의가 있으니 효도가 근본
이고, 상례와 제사에 지킬 예절이 있으니 애통함이 근본이
며, 전진에 반열이 있으니 용맹을 근본으로 하고, 정치에 도
리가 있으니 농업을 근본으로 하며, 나라를 지킴에 도가 있
으니 계승을 근본으로 삼고, 재물 생산에 때가 있으니 노력
을 근본으로 삼는다.'

> ○立身(입신)─몸을 세우다. 사회에 나가서 활동하고 출세하다. ○有
> 義(유의)─지켜야 할 도의(道義). ○喪祀(상사)─상례(喪禮)와 제사
> (祭祀). ○哀(애)─슬퍼함. ○戰陣(전진)─전쟁을 위한 전투력의 배
> 치. ○有列(유열)─반열, 서열이 있다. ○勇爲本(용위본)─용맹을 근
> 본으로 삼는다. 앞세우다. ○居國(거국)─한 나라를 가지고 지켜 나가
> 다. ○嗣(사)─계승함. 대대로 물려줌. ○力爲本(역위본)─때에 맞추
> 어 힘들여 일함을 바탕으로 함.

───────────────────────────

1) 義(옳을 의), 祀(제사 사), 禮(예도 례), 哀(슬플 애), 嗣(이을 사).

(참고) 집안에서 효도하는 사람은 국가에도 충성하며 따라서 입신출세한다. 부모의 장례나 선조에 대한 제사는 경건하고 애도하는 마음으로 지내야 한다. 싸움터에서는 용맹을 으뜸으로 앞세운다. 정치는 생산과 경제를 중시해야 한다. 국가를 잘 지키고 대대로 물려 영원히 발전시켜야 한다. 때를 놓치지 말고 힘들여 생산하고 재물을 축적해야 한다. 이상은 오늘날에도 귀중한 가르침이 될 것이다.

──────(13-2)──────

景行錄云, 爲政之要 曰公與淸
成家之道 曰儉與勤.2)

> 경행록(에) 운, 위정지요(는) 왈공여청(이요)
> 성가지도(는) 왈검여근(이니라).

《경행록》에서 말했다. '정치의 요체는 공정과 청렴이고 집안을 일으키는 길은 검약과 근면이다.'

> ○爲政(위정)-나라 다스림, 정치. ○要(요)-요체(要諦), 긴요한 것. ○公與淸(공여청)-공정과 청렴결백. ○成家(성가)-집안을 일으킴. ○道(도)-길, 방도, 원리. ○儉與勤(검여근)-검약과 근면. 알뜰하게 씀씀이를 절약하고 부지런히 일해 벌어들인다.

(참고) 정치는 공평무사(公平無私)하고 청렴결백(淸廉潔白)하게 해야 한다. 부지런히 일해서 벌고 알뜰히 절약해서 저축하면 집안이나 나라 살림이 풍요롭고 또 흥성하게 된다. 특히 국가 정치를 담당하는 위

───────────────

2) 政(정사 정), 公(공변될 공), 與(더불 여), 儉(검소할 검), 勤(부지런할 근).

정자들은 절대선(絶對善)의 하늘의 도리를 따르고 실천해야 한다. 사사로운 욕심을 채우기 위해 나라의 재물을 축내면 안된다.

───────(13-3)──────────────────────

讀書起家之本 循理保家之本
勤儉治家之本 和順齊家之本.3)

독서(는) 기가지본(이요) 순리(는) 보가지본(이요)
근검(은) 치가지본(이요) 화순(은) 제가지본(이니라).

독서는 집안을 일으키는 근본이고, 도리를 따름은 집안을 보존하는 근본이며, 근검은 집안을 다스리는 근본이고, 온화 순종은 집안을 고르게 하는 근본이다.

> ㅇ讀書(독서)−책을 읽음, 글공부를 함. ㅇ循理(순리)−도리나 이치를 따름. ㅇ保家(보가)−가정을 잘 보존함. ㅇ勤儉(근검)−근면과 검약. ㅇ和順(화순)−온화하고 유순함. 가족이 서로 화목하고 온순함. ㅇ齊家(제가)−집안을 가지런히 다스림. 모든 식구가 저마다의 위치에서 각자의 본분을 다하고 협동해서 집안을 흥성케 함.

(참고) 글공부를 잘해야 입신출세할 수 있다. 법도 및 도리를 잘 따라야 벼슬이나 신분이 보장되고 따라서 가문도 잘 보존할 수가 있다. 가정 경제의 바탕은 근면과 절약이다. 가족이 서로 화목하고 온순해야 가정이 평화롭게 된다. 《역경(易經)》에 있다. '집안이 바로잡혀야 천하가 안정된다(正家而天下定).'

────────────────────────

3) 循(좇을 순), 勤(부지런할 근), 儉(검소할 검), 齊(가지런할 제).

―――――――(13-4-1)――――――――――――――――――

孔子三計圖云,
一生之計在於幼
一年之計在於春
一日之計在於寅.4)

공자삼계도(에) 운,
일생지계(는) 재어유(하고)
일년지계(는) 재어춘(하고)
일일지계(는) 재어인(이니라).

공자가 세 가지 계획에 대해서 말했다. '일생의 계획은 어
릴 때에 세워야 하고, 1년의 계획은 봄에 세워야 하며, 하루
의 계획은 새벽에 세워야 한다.'

ㅇ三計圖(삼계도)—세 가지 계획, 즉 하루의 계획, 1년의 계획, 일생
의 계획. 도(圖)는 도모(圖謀). ㅇ一生之計在於幼(일생지계재어유)—
평생의 계략을 어려서 잘 세워야 한다. ㅇ在於寅(재어인)—새벽에 잘
세워야 한다. 인(寅)은 인시(寅時), 즉 새벽.

(참고) 어려서 공부를 잘하고 수양을 잘해야 훌륭한 사람이 될 수 있다.
봄에 때를 놓치지 않고 농사를 잘해야 가을에 추수하고, 겨울 양식을
저장할 수 있다. 새벽부터 일찍 일어나 부지런히 일을 해야 하루를 유
효하게 쓸 수 있다.

―――――――――――――――

4) 計(꾀 계), 圖(그림 도), 幼(어릴 유), 春(봄 춘), 寅(셋째 지지 인).

13-4-2

幼而不學 老無所知
春若不耕 秋無所望
寅若不起 日無所辦.5)

유이불학(이면) 노무소지(요)
춘약불경(이면) 추무소망(이요)
인약불기(면) 일무소판(이니라).

어려서 배우지 않으면 늙어서 아는 것이 없게 되고, 봄에
밭을 갈지 않으면 가을에 소망할 것이 없게 되고, 새벽에 일
어나지 않으면 그날의 할 일이 없게 된다.

ㅇ老無所知(노무소지)-늙어서 아는 것이 없다. ㅇ若(약)-만약. ㅇ耕
(경작)-경작, 밭을 갈다. ㅇ秋無所望(추무소망)-가을에 소망이 없
다. 수확할 가망이 없다. ㅇ寅(인)-새벽 4시경. ㅇ日無所辦(일무소
판)-그날은 하는 일이 없다. 아무것도 하지 않음.

참고 배움에는 때가 있다. 어려서 잘 배워야 학식 있는 사람이 된다.
어려서 글을 배우지 않으면 평생을 두고 후회하게 된다. 경작에도 때
가 있다. 봄에 경작을 잘해야 가을에 수확할 수 있다. 새벽에 일어나
맑은 정신으로 글을 읽거나 부지런히 일을 해야 그날 하루를 알차게
쓸 수 있다. 아침에 늦잠을 자고 늦게 일어나면 하루 반나절을 허송하
게 된다. 새벽에 일어나기 위해서는 밤에 일찍이 자야 한다.

---

5) 所(바 소), 若(만약 약), 耕(밭갈 경), 望(바랄 망), 辦(힘쓸 판).

──────(13-5)──────

性理書云, 五敎之目
父子有親 君臣有義
夫婦有別 長幼有序 朋友有信.[6]

성리서(에) 운, 오교지목(은)
부자유친(하고) 군신유의(하고)
부부유별(하고) 장유유서(하고) 붕우유신(이니라).

《성리서》에 적혀 있다. '다섯 가지 윤리의 가르침이 있다. 아버지와 자식 사이에는 친애가 있어야 하고, 임금과 신하 사이에는 도의가 있어야 하며, 남편과 아내 사이에는 분별이 있어야 하고, 어른과 어린이 사이에는 서열이 있어야 하며, 벗과 친구 사이에는 돈독한 신의가 있어야 한다.'

ㅇ性理書(성리서)─5-1 참조. ㅇ五敎之目(오교지목)─다섯 가지 가르침, 즉 오륜(五倫). ㅇ父子有親(부자유친)─아버지와 자식 사이에는 육친애가 있다. ㅇ義(의)─의리, 대의명분, 도의. ㅇ有別(유별)─지킬 바에 구별이 있다. 즉 아내는 집안을 다스리고 남편은 사회 활동을 함. ㅇ長幼(장유)─연장자와 어린 사람. ㅇ序(서)─서열, 순서, 차례. ㅇ朋友(붕우)─벗, 친구. ㅇ信(신)─신의, 믿음.

(참고) 윤리(倫理)는 사람들이 함께 어울려서 사는 도리이다. 인간은 관계 속에 살고 있다. 인간관계의 중요한 다섯 가지가 바로 오륜이다.

───────────────

6) 親(친할 친), 義(옳을 의), 婦(아내 부), 序(차례 서), 朋(벗 붕).

오륜을 잘 지켜야 인간 사회가 안정된다. 오륜은 동서고금을 통해 누구나 다 지켜야 할 기본 윤리의 핵심이다.

13-6

三綱 君爲臣綱
父爲子綱 夫爲婦綱.[7]

삼강(은) 군위신강(이요)
부위자강(이요) 부위부강(이니라).

삼강은 3개의 중심을 말한다. 임금은 신하의 중심적 기준이 되고, 아버지는 자식의 중심적 기준이 되고, 남편은 아내의 중심적 기준이 된다.

> ○三綱(삼강)—강(綱)은 벼리. 그물의 위에 있는 굵은 줄. '삼강'은 세 가지 기본적 인간관계에 있어 그 기준이 되고 기강을 잡아주고 또 다스리는 주체적·중심적 존재를 뜻한다. ○君爲臣綱(군위신강)—임금은 국가의 중심적 존재로 신하들을 통솔하고 백성들을 잘 다스리는 기준이다. ○父爲子綱(부위자강)—아버지는 가정의 중심적 존재로 자식들의 모범이 되고 자식들의 중심적 기준이다. ○夫爲婦綱(부위부강)—남편은 부부간의 중심적 존재이자 기준이다.

참고 중심적 존재는 모범이 되고 주체적 기준이 된다는 뜻이다. 도에서 벗어나 제멋대로 하면 중심적 존재가 될 수 없다. 삼강은 오늘날의 사회에서도 적용되는 기본 윤리이다. 동양의 전통 윤리는 오랜 역사

---

7) 綱(벼리 강), 爲(할 위, 되다).

적 경험과 지혜를 바탕으로 창출된 귀중한 문화적 유산이다.

―――― 13-7 ――――

王蠋曰, 忠臣不事二君 烈女不更二夫.[8]

왕촉(이) 왈, 충신(은) 불사이군(하고) 열녀(는) 불갱이부(니라).

왕촉이 말했다. '충신은 두 임금을 섬기지 않고 열녀는 두 지아비를 바꿔 섬기지 않는다.'

　ㅇ王蠋(왕촉)－전국(戰國)시대 제(齊)나라의 충신.　ㅇ不事(불사)－섬 기지 않음.　ㅇ不更(불갱)－바꾸지 않음.

참고 충신은 충절(忠節)을, 열녀는 정절(貞節)을 지킨다. 절개는 지극 한 정성과 신뢰 및 의리에서 나오는 미덕이다.

―――― 13-8 ――――

忠子曰, 治官莫若平 臨財莫若廉.[9]

충자왈, 치관(엔) 막약평(이오) 임재(엔) 막약렴(이니라).

충자가 말했다. '관직을 수행함에는 공평이 제일이고 재물 앞에서는 청렴이 제일이다.'

――――――――

8) 忠(충성 충), 臣(신하 신), 事(섬길 사), 烈(세찰 렬), 更(바꿀 갱).
9) 莫(말 막), 若(같을 약), 臨(임할 림), 財(재물 재), 廉(청렴할 렴).

ㅇ忠子(충자)-미상(未詳). ㅇ治官(치관)-관직 수행. ㅇ莫若(막약)-
제일이다. ㅇ臨財(임재)-재물 앞에서는. ㅇ廉(염)-청렴(淸廉).

참고 관공서에서 공무를 수행할 때에는 공평무사하게 처리해야 하고
재물이나 금전을 취급할 때에는 청렴결백해야 한다.

───── 13-9-1 ─────────────────────

張思叔座右銘曰,
凡語必忠信 凡行必篤敬
飮食必愼節 字畵必楷正
容貌必端莊 衣冠必整肅.10)

장사숙좌우명(에) 왈,
범어(를) 필충신(하며) 범행(을) 필독경(하며)
음식(을) 필신절(하며) 자획(을) 필해정(하며)
용모(를) 필단장(하며) 의관(을) 필정숙(하라).

장사숙이 좌우명에서 말했다. '무릇 말은 반드시 충성되고
믿음직하게 하고, 행동은 반드시 독실하고 경건하게 하고,
음식은 반드시 신중히 절도있게 취해야 한다. 자획은 네모지
고 바르게 쓰고, 용모를 단정하고 정중하게 지니고, 의관은
잘 갖추고 점잖게 차려야 한다.'

─────────────────

10) 篤(도타울 독), 愼(삼갈 신), 楷(곧을 해), 貌(얼굴 모), 肅(엄숙할 숙).

ㅇ張思叔(장사숙)-북송(北宋)의 학자. ㅇ座右銘(좌우명)-자리 옆에
써 놓는 격언. ㅇ篤敬(독경)-독실하고 경건하게. ㅇ愼節(신절)-신중
하고 절도있게. ㅇ字畵(자획)-글자의 획. ㅇ楷正(해정)-바르고 단
정하게. ㅇ端莊(단장)-단정하고 정중함. ㅇ衣冠(의관)-옷과 관모.
ㅇ整肅(정숙)-정제하고 엄숙함.

13-9-2

步履必安詳 居處必正靜

作事必謀始 出言必顧行

常德必固持 然諾必重應

見善如己出 見惡如己病.[11]

　　보리필안상(하며) 거처필정정(하며)

　　작사필모시(하며) 출언필고행(하며)

　　상덕필고지(하며) 연낙필중응(하며)

　　견선여기출(하며) 견악여기병(하라).

　걸음걸이는 반드시 침착하고 조용하게 걷고, 몸가짐은 반
드시 단정하고 정숙하게 지니고, 일을 할 때에는 반드시 시
작부터 신중하게 해야 한다. 말을 할 때에는 반드시 먼저 실
행할 수 있을까를 생각하고, 인륜 도덕을 굳게 지키고 실천
해야 한다. 승낙하는 대답은 반드시 신중하게 하고, 남의 선

---

11) 履(신 리), 詳(자세할 상), 靜(고요할 정), 謀(꾀할 모), 顧(돌아볼 고),
　　固(굳을 고), 諾(대답할 낙), 應(응할 응).

행을 보면 마치 자신이 한 듯이 기뻐하라. 남의 잘못을 보면 마치 자신이 한 듯이 아파하라.'

ㅇ步履(보리)-걸음걸이. ㅇ安詳(안상)-침착하고 안존함. ㅇ正靜(정정)-안정되고 조용함. ㅇ謀始(모시)-계획을 잘 세워 시작함. ㅇ顧行(고행)-실행할 수 있을까를 먼저 생각함. ㅇ常德(상덕)-항상 지켜야 할 덕행, 즉 인륜 도덕. ㅇ然諾(연낙)-남에게 승낙하는 대답. ㅇ重應(중응)-신중하게 응답함. ㅇ見善(견선)-남의 선행을 보면. ㅇ如己出(여기출)-내 자신이 행한 듯이 기뻐함. ㅇ見惡(견악)-남의 잘못을 봄. ㅇ如己病(여기병)-마치 내 자신의 잘못인 듯이 생각하고 걱정함.

13-9-3

凡此十四者 皆我未深省
書此當座右 朝夕視爲警.12)

범차십사자(는) 개아미심성(이라)
서차당좌우(하고) 조석시위경(하노라).

무릇 이상의 열네 개의 조목은 나 자신도 아직 깊이 살피고 실행하지 못한 바이다. 그러므로 이들을 써서 자리 오른편에 붙이고 조석으로 보며 경계하노라.

ㅇ未深省(미심성)-아직 깊이 살피고 실행하지 못했음. ㅇ書此(서차)-이들을 써서. ㅇ當(당)-마주함. ㅇ視(시)-보다. ㅇ爲警(위경)-경계하다. 경계하는 좌우명으로 삼다.

12) 深(깊을 심), 省(살필 성), 座(자리 좌), 視(볼 시), 警(경계할 경).

(참고) 장사숙의 좌우명은 오늘날의 우리도 잘 지키고 실천해야할 계명 (戒銘)들이다. 이상의 14개를 다음과 같이 요약할 수 있다. 언어 행동 을 경건하게 하라. 용모나 의관을 단정하게 하라. 주거 환경을 안정되 게 하고 식생활을 간소하게 하라. 처음부터 일을 신중하게 꾸미고 실 천 불가능한 말이나 대답을 하지 마라. 걸음걸이나 글씨를 반듯하게 하라. 항상 어진 덕을 지니고 선행(善行)에 힘써라.

13-10-1

范益謙座右銘曰,
一不言朝廷利害邊報差除,
二不言州縣官員長短得失,
三不言衆人所作過惡之事,
四不言仕進官職趨時附勢,
五不言財利多少厭貧求富,
六不言淫媟戲慢評論女色,
七不言求覓人物干索酒食.[13]

　　범익겸좌우명(에) 왈,
　　일불언 조정이해변보차제(요),
　　이불언 주현관원장단득실(이요),

---

13) 廷(조정 정), 邊(가 변), 縣(고을 현), 趨(달릴 추), 勢(기세 세), 厭(싫을 염), 淫(음란할 음), 媟(깔볼 설), 評(평할 평), 覓(찾을 멱), 索(찾을 색).

삼불언 중인소작과악지사(요),
사불언 사진관직추시부세(요),
오불언 재리다소염빈구부(요),
육불언 음설희만평론여색(이요),
칠불언 구멱인물간색주식(이라).

범익겸이 좌우명에서 말했다. '다음 일곱 가지 사항에 대한 말을 하지 마라. ① 조정의 이해와 변방의 정보와 인사이동에 대하여. ② 주현을 다스리는 관원들의 장단과 득실에 대하여. ③ 여러 사람들이 저지른 과실이나 악한 죄과에 대하여. ④ 관직을 얻고 때를 타고서 세력에 아부하려는 생각에 대하여. ⑤ 재물의 다소와 가난을 피해 부자가 되려는 생각에 대하여. ⑥ 음탕하고 난잡스럽고 여색을 들추어내는 수작에 대하여. ⑦ 남의 물건을 탐내고 음식을 얻어먹으려는 의도에 대하여. 이상에 관한 말들을 일체 하지 마라.'

　o范益謙(범익겸)－잘 알 수 없음. o邊報(변보)－변경, 국경 지대의 상황이나 정보. o差除(차제)－차(差)는 관리를 파견함. 제(除)는 벼슬에 임명함. o州縣(주현)－지방의 행정단위. o仕進官職(사진관직)－나가서 벼슬을 살다. o趨時附勢(추시부세)－때를 타고 세도에 아부함. o財利多少(재리다소)－재물이나 이득을 많이 얻고자 함. o厭貧求富(염빈구부)－가난을 싫어하고 부자 되기를 바람. o淫媟(음설)－음탕하고 난잡함. o戲慢(희만)－희롱하고 능욕함. o評論(평론)－(여색에 대하여) 말을 함. o求覓(구멱)－탐내고 가지려 함. o干索(간색)－무리하게 요구하다.

(참고) 남에게 함부로 말하면 안될 7개항을 다음 같이 열거했다. ① 조

정의 이해관계나 국경지대의 사정 및 인사 기밀에 관한 말을 하지 마라. ②지방의 정치 담당자들의 장단점과 득실을 비판하지 마라. ③대중의 허물이나 과실을 매도하지 마라. ④장차 관직을 얻기 위하여 세도에 아부한다는 따위의 말을 하지 마라. ⑤재물이나 부귀를 탐내고 가난을 싫어한다는 따위의 말을 하지 마라. ⑥음란한 언동을 삼가라. ⑦천덕스럽게 남의 재물을 탐내거나 음식을 얻어먹으려 하지 마라.

13-10-2

又人付書信 不可開坼沈滯,
與人幷坐 不可窺人私書,
凡入人家 不可看人文字,
凡借人物 不可損壞不還,
凡喫飮食 不可揀擇去取,
與人同處 不可自擇便利,
凡人富貴 不可歎羨詆毁.[14]

> 우인부서신(을) 불가개탁침체(요),
> 여인병좌(에) 불가규인사서(요),
> 범입인가(에) 불가간인문자(요),

---

14) 坼(터질 탁), 滯(막힐 체), 窺(엿볼 규), 喫(마실 끽), 揀(가릴 간), 擇(가릴 택), 羨(부러워할 선), 詆(꾸짖을 저), 毁(헐 훼).

범차인물(에) 불가손괴불환(이요),

범끽음식(에) 불가간택거취(요),

여인동처(에) 불가자택편리(요),

범인부귀(를) 불가탄선저훼(라).

또 남이 부탁한 편지를 뜯어보거나 지체하면 안된다. 남의 곁에 앉아 있을 때 남의 사사로운 서류를 엿보면 안된다. 남의 집에 들어갔을 때 남이 쓴 문장을 훑어보면 안된다. 남에게 빌린 물건을 파손하거나 안 돌려주면 안된다. 음식을 먹을 때 가리고 골라서 집어먹으면 안된다. 남과 한자리에 있을 때 자기 혼자만 편하고자 하면 안된다. 다른 사람의 부귀를 지나치게 선망하거나 욕하면 안된다.

> ○人付書信(인부서신)－남이 부탁한 서신. ○開坼(개탁)－열어 본다. ○沈滯(침체)－남의 편지를 묻어 둔다. ○幷坐(병좌)－함께 앉다. ○窺人私書(규인사서)－남의 사사로운 서류를 엿보다. ○看人文字(간인문자)－남이 작성하고 있는 글이나 문장을 뒤져 보다. ○損壞(손괴)－손상하거나 파괴함. ○喫(끽)－먹다. ○揀擇去取(간택거취)－가리고 골라서 집어먹다. ○自擇便利(자택편리)－자신의 편리만을 택하다. ○歎羨(탄선)－감탄하고 선망함. ○詆毁(저훼)－욕하고 비방하다.

13-10-3

凡此數事

有犯之者 足以見用心之不正

於正心修身 大有所害

因書以自警.15)

> 범차수사(에)
> 유범지자(면) 족이견용심지부정(이라)
> 어정심수신(에) 대유소해(라)
> 인서이자경(하노라).

이상에 열거한 사항들을 범하는 사람이 있으면 그것으로 그의 마음씨가 바르지 못함을 알 수 있다. 따라서 마음을 바로잡고 몸을 닦음에 크게 해가 될 것이다. 그러므로 이상을 적어서 스스로 경계하라.

> ㅇ凡(범)-무릇. ㅇ此數事(차수사)-'하지 마라'는 7개항과 '하면 안 된다'의 7개항, 즉 도합 14개의 경계할 일. ㅇ有犯之者(유범지자)-지키지 못하고 범하는 사람. ㅇ足以見(족이견)-족히 볼 수 있다. 알 수 있다. ㅇ用心之不正(용심지부정)-마음 씀씀이가 바르지 못함. ㅇ正心(정심)-마음을 바르게 함. ㅇ修身(수신)-몸을 닦음. 수양. ㅇ大有所害(대유소해)-크게 해되는 바가 있다. ㅇ自警(자경)-스스로 경계하다.

---

15) 凡(무릇 범), 犯(범할 범), 修(닦을 수), 因(인할 인), 警(경계할 경).

⟨참고⟩ 해서는 안될 행동 일곱 개 항을 열거했다. 남의 편지나 서류 혹은 문서를 엿보지 마라. 남에게 빌린 물건을 파손하지 말고 즉시 돌려주어라. 음식을 먹을 때 맛있는 것만 골라서 집어먹지 마라. 여러 사람과 함께 있으면서 자신의 편리만을 택하지 마라. 남의 부귀를 지나치게 부러워하거나 반대로 지나치게 헐뜯고 욕하지 마라. 자신의 주체성을 확립하고 자기의 본분을 지키고, 자기의 일을 성실하게 해야 한다. 그렇지 못하기 때문에, 남에 대한 쓸데없는 간섭을 하게 되는 것이다.

인격을 완성하는 수신을 위해 적극적으로 착한 일을 하는 것도 중요하다. 그러나 소극적 선행으로 악한 일을 하지 않음도 중요하다. 즉 위에 적힌 14개의 '하면 안될 사항'들을 잘 지켜야 한다. 이상의 사항들은 오늘날의 사회생활에서도 지키고 행할 예의범절이라 하겠다.

─────── 13-11-1 ───────

武王問太公曰, 人居世上
何得貴賤貧富不等
願聞說之 欲知是矣.[16]

무왕(이) 문태공왈, 인거세상
하득귀천빈부부등(고)
원문설지(하야) 욕지시의(로이다).

문왕이 태공에게 물었다. '사람들이 같은 세상에 사는데

─────────────

16) 貴(귀할 귀), 賤(천할 천), 貧(가난할 빈), 等(가지런할 등), 願(원할 원).

어찌하여 빈부귀천이 저마다 같지 않습니까? 그에 대한 말
씀을 듣고자 합니다. 그 까닭을 알고 싶습니다.'

ㅇ武王(무왕)-주(周)나라를 세운 임금. 아버지 문왕(文王)의 뜻을
따라 강태공(姜太公)을 태사(太師)로 모시고 나라를 세웠다. ㅇ太公
(태공)-1-4 참조. ㅇ何得(하득)-어찌하여 ……할 수 있는가? ㅇ貴
賤(귀천)-귀함과 천함. ㅇ貧富(빈부)-가난한 사람과 부자. ㅇ願聞
(원문)-듣고 싶다. ㅇ說之(설지)-빈부귀천(貧富貴賤)이 다른 까닭
을 설명함.

───(13-11-2)───

太公曰, 富貴如聖人之德 皆有天命
富者用之有節 不富者家有十盜.[17)]

태공(이) 왈, 부귀(는) 여성인지덕(하야) 개유천명(이어니와)
부자(는) 용지유절(하고) 불부자(는) 가유십도(니다).

태공이 말했다. '부와 귀를 겸하는 것은 마치 성인의 덕과
같으며 모두 천명에 의해서 주어지는 것입니다. 그러나 부자
는 씀씀이를 절약하면 될 수 있으며 반대로 부자가 못 되는
것은 집안에 열 가지 도적이 숨어 있기 때문입니다.'

ㅇ有天命(유천명)-천명으로 주어짐. ㅇ富者(부자)-돈을 많이 지닌
사람. ㅇ用之有節(용지유절)-씀씀이를 절약함. ㅇ不富者(불부자)-
부자가 못된 자. ㅇ家有十盜(가유십도)-집안에 열 개의 도적이 있다.

───────────────

17) 聖(성인 성), 皆(다 개), 命(명할 명), 節(마디 절), 盜(훔칠 도).

─ 13-11-3 ─

武王曰, 何謂十盗.

무왕왈, 하위십도(오).

무왕이 물었다. '열 개의 도적이란 무엇을 말하는 것입니까?'

─ 13-11-4 ─

太公曰,
時熟不收爲一盗 收積不了爲二盗,
無事燃燈寢睡爲三盗 慵懶不耕爲四盗,
不施功力爲五盗 專行巧害爲六盗,
養女太多爲七盗 晝眠懶起爲八盗,
貪酒嗜慾爲九盗 强行嫉妬爲十盗.[18]

태공(이) 왈,
시숙불수위일도(요) 수적불료위이도(요),
무사연등침수위삼도(요) 용라불경위사도(요),
불시공력위오도(요) 전행교해위육도(요),
양녀태다위칠도(요) 주면라기위팔도(요),
탐주기욕위구도(요) 강행질투위십도(니다).

─────────────

18) 熟(익을 숙), 了(마칠 료), 燃(사를 연), 燈(등잔 등), 睡(잘 수), 慵(게으를 용), 懶(게으를 라), 嗜(즐길 기), 嫉(시기할 질), 妬(강새암할 투).

태공이 말했다. '곡식이 제때에 익었는데 거둬들이지 않는
것이 첫째 도적이요, 잘 거두어들여 창고에 쌓지 않는 것이
둘째 도적이요, 일없이 등불을 켜놓고 자는 것이 셋째 도적
이요, 게을러서 밭갈이하지 않는 것이 넷째 도적이요, 공력
을 남에게 베풀지 않는 것이 다섯째 도적이요, 오로지 간교
하고 해로운 짓만 하는 것이 여섯째 도적이요, 딸을 너무 많
이 낳아서 키우는 것이 일곱째 도적이요, 아침에 늦게 일어
나고 낮잠 자는 것이 여덟째 도적이요, 술을 탐하고 환락에
빠지는 것이 아홉째 도적이요, 심하게 남을 시기하는 것이
열번째 도적입니다.'

ㅇ時熟不收(시숙불수)-때맞게 곡식이 익었는데 거둬들이지 않는다.
ㅇ收積(수적)-거두어들이고 창고에 쌓다. ㅇ不了(불료)-완료하지
않음. ㅇ燃燈(연등)-등불을 켜놓다. ㅇ寢睡(침수)-누워 자다. ㅇ慵
懶(용라)-게으르고 나태함. ㅇ不施功力(불시공력)-노력하고 애를
쓰지 않음, 혹은 남에게 공덕을 베풀지 않음. ㅇ專行巧害(전행교해)-
오로지 간교하고 해독이 되는 행동을 함. ㅇ養女太多(양녀태다)-너
무 많은 딸을 키우다. ㅇ懶起(라기)-아침에 늦게 일어남. ㅇ貪酒(탐
주)-술을 탐내다. ㅇ嗜慾(기욕)-오락이나 향락에 빠짐. ㅇ强行嫉妬
(강행질투)-남을 심하게 질투하고 미워함.

武王曰, 家無十盜 而不富者何如.

太公曰, 人家必有三耗.

武王曰, 何名三耗.

太公曰, 倉庫漏濫不蓋 鼠雀亂食爲一耗.

收種失時爲二耗 抛撒米穀穢賤爲三耗.[19)]

> 무왕(이) 왈, 가무십도 이불부자(는) 하여(닛고).
>
> 태공(이) 왈, 인가(에) 필유삼모(니다).
>
> 무왕(이) 왈, 하명삼모(닛고).
>
> 태공(이) 왈, 창고누람불개(하야) 서작란식(이) 위일모(요).
>
> 수종실시(이) 위이모(요) 포살미곡예천(이) 위삼모(니다).

무왕이 물었다. '집안에 열 가지 도적이 없는데도 부자가 되지 못함은 어찌해서인가요?'

태공이 말했다. '그런 집안에는 반드시 세 가지의 손실을 방치하고 있을 겁니다.'

무왕이 물었다. '세 가지의 손실이란 무엇을 말하나요?'

태공이 대답했다. '창고가 헐고 비가 새는데도 수리하지 않고 쥐나 새들이 곡식을 마구 먹게 내버려 두는 것이 첫 번째의 손실이고, 거두어들이고 씨뿌릴 때를 놓쳐 농사를 망치

---

19) 耗(줄 모), 漏(샐 루), 濫(퍼질 람), 蓋(덮을 개), 鼠(쥐 서), 雀(참새 작), 亂(어지러울 란), 抛(던질 포), 撒(뿌릴 살), 穀(곡식 곡), 穢(더러울 예).

는 것이 두 번째의 손실이고, 쌀이나 곡식을 더러운 땅바닥
에 흩뜨려 뿌리는 것이 세 번째의 손실입니다.'

　　○三耗(삼모)－세 가지 손실. ○漏(루)－비가 새다. ○濫(람)－망가지
다. ○蓋(개)－지붕을 덮다. 수리하다. ○鼠(서)－쥐. ○雀(작)－새.
○亂食(난식)－함부로 먹다. ○收種失時(수종실시)－거두거나 씨뿌
릴 때를 잃음. ○抛撒(포살)－내다 뿌리다. ○穢賤(예천)－더러운
땅바닥.

13-11-6

武王曰, 家無三耗 而不富者何如
太公曰, 人家必有 一錯 二誤
三痴 四失 五逆 六不祥
七奴 八賤 九愚 十强
自招其禍 非天降殃.[20]

　　무왕(이) 왈, 가무삼모 이불부자(는) 하여(니꼬)
　　태공(이) 왈, 인가(에) 필유 일착 이오
　　삼치 사실 오역 육불상
　　칠노 팔천 구우 십강(하야)
　　자초기화(요) 비천강앙(이니다).

---

20) 錯(섞일 착), 誤(그릇할 오), 痴＝癡(어리석을 치), 逆(거스를 역), 祥
　　(상서로울 상), 奴(종 노), 賤(천할 천), 愚(어리석을 우), 招(부를 초), 殃
　　(재앙 앙).

무왕이 물었다. '집안에 세 가지의 손실이 없는데도 부자가 되지 못함은 어찌해서요?'

태공이 말했다. '그런 사람 집안에는 반드시 다음의 열 가지 잘못이 있습니다. 1은 그르침, 2는 잘못, 3은 치졸함, 4는 실수, 5는 거역, 6은 꼴불견, 7은 종놈 행세, 8은 천민 행세, 9는 우둔함, 10은 뻔뻔스러움입니다. 그러므로 그들은 화를 자초하는 것이지 절대로 하늘이 재앙을 내리는 것이 아닙니다.'

───(13-11-7)───────────

武王曰, 願悉聞之.

太公曰, 養男不敎訓爲一錯

嬰孩不訓爲二誤

初迎新婦 不行嚴訓爲三痴

未語先笑爲四失

不養父母爲五逆.21)

　　무왕(이) 왈, 원실문지(이다).
　　태공(이) 왈, 양남불교훈(이) 위일착(이요)

───────────

21) 悉(다 실), 訓(가르칠 훈), 嬰(갓난아이 영), 孩(어린아이 해), 嚴(엄할 엄).

영해불훈(이) 위이오(요)

초영신부불행엄훈(이) 위삼치(요)

미어선소(이) 위사실(이요)

불양부모(이) 위오역(이요).

무왕이 말했다. '자세히 듣고 싶습니다.'

태공이 말했다. '아들을 기르되 교육과 훈도를 안함이 1의 그르침이고, 어린아이를 잘 훈도하지 않음이 2의 잘못이고, 신부를 처음 맞아 엄히 훈도하지 않음이 3의 치졸이고, 말하기 전에 먼저 웃는 것이 4의 실수이고, 부모를 양육하지 않음이 5의 거역입니다.'

　○悉(실)-자세히.　○錯(착)-빗나가다.　○嬰孩(영해)-어린아이.
○誤(오)-오도(誤導).　○嚴訓(엄훈)-엄하게 타이르다.　○痴(치)-
바보, 치졸.　○失(실)-실수.　○逆(역)-인륜에 거역함.

――――(13-11-8)――――――――――――――・

夜起赤身爲六不祥　好挽他弓爲七奴

愛騎他馬爲八賤　喫他酒勸他人爲九愚

喫他飯命朋友爲十強.

武王曰, 甚美誠哉是言也.[22]

　야기적신(이) 위육불상(이요) 호만타궁(이) 위칠노(요)

――――――――――――――

22) 赤(붉을 적), 挽(당길 만), 喫(마실 끽), 勸(권할 권), 誠(정성 성).

애기타마(이) 위팔천(이요) 끽타주권타인(이) 위구우(요)
끽타반명붕우(이) 위십강(이니다)
무왕왈, 심미성재(라) 시언야(라).

'밤에 알몸으로 일어나 나가는 것이 6의 흉측함이고, 남의
활 당기기를 좋아하는 것이 7의 종놈 행세이고, 남의 말타기
를 좋아하는 것이 8의 천민 행세이고, 남의 술을 마시며 다
른 사람에게 권하는 것이 9의 우둔함이고, 남의 밥을 얻어먹
으면서 친구에게 먹으라고 권함이 10의 뻔뻔스러움입니다.'
무왕이 말했다. '참으로 좋고 옳은 말이로다.'

ㅇ赤身(적신)−알몸. ㅇ不祥(불상)−상서롭지 않음, 흉함. ㅇ挽(만)−
당기다. ㅇ奴(노)−종놈의 행세. ㅇ强(강)−강심장, 뻔뻔스럽다. ㅇ美
(미)−아름답다. 좋다.

(참고) 주(周)나라 무왕과 강태공의 문답 속에는 여러 가지의 교훈이 담
겨있다. 크게 부귀를 누리는 것은 천명(天命)에 의한다. 그러나 자신
이 노력하고 잘못하지 않으면, 작은 부자로 살 수 있다. 특히 집안에
서 재물을 축내는 열 가지 항목, 즉 십도(十盜)와 삼모(三耗)를 피해
야 한다. 이렇게 하면 부자가 된다. 그래도 부자가 못되는 것은 열 가
지 잘못이 있기 때문이다. 결국 불행이나 재앙은 사람이 잘못하여 자
초하는 것이다. 이상에서 태공이 열거한 여러 가지 사항은 오늘날의
우리도 따르거나, 명심할 사항들이다.

제14편 치정편(治政篇)

〈치정편〉은 주로 벼슬을 사는 공직자, 즉 관리들의 마음가짐과 몸가짐에 대한 가르침이다. 중요한 항목을 대략 다음과 같이 추릴 수 있다.

우선 공무를 담당하고 백성들을 다스릴 관리들은 청렴하고 신중하고 아울러 근면해야 한다. 그래야 벼슬자리도 잘 지키고 집안살림도 유지할 수 있다.

벼슬아치들은 백성의 재물을 거두어 녹봉으로 충당하고 있음을 잘 인식해야 한다. 즉 백성의 덕택으로 비단옷도 입고 쌀밥도 먹는 것이다. 그러므로 백성을 고맙게 여기고 또 그들을 높이고 사랑해야 한다.

관리들은 절대로 폭노(暴怒)하면 안된다. 즉 격한 노여움을 밖으로 나타내면 안된다. 폭노하면 자신이 먼저 다치고 또 남들도 해친다.

공직사회에서는 성실과 겸양으로써 상하가 서로 화목해야 한다. 그러나 정도(正道)와 정의(正義)를 위해서는 충간(忠諫)도 서슴지 말고 올려야 한다.

허물은 자기에게 돌리고 공적은 남에게 밀어주는 미덕을 발휘해야 한다. 기타 다음과 같은 태도로 벼슬을 살아야 한다.

임금 섬기기를 어버이 섬기듯이 하고, 장관 받들기를 형님 모시듯이 하고, 동료들과 어울리기를 가족같이 하고, 아전들 대하기를 자기 집안의 노복같이 하고, 백성들 사랑하기를 처자식같이 하고, 관청일 처리를 자기 가사 처리하듯이 해야 한다. 그래야 비로소 정성을 다했다고 말할 수 있다. '나를 바르게 하면 모든 것이 바르게 잡힌다(正己以格物)'라고 요약할 수 있다.

───────(*14-1*)──────────────────────────

明道先生曰,
一命之士 苟有存心於愛物
於人必有所濟.[1]

> 명도선생(이) 왈,
> 일명지사 구유존심어애물(이면)
> 어인필유소제(니라).

명도선생이 말했다. '일단 임명을 받고 부임한 관리가 진실로 자기의 직책과 공사를 소중히 여기는 마음을 지닌다면 자기가 다스리는 사람들을 잘 제도할 수 있을 것이다.'

> ○明道先生(명도선생)─북송(北宋)의 대학자, 정호(程顥). ○一命之士(일명지사)─임명을 받은 선비. 혹은 처음으로 임명된 관리. ○苟(구)─가령, 참으로, 진실로. ○存心(존심)─마음을 지니다. ○於(어)─대해서. ○愛物(애물)─물(物)은 넓은 뜻으로 '대상(對象)', 즉 자기가 맡은 직책과 공사(公事), 혹은 기물이나 재물. ○於人(어인)─인민, 백성에게. ○有所濟(유소제)─제도하는 바 있다. 도움을 줄 것이다.

(참고) 관리는 자기가 맡은 직책과 자기 소관하에 있는 모든 사물(事物)을 사랑하는 마음을 지녀야 한다. 사(事)는 정사(政事)·공무(公務), 물(物)은 금전·기물·재산 등이다. 강한 책임감으로 국가의 공금과 재산을 아끼는 마음이 투철해야 국민에게 이익을 줄 수 있다.

───────────────────────────────

[1] 命(명령 명), 士(선비 사), 苟(진실로 구), 存(있을 존), 濟(건널 제).

──────────── 14-2 ────────────

唐太宗御製云,
上有麾之 中有乘之 下有附之
幣帛衣之 倉廩食之 爾俸爾祿 民膏民脂,
下民易虐 上蒼難欺.[2]

> 당태종어제(에) 운,
> 상유휘지(하고) 중유승지(하고) 하유부지(하여)
> 폐백의지(요) 창름식지(하니) 이봉이록(이) 민고민지(니라),
> 하민이학(이나) 상창난기(니라).

당태종이 어제에서 말했다. '위에서는 임금이 명령하고 중
간에서는 관리가 다스리고 아래에서는 백성들이 따른다. 백
성들의 폐백으로 옷을 입고 창고의 곡식으로 밥을 먹으니
그대들의 봉급이나 녹미가 모두 백성들의 기름이다. 백성을
학대하긴 쉬워도 푸른 하늘은 못 속인다.'

> ○唐太宗(당태종)─당나라 제2대 임금. 이름은 이세민(李世民). 아버
> 지 이연(李淵)을 도와 당나라를 세웠다. ○御製(어제)─임금이 지은
> 글. ○上有麾之(상유휘지)─위에서 지휘함. 상(上)은 임금, 혹은 하
> 늘. ○中有乘之(중유승지)─임금과 백성 사이에서 (관리들이) 다스림.
> ○下有附之(하유부지)─아래 백성들이 따르다. ○幣帛(폐백)─백성이
> 바친 재물과 비단. ○倉廩(창름)─국가의 곡식 창고 ○爾(이)─그대

───────────────────────────────

2) 麾(대장기 휘), 幣(비단 폐), 廩(곳집 름), 俸(녹 봉), 祿(복 록), 膏(살찔
   고), 脂(기름 지), 虐(사나울 학), 蒼(푸를 창), 欺(속일 기).

들. ○俸祿(봉록)-봉급이나 녹미. ○膏脂(고지)-기름. ○易虐(이
학)-(백성들을) 학대하기는 쉽다. ○上蒼難欺(상창난기)-위에서 굽
어보고 있는 푸른 하늘을 속이기는 어렵다.

(참고) 관리들은 백성들의 땀과 노력의 대가로 녹봉을 받아먹고 산다.
그러므로 백성들에게 잘해야 한다. 백성을 학대하면 하늘이 노한다.

───(14-3)───

童蒙訓曰, 當官之法
唯有三事 曰淸曰愼曰勤,
知此三者 知所以持身矣.[3]

동몽훈(에) 왈, 당관지법(이)
유유삼사(하니) 왈청왈신왈근(이라).
지차삼자(라야) 지소이지신의(니라).

《동몽훈》에서 말했다. '관직을 감당하는 법은 오직 셋이
다. 즉 청렴하고 신중하고 근면함이다. 이 세 가지를 잘 알
고 실천하는 것이 곧 자기 신분을 유지하는 바탕임을 알아
야 한다.'

○童蒙訓(동몽훈)-아이들을 계몽하는 책. 송(宋)나라 여본중(呂本
中)이 지었음. ○當官(당관)-관직을 감당함. ○唯(유)-오직. ○三事

─────────────

3) 蒙(입을 몽), 訓(가르칠 훈), 法(법 법), 唯(오직 유), 愼(삼갈 신), 勤(부
지런할 근), 持(가질 지).

(삼사)-지키고 행해야 할 세 가지 일. ㅇ淸(청)-청렴결백(淸廉潔白). ㅇ愼(신)-신중하고 세밀함. ㅇ勤(근)-근면(勤勉)하고, 성실함. ㅇ知(지)-알고 또 실천함. ㅇ所以(소이)-바탕. ㅇ持身(지신)-몸가짐. 혹은 신분을 유지함.

(참고) 관리가 되어 나랏일을 다스리려면 청렴결백해야 한다. 그리고 처신에 있어서나 공무 처리에 있어서나 신중해야 한다. 아울러 항상 근면하고 성실하게 직책을 수행해야 한다. 그렇게 하면 관리로서의 도리도 다하고 또 신분도 오래 보장될 수 있을 것이다.

───────(14-4)───────

當官者 必以暴怒爲戒
事有不可 當詳處之
必無不中 若先暴怒
只能自害 豈能害人.4)

　　당관자(는) 필이폭노위계(하야)
　　사유불가(어든) 당상처지(면)
　　필무부중(이요) 약선폭노(면)
　　지능자해(라) 기능해인(이리오).

관직을 맡은 사람은 심하게 화를 내는 일이 없도록 경계해야 한다. 일처리에 있어 혹 잘못이 있으면, 마땅히 자상하

─────────────

4) 暴(사나울 폭), 怒(성낼 노), 詳(자세할 상), 處(처리할 처), 豈(어찌 기).

게 대처하면, 합당하게 될 것이다. 만약에 관리가 먼저 심하
게 화를 내면 자신을 다치게 할 뿐, 남을 해칠 수 있는 것이
아니다.

> ○當官者(당관자)－관직을 맡은 사람. 관리. ○暴怒(폭노)－노여움의
> 폭발. 감정 폭발. ○爲戒(위계)－경계함. ○事有不可(사유불가)－일
> 이 혹 잘못되었더라도. ○當(당)－마땅히. ○祥(상)－자상하게. ○處
> (처)－처리함. ○必無不中(필무부중)－반드시 맞지 않음이 없다. ○若
> (약)－만약. ○自害(자해)－자신을 다치고 자기에게 해가 됨. ○豈能
> 害人(기능해인)－어찌 (화를 냄으로써) 남을 해칠 수가 있으랴.

(참고) 관리는 감정을 억제하고 냉철히 일을 처리해야 한다. 함부로 화
를 내면 자신의 인격에 손상을 준다. 백성이 생산하는 재물을 녹봉으
로 받는 관리들은 백성에게 감사하며 바르게 봉사해야 한다.

──────(*14-5*)──────

事君如事親 事長官如事兄,
與同僚如家人 待群吏如奴僕,
愛百姓如妻子 處官事如家事,
然後能盡吾之心 如有毫末不至,
皆吾心有所未盡也.[5]

사군(을) 여사친(하고) 사장관(을) 여사형(하고),

───────────────

5) 僚(동료 료), 群(무리 군), 僕(종 복), 盡(다될 진), 毫(가는 털 호).

여동료(를) 여가인(하고) 대군리(를) 여노복(하고),
애백성(을) 여처자(하고) 처관사(를) 여가사(하니),
연후(에) 능진오지심(이니) 여유호말부지(면),
개오심유소미진야(니라).

임금 섬기기를 어버이 섬기듯이 하고, 장관 받들기를 형님 모시듯이 하고, 동료들과 어울리기를 가족같이 하고, 아전들 대하기를 자기 집의 노복같이 하고, 백성들 사랑하기를 처자식같이 하고, 관청 일 처리를 집안일 처리하듯이 하라. 그래야 비로소 나의 정성을 다했다고 말할 수 있다. 만약에 털끝만큼이라도 이르지 못한 점이 있다면 모두가 나의 정성에 미진함이 있기 때문이다.

ㅇ事(사)-섬기다. ㅇ與(여)-함께 어울리다. ㅇ同僚(동료)-함께 일하는 사람. ㅇ待群吏(대군리)-아전들에 대하다. ㅇ處官事(처관사)-관청 일을 처리함. ㅇ能盡(능진)-다 했다고 말할 수 있다. ㅇ吾之心(오지심)-자신의 정성(精誠), 성심(誠心). ㅇ毫末(호말)-털끝. ㅇ有所未盡(유소미진)-다하지 못함이 있음.

참고 이기심(利己心)을 확대해서 이타심(利他心)을 발휘해야 한다. 그래야 나와 더불어 공동체가 함께 흥성하고 발전한다.

───── **14-6** ─────

或問, 簿佐令者也

簿所欲爲 令或不從奈何,

伊川先生曰, 當以誠意動之

今令與簿不和 便是爭私意

令是邑之長 若能以事父兄之道事之

過則歸己 善則唯恐不歸於令

積此誠意 豈有不動得人.6)

혹(이) 문, 부(는) 좌령자야(니)

부소욕위(를) 영혹부종(이면) 내하,

이천선생왈, 당이성의동지(니라)

금령여부불화(는) 변시쟁사의(요)

영(은) 시읍지장(이니) 약능이사부형지도(로) 사지(하야)

과즉귀기(하고) 선즉유공불귀어령(하야)

적차성의(면) 기유부동득인(이오).

어떤 사람이 물었다. '주부는 수령을 보좌하는 직책인데 주부가 하고자 하는 일을 수령이 혹 반대하고 허락하지 않으면 어찌해야 합니까?'

이천선생이 말했다. '마땅히 서로 정성스런 마음으로써 움

---

6) 簿(장부 부), 佐(도울 좌), 奈(어찌 내), 積(쌓을 적), 誠(정성 성).

직이게 해야 한다. 가령 지금 수령과 주부가 서로 화합하지 못하고 있다면 그것은 사사로운 의견 차이에서 비롯된 다툼이다. 수령은 고을의 장관이니 만약에 주부가 아버지나 형을 섬기는 도리로 수령을 섬기고 잘못은 자기에게 돌리고 잘된 일의 공적이 혹시라도 수령에게 돌아가지 않으면 어쩔까 하고 걱정을 하는 그런 정성스런 마음을 거듭 쌓아올리면 어찌 서로를 감동시키지 못하겠느냐?'

ㅇ簿(부)-주부(主簿), 서류나 장부를 관장하는 관원(官員). ㅇ佐(좌)-보좌함. ㅇ令(영)-수령(守令), 고을을 다스리는 원님. ㅇ所欲爲(소욕위)-하고자 하는 일. ㅇ不從(부종)-따르지 않고 반대함. ㅇ奈何(내하)-어찌하랴? ㅇ伊川先生(이천선생)-북송(北宋)의 대학자, 정이(程頤). 정호(程顥)의 동생. ㅇ誠意(성의)-정성과 성심. ㅇ動之(동지)-(정성으로) 상대를 감동시킴. ㅇ今(금)-지금, 만약. ㅇ便是(변시)-곧 그것은 ……이다. ㅇ爭私意(쟁사의)-사사로운 의견의 다툼. ㅇ若能(약능)-만약 능히 ……할 수 있다면. ㅇ事之(사지)-(부형을 섬기는 도리로써) 수령을 섬기다. ㅇ過則歸己(과즉귀기)-잘못은 자기에게 돌리다. ㅇ唯恐(유공)-항상 겁을 내다, 걱정함. ㅇ不歸於令(불귀어령)-(잘된 일의 공적이) 수령에게 돌아가지 않으면 (어쩔까 하고 걱정함). ㅇ積(적)-쌓아올리다. ㅇ豈有不動得人(기유부동득인)-어찌 상대를 감동시키지 못하랴.

참고 상급자와 하급자는 서로 화목하고 화합해서 공무를 수행해야 한다. 기준을 항상 바른 도리에 두고 서로 정성을 다해야 한다.

___14-7___

劉安禮問 臨民
明道先生曰, 使民各得輸其情
問御吏 曰正己以格物.7)

> 유안례문 임민(한대)
> 명도선생(이) 왈, 사민각득수기정(이니라)
> 문어리(한대) 왈정기이격물(이니라).

유안례가 '어떻게 백성에게 대해야 합니까?'하고 묻자, 명도선생이 말했다. '저마다 각자의 뜻을 펴게 해주어라.'

또 '관리들은 어떻게 다루면 됩니까?'하고 묻자, '자신을 바르게 함으로써 남도 바르게 하여라.'고 대답했다.

> ○劉安禮(유안례)－북송(北宋) 때의 학자. ○臨民(임민)－백성에 임하다. ○使民各得(사민각득)－백성으로 하여금 저마다 얻게 함. ○輸其情(수기정)－자기들의 생각을 관청에 전달하다. 뜻을 펴게 함. ○御吏(어리)－관리들을 다스리다. ○正己(정기)－자신을 바르게 함. ○格物(격물)－남들도 바르게 됨. 물(物)은 대상(對象). 격(格)은 바르게 됨.

참고 백성들의 바른 뜻과 욕구를 적절히 충족시켜 주는 정치를 펴야 한다. 백성을 억압하고 착취하는 학정(虐政)을 펴면 안된다. 지도자가 몸가짐을 바르게 하면 그 아래의 부하들이나 그가 다스리는 일들도

---

7) 臨(임할 림), 輸(나를 수), 情(뜻 정), 御(어거할 어).

바르게 될 것이다.

14-8

抱朴子曰, 迎斧鉞而正諫
據鼎鑊而盡言 此謂忠臣也.[8]

포박자(이) 왈, 영부월이정간(하며)
거정확이진언(이면) 차위충신야(니라).

《포박자》에서 말했다. '도끼형벌을 받아도 바르게 간하고
가마솥에 죽더라도 바른 말을 다하면 그를 충신이라 할 것
이다.'

○抱朴子(포박자)─동진(東晉)의 도가(道家)의 사상가 갈홍(葛洪)의
전서. ○迎斧鉞(영부월)─도끼로 죽이는 형벌을 받아도. ○據鼎鑊(거
정확)─가마솥 속에 넣고 죽이는 형벌을 당해도.

참고 임금이 도에서 벗어나 잘못하면 충신은 생명을 걸고 바르게 간언
을 올려야 한다. 윗사람의 잘못을 알면서 아부하거나, 겁을 내고 모른
척하면 국가와 백성들이 피해를 입는다.

정다산(丁茶山)이 저술한 《목민심서(牧民心書)》에는 관리들이 따
르고 지켜야 할 여러 가지 지침이 적혀 있다. 그 중에 다음과 같은 말
이 있다. '예를 지킴에 공손하고 의를 따름에 청렴해야 한다. 예와 의
를 다 온전하게 지키고 또 남들과 화목하고 도에 맞도록 해야 그를

---

8) 斧(도끼 부), 鉞(도끼 월), 鼎(솥 정), 鑊(가마 확).

비로소 군자라고 말할 수 있다(禮不可不恭 義不可不潔 禮義兩全 雍容中道 斯之謂君子也).' 이때의 군자(君子)는 임금을 받들고 백성을 다스리는 선비의 뜻이다. '법은 임금의 명령이다. 법을 안 지킴은 곧 임금의 명령을 어김이다(法者 君命也 不守法 是不遵君命者也).' '법을 굳게 지키고 절대로 굽히면 안된다. 그렇게 하면 곧 사사로운 욕심을 물리치고 하늘의 말을 듣게 되고 따라서 오직 천리의 흐름을 따라 나가게 된다(確然持守 不撓不奪 便是人欲退 聽天理之流行).' 천리지류행(天理之流行)이란 곧 하늘의 도리가 천지에 퍼져 흐르고 만물을 낳고 키우고 번성케 한다는 뜻이다. 그러므로 백성을 다스리는 관리들도 하늘의 도리를 따라 백성과 만물을 사랑하고 더욱 흥성케 해야 한다.

제15편 치가편(治家篇)

제15편에는 주로 집안 다스리기에 관한 짧은 구절이 8개항 있으며 각 항의 요지는 대략 다음과 같다.

가정의 구성원인 가족들은 가정의 중심 인물인 가장(家長)을 받들고 따라야 한다. 가족들이 저마다 자기만을 내세우고 제멋대로 행동하면 가정의 통일이 이루어지지 않는다.

집안 살림은 검소하게 하되 손님 대접은 후하고 후덕하게 해야 한다. 이와 반대로 자기 집안에서는 사치와 낭비를 하면서 남에게는 인색하게 하면 실인심(失人心)하며 결국에는 사회적으로 고립된다.

어리석은 남자는 아내를 겁낸다. 현명한 아내는 남편을 공경한다. 남편이 아내를 사랑하는 것과 겁내는 것은 다르다.

노비(奴婢)를 부릴 때에는 그들의 배고픔과 헐벗음을 염려해야 한다. 남을 사랑하고 남의 간고한 사정을 동정하는 인심(仁心)이 있어야 한다.

자식은 어버이에게 성심으로 효도를 해야 한다. 그래야 양친이 즐거워하신다. 또 모든 가족들이 서로 화목해야 만사가 이루어진다.

항상 불조심하고 또 도둑을 방비해야 한다.

새벽 일찍이 일어나 부지런히 일을 해야 집안이 흥한다.

결혼을 함에 있어 재물을 논함은 오랑캐가 하는 짓이다. 지나친 금전만능주의에 빠지면 안된다.

다른 편(篇)에도 집안 다스리기와 가정 윤리에 관한 가르침이 퍽 많다. 오히려 다른 편 속에 더 중요하고 절실한 구절이 많이 있으니 두루 참고하기를 바란다.

───(**15-1**)───────────────────────

司馬溫公曰,
凡諸卑幼 事無大小
毋得專行 必咨稟於家長.[1]

사마온공(이) 왈,
범제비유(는) 사무대소(에)
무득전행(하고) 필자품어가장(이니라).

사마온공이 말했다. '손아래의 사람들은 일의 크고 작음을 막론하고 독단으로 처리하거나 제멋대로 행동하면 안된다. 반드시 가장에게 여쭈어 보고 처리하거나 행동해야 한다.'

○司馬溫公(사마온공)—1-6 참조. ○諸(제)—모든, 여러. ○卑幼(비유)—손아래의 사람. ○事無大小(사무대소)—일의 크고 작음을 가리지 않고 모든 일을. ○毋得(무득)—하면 안된다. ○專行(전행)—제멋대로 행하다, 독단으로 처리하다. ○咨稟(자품)—윗사람에게 알리고 물어보다. ○家長(가장)—집안의 어른.

(참고) 가정은 사회의 기본 단위가 되는 하나의 공동체이다. 그 공동체의 중심적 존재가 가장이다. 가족의 모든 성원들이 가장을 중심으로 통일된 행동을 취해야 가족이 단합되고 가정 전체가 번성하고 발전한다.

────────────────

1) 卑(낮을 비), 毋(말 무), 專(오로지 전), 咨(물을 자), 稟(줄 품).

15-2

待客不得不豊 治家不得不儉.[2]

대객(에) 부득불풍(이요) 치가(에) 부득불검(이니라).

손님 접대는 풍족하게 하고 집안 살림은 검소하게 해야
한다.

> ○待客(대객)-손님을 접대함. ○不得不(부득불)~ ─……해야 한다.
> ○豊(풍)-풍족하게. ○治家(치가)-집안 살림. ○儉(검)-검약, 검소.

(참고) 집안 살림은 알뜰하게 하되 손님 접대는 후하게 해야 한다. 반대
로 자신은 낭비하면서 남에게 인색하게 하면 안된다.

15-3

太公曰, 痴人畏婦 賢女敬夫.[3]

태공(이) 왈, 치인(은) 외부(하고) 현녀(는) 경부(니라).

태공이 말했다. '어리석은 사람은 아내를 두려워하고 현명
한 여자는 남편을 공경한다.'

> ○痴人(치인)-어리석은 사람. ○畏婦(외부)-아내를 두려워함. ○賢
> 女(현녀)-현명한 여자. ○敬夫(경부)-남편을 공경함.

---

2) 待(대접할 대), 客(손 객), 豊(풍성 풍), 治(다스릴 치), 儉(검소할 검).
3) 痴=癡(어리석을 치), 畏(두려워할 외), 賢(어질 현), 敬(공경할 경).

(참고) 부부가 서로 사랑하고 공경해야 가정이 화락(和樂)하고 자녀를
잘 양육할 수 있다. 그러기 위해서는 남편과 아내가 저마다 부부의 도
리와 본분을 잘 지키고 성실하게 해야 한다.

15-4

凡使奴僕 先念飢寒.4)

범사노복(에) 선념기한(이니라).

종을 부릴 때에는 먼저 그들의 춥고 굶주림을 염려해야
한다.

ㅇ凡(범)−무릇. ㅇ使奴僕(사노복)−종을 부리다. ㅇ先念(선념)−먼
저 생각함. ㅇ飢寒(기한)−그들의 굶주림과 추운 사정.

(참고) 종이나 노비도 같은 사람이다. 인간애(人間愛)를 가지고 그들을
부려야 한다. 그들로부터 도움을 받는다는 생각으로 그들을 따뜻하게
대하고 흡족하게 보수를 주어야 한다.

15-5

子孝雙親樂 家和萬事成.

자효(면) 쌍친락(이요) 가화(면) 만사성(이니라).

자식이 효도하면 어버이가 즐겁고, 집안이 화목하면 만사
가 잘 된다.

---

4) 凡(무릇 범), 奴(종 노), 僕(종 복), 飢(주릴 기), 寒(찰 한).

ㅇ子孝(자효)—자식이 부모에게 효도함. ㅇ雙親(쌍친)—양친, 어버이. ㅇ樂(락)—즐겁고 안락함. ㅇ家和(가화)—집안이 화목함. 가족이 서로 사랑하고 협동함. ㅇ萬事成(만사성)—모든 일이 이루어진다.

(참고) 자식이 부모에게 감사하고 진정으로 효도를 해야 그 가정에 사랑의 꽃이 만발하고 집안이 번창한다.

15-6

時時防火發 夜夜備賊來.5)

시시방화발(하고) 야야비적래(니라)

항상 불나지 않게 미리 조심하고 밤마다 도적이 들어오지 못하게 방비하라.

ㅇ時時(시시)—언제나, 항상. ㅇ防(방)—방비함. ㅇ火發(화발)—화재 발생. ㅇ夜夜(야야)—밤마다. ㅇ備(비)—방비. ㅇ賊來(적래)—도적 침입.

(참고) 밤낮없이 화재와 도난 사고에 대비해야 한다.

15-7

景行錄云 觀朝夕之早晏
可以卜人家之興替.6)

---

5) 防(막을 방), 發(발생할 발), 備(갖출 비), 賊(도둑 적).
6) 觀(볼 관), 晏(늦을 안), 卜(점 복), 興(일 흥), 替(쇠퇴할 체).

경행록(에) 운, 관조석지조안(하여)
가이복인가지홍체(니라).

《경행록》에서 말했다. '아침 저녁의 이르고 늦음을 보아
그 집의 흥하고 망할 것을 점칠 수 있다.'

　　ㅇ景行錄(경행록)-3-3 참조.　ㅇ觀(관)-관찰하다.　ㅇ朝夕(조석)-
　　아침 저녁의 식사 또는 기침(起寢).　ㅇ早晏(조안)-이르거나 늦거나.
　　ㅇ卜(복)-점을 침.　ㅇ興替(홍체)-흥할 것, 혹은 쇠퇴할 것.

(참고) 온 집안 식구가 아침 일찍이 일어나 밤늦게까지 부지런히 일하고
근검 절약하면 그 집안은 흥하고 반대로 게으름 피우고 사치 낭비하
면 가세가 기울고 종국에는 망한다.

───(15-8)───

文仲子曰, 婚娶而論財 夷虜之道也.[7]

문중자(이) 왈, 혼취이론재(는) 이로지도야(니라).

　문중자가 말했다. '결혼에 재물을 논하는 것은 오랑캐들이
하는 방식이다.'

　　ㅇ文仲子(문중자)-수(隋)나라의 대학자.　ㅇ婚(혼)-결혼.　ㅇ娶(취)-
　　아내를 취함.　ㅇ論財(논재)-재물의 많고 적음을 말함.　ㅇ夷虜(이
　　로)-오랑캐.　ㅇ道(도)-도리, 방식.

(참고) 결혼은 신성하고 중대한 예식이다. 남녀간의 사랑과 인격을 앞세

─────────

7) 婚(혼인할 혼), 娶(장가들 취), 夷(오랑캐 이), 虜(오랑캐 로).

워야 한다. 재물의 다소를 결혼의 조건으로 삼는 것은 오랑캐들이 취하는 방식이다. 기타 참고될 말을 첨가하겠다. '언어를 신중하게 함으로써 자신의 덕을 닦고 음식을 절도 있게 취함으로써 자기의 몸을 보양한다(愼言語以養其德 節飮食以養其體).'(《近思錄》)

효(孝)의 뜻 속에는 '계지술사(繼志述事)'가 있다. 부모의 뜻과 이상을 계승하고 집안의 일을 더욱 발전시킴이다. 자식이 부모의 은공에 보답하고 또 가업(家業)을 계승 발전시켜 나가야 인류의 역사와 문화도 발전한다. 효는 허례허식이 아니다.

제16편 안의편(安義篇)

제16편에는 윤리를 강조한 3항의 구절이 있다. '부부(夫婦), 부자(父子), 형제(兄弟)' 등 삼친(三親)을 위시하여 일가 친척에 걸치는 가족윤리는 천륜(天倫)이다. 빈부(貧富)를 초월해서 서로 인애(仁愛)를 돈독히 해야 한다.

전통 사상이나 윤리 도덕은 국가적인 차원에서는 임금에 대한 충성을 높이고 가정적인 차원에서는 효(孝)와 제(悌)를 강조한다. 이 점에 대해서는 다 잘 알고 있다.

한편 부부 사이의 사랑이나 화목에 대해서는 덜 강조하는 것처럼 생각될지도 모른다. 그러나 사실은 그렇지 않다. 동양 사상에서는 음양의 조화를 가장 중시한다. 따라서 부부의 윤리를 더없이 중시한다. 《시경(詩經)》의 첫머리에 있는 〈관저편(關雎篇)〉의 시가 바로 부부의 화목과 가족과 국가의 평안을 연결한 시다.

부부가 있은 다음에 부모와 자녀 및 형제자매 등의 관계와 윤리가 발생한다. 가정에서 가족이 번성한 다음에 국가와 국민의 수도 증폭되고 경제도 흥성하게 된다. 그러므로 부부는 국가, 더 나가서는 인류 사회 발전의 기본이 된다. 남녀가 결합하는 결혼생활에는 이와 같이 지대한 의미가 있는 것이다. 따라서 결혼을 신중하게 해야 한다.

본 편의 첫 구절은 다음과 같이 말했다. '사람이 있은 다음에 부부가 있고 부부가 있은 다음에 부자가 있고 부자가 있은 다음에 형제가 있다. 일가(一家)에서 가장 친근한 혈육은 이상의 셋뿐이다. 이에서부터 구족(九族)으로 확대된다. 삼친(三親)은 인류에 있어 가장 중요한 바탕이 되므로, 서로 돈독히 사랑하고 협동해야 한다.'

16-1

顔氏家訓曰,

夫有人民而後有夫婦

有夫婦而後有父子

有父子而後有兄弟

一家之親 此三者而已矣

自茲以往至于九族 皆本於三親焉

故於人倫爲重也 不可不篤.[1]

> 안씨가훈왈,
>
> 부유인민이후(에) 유부부(하고)
>
> 유부부이후(에) 유부자(하고)
>
> 유부자이후(에) 유형제(하니)
>
> 일가지친(은) 차삼자이이의(라).
>
> 자자이왕(으로) 지우구족(이) 개본어삼친언
>
> 고(로) 어인륜(에) 위중야(니) 불가부독(이니라).

《안씨가훈》에 적혀 있다. '사람이 있은 다음에 부부가 있고, 부부가 있은 다음에 부자가 있고, 부자가 있은 다음에 형제가 있다. 일가에서 가장 친근한 혈육은 이상의 셋뿐이다. 이에서부터 구족(九族)으로 확대되며, (일가 친척이) 다

---

1) 自(……로부터 자), 茲(이 자), 族(겨레 족), 倫(인륜 륜), 篤(도타울 독).

삼친(三親)을 바탕으로 삼는다. 그러므로 (삼친은) 인륜에 있어 가장 중요하니 서로 돈독히 사랑하고 협동해야 한다.'

○顔氏家訓(안씨가훈)-북제(北齊)의 안지추(顔之推)가 지은 책. ○夫(부)-무릇, 생각하면. ○人民(인민)-백성, 사람. ○而後(이후)-그런 다음. ○一家之親(일가지친)-한 집안의 육친. 직계 가족. ○三者(삼자)-세 가지. 즉 부부(夫婦) 부자(父子) 형제(兄弟). ○而已矣(이이의)- ……일 뿐이다. ○三親(삼친)-세 가지의 친근한 육친. 즉 부부, 부자, 형제. ○人倫(인륜)-인간 윤리. ○爲重(위중)-가장 중하게 친다. ○不可不(불가불)-하지 않으면 안된다. 해야 한다.

(참고) 인간 윤리의 핵심은 '삼친(三親)'이다. 즉 '부부, 부모 자식, 형제자매'의 직계다. 이들로부터 확대된 것이 일가 친척이다. 그러므로 가정에서 먼저 '삼친'이 돈독하게 사랑하고 서로 협동해야 한다. 인간관계의 시작은 남녀가 어울리는 결혼을 바탕으로 한다. 즉 남녀가 결혼하여 가정을 꾸밈으로써 아들딸을 출산하고 양육하며, 부모 자식 및 형제자매의 가족이 형성된다. 그러므로 남편은 아내를 부드럽게 사랑하고, 아내는 남편을 공경하고 내조해야 한다. 부모는 자애로써 자식들을 양육하고 또 잘 훈육해서 훌륭한 사람으로 키워야 한다. 자식들은 지극한 효도로써 부모를 섬기고 아울러 성실하게 공부하고 수양해서 사회의 일꾼이 되어야 한다. 형제자매는 각자가 부모에게 효순(孝順)해야 한다. 그러면 저절로 서로 화목하고 또 저마다 노력하고 일을 해서 가문의 전통과 가업(家業)을 계승하고 더욱 발전케 할 수 있을 것이다. 이와 같이, 한 가정에서 '삼친'의 윤리가 바르게 서고 실천되면 자연히 일가 친척들도 번창하고 서로 화목하게 된다.

16-2

莊子曰,
兄弟爲手足 夫婦爲衣服
衣服破時更得新 手足斷處難可續.[2]

> 장자(이) 왈,
> 형제(는) 위수족(하고) 부부(는) 위의복(이니)
> 의복파시(엔) 갱득신(이나) 수족단처(엔) 난가속(이니라).

　장자가 말했다. '형제는 손발과 같고 부부는 옷과 같다. 옷
이 떨어지면 새것으로 바꿀 수도 있으나 손발이 잘린 경우
에는 새로 잇기 어렵다.'

> o莊子(장자)-1-3 참조. o爲手足(위수족)-손과 발과 같다. o破時
> (파시)-(옷이) 떨어진 때에는. o更(갱)-다시, 바꾸다. o得(득)-할
> 수도 있다. o斷處(단처)-단절된 곳. 손발이 잘린 때에는. o難可續
> (난가속)-잇기 어렵다, 새로 달기 어렵다.

(참고) 형제는 남남이 아니다. 한부모에서 태어난 같은 동기이다. 한몸에
있는 손발처럼 가문의 흥성 발전을 위해 서로 사랑하고 협동해야 한
다. 부부 사이를 옷에 비유하여 떨어지면 바꿀 수도 있다고 한 말은
야박하지만 사실을 지적한 말이다. 그러나 부부가 있은 다음에 부모
와 자식도 있고 또 형제자매도 있다. 그러므로 부부도 한마음 한몸이
되어야 한다. 그래야 사랑의 가정을 꾸밀 수 있다.

---

2) 破(깨질 파), 更(다시 갱), 斷(끊을 단), 處(장소 처), 續(이을 속).

16-3

蘇東坡云,
富不親兮貧不疎 此是人間大丈夫,
富則進兮貧則退 此是人間眞小輩.3)

소동파운,
부불친혜빈불소(는) 차시인간대장부(요),
부즉진혜빈즉퇴(는) 차시인간진소배(니라).

소동파가 말했다. '부자에게 유별나게 친한 척하지도 않고
가난한 사람을 멸시하고 멀리하지도 않는 그런 인간이 바로
사내 대장부이다. 상대가 부자면 가까이 접근하고 상대가
가난하면 뒤로 물러나는 그런 인간은 참으로 졸장부이다.'

○蘇東坡(소동파)―12-16 참조. ○富不親(부불친)―상대가 부자라도
유별나게 친한 척하거나 또 접근하지도 않는다. ○貧不疎(빈불소)―
가난한 사람을 멸시하고 멀리하지도 않는다. ○進(진)―다가가 접근
함. ○退(퇴)―물러나고 멀리함. ○小輩(소배)―소인배, 졸장부.

참고 내가 부자라도 남에게 교만하지 않고 내가 가난해도 남에게 비굴
하지 않아야 참다운 사내 대장부이다. 공자가 말했다. '가난하면서도
천도를 따라 즐겁게 살고 부자이면서도 예절을 지키기를 좋아해야 한
다(子曰 貧而好樂 富而好禮).'(《論語》)

---

3) 兮(어조사 혜), 貧(가난할 빈), 眞(참 진), 輩(무리 배).

제17편 준례편(遵禮篇)

예(禮)는 인간만이 의식하고 실천하는 생활미(生活美)의 극치이다. 예는 진(眞)·선(善)·미(美)를 통합한 모든 행동의 문화적·예술적 표현이다. 진은 진리로서 그 근원은 하늘의 도리이다. 선은 최고 최선의 능률 및 효능이다. 가장 좋은 효능은 모든 사람이 함께 다 잘 살고 또 시간적·역사적으로 문화를 더욱 발전케 하는 것이다. 하늘의 진리를 따라 모든 사람이 다 같이 잘 살아야 진정으로 아름답다.

푸른 하늘을 나는 흰 갈매기가 왜 저렇듯이 아름다울까? 하늘의 진리인 비상(飛翔)의 법칙을 따라 가장 능률적으로 잘 날기 때문에 가장 아름답게 보이는 것이다. 인간도 천도를 따라 능률적으로 살면 아름다운 삶을 살 수 있다. 탐욕을 채우려고 남의 재물을 탈취하는 행위는 추하다.

문화인은 음식을 먹을 때에도 예절을 가린다. 동물을 잡는 사냥에서도 지킬 한계가 있다. 심지어 생사를 건 전쟁을 해도 예를 지키고 인도주의(人道主義)의 테두리를 벗어나지 말아야 한다. 동물의 씨를 말리고 적을 무자비하게 도륙하는 것은 인간들이 할 짓이 아니다.

예(禮)는 '이치 리(理)'와 '밟을 리(履)'의 두 뜻을 합친 글자로 '하늘의 도리를 따르고 실천한다'는 깊은 뜻을 지니고 있다. 하늘의 도리는 자연과 사람이 조화를 이루고 함께 번성하는 도리이다.

예는 윤리 도덕에 직결된다. 사람들이 서로 사랑하고 협동하고 '진선미(眞善美)'의 문화생활을 하기 위해서는 상하좌우(上下左右)의 인간관계를 조절하는 윤리 도덕을 지키고 따라야 한다. 예절의 깊은 뜻을 알고 '진선미'의 공동체를 꾸미고 함께 잘 살기 위해서는 예의와 윤리 도덕을 잘 따르고 실천해야 한다.

――――― 17-1 ―――――

子曰,
居家有禮 故長幼辨
閨門有禮 故三族和
朝廷有禮 故官爵序
田獵有禮 故戎事閑
軍旅有禮 故武功成.[1]

자왈,
거가유례 고(로) 장유변(하고)
규문유례 고(로) 삼족화(하고)
조정유례 고(로) 관작서(하고)
전렵유례 고(로) 융사한(하고)
군려유례 고(로) 무공성(이니라).

공자가 말했다. '가정에 예절이 있으므로 어른과 아이를 분별하고, 안방에 예절이 있으므로 삼족이 서로 화목하고, 조정에 예절이 있으므로 관직상의 위계 질서가 서고, 사냥에도 예절이 있으므로 무력동원이 잦지 않고, 전쟁에도 예절이 있으므로 무공을 세울 수가 있다.'

○居家(거가)―가정 살림. ○禮(례)―예의범절. ○長幼辨(장유변)―

―――――――――――――

1) 辨(분별할 변), 閨(도장방 규), 爵(잔 작), 獵(사냥 렵), 戎(병기 융).

어른과 아이의 분별. ㅇ閨門(규문)-부녀자가 거처하는 안방. ㅇ三族
(삼족)-여기서는 부모님 세대와 자기 세대 및 자녀들 3대의 모든 식
구. ㅇ朝廷(조정)-나라의 정치를 집행하는 곳. ㅇ官爵(관작)-관직과
작위(爵位). 관직상의 위계(位階)와 질서(秩序). ㅇ田獵(전렵)-사냥.
사냥에도 지켜야 할 도리와 규칙이 있다. ㅇ戎事(융사)-무력을 동원
하는 일. ㅇ閑(한)-한가롭다. ㅇ軍旅(군려)-군대를 동원한 싸움, 전
쟁. ㅇ武功成(무공성)-정의롭게 싸워 이기는 것이 무공이다.

(참고) 예절(禮節)이라는 말은 저마다 하늘의 도리를 실천하고 과도한
짓을 억제함이다. 절(節)은 절도있게 행동하다와 물질이나 재물을 절
약한다는 뜻도 있다. 예절이 없으면 사람들이 저마다 동물적 본능이
나 끝없는 탐욕을 채우려고 할 것이며 결국 서로 싸우고 처절한 쟁탈
전을 벌이게 될 것이다. 전쟁도 대의명분을 가리는 정의의 전쟁을 해
야 한다. 비굴하게 싸워 이기는 것은 무공으로 치지 않는다. 침략적
전쟁이나 적을 무자비하게 도륙하면 안된다.

────── 17-2 ──────────────

子曰,
君子有勇 而無禮 爲亂
小人有勇 而無禮 爲盜.2)

　　자왈,
　　군자유용 이무례(면) 위란(하고)
　　소인유용 이무례(면) 위도(니라).

───────────────

2) 勇(날쎌 용), 爲(할 위), 亂(어지러울 란), 盜(훔칠 도).

공자가 말했다. '군자가 용기만 있고 예절이 없으면 난동을 일으키고 소인이 용기만 있고 예절이 없으면 도적질을 하게 된다.'

> ㅇ君子(군자)—학문과 인덕(仁德)을 겸비한 선비, 엘리트. ㅇ有勇而無禮(유용이무례)—용기만 있고 예절을 모르거나 안 지킴. ㅇ亂(란)—난을 일으키다. 사회나 국가의 질서를 어지럽히다. ㅇ小人(소인)—자기 한 몸만 잘 살려는 이기적 물질주의자. ㅇ盜(도)—재물을 훔치다.

(참고) 군자(君子)는 지(知)·인(仁)·용(勇)의 세 가지 덕성을 다 갖추어야 한다. 지(知)는 학문이나 지식이다. 그 속에는 바른 세계관·역사관 및 문화에 대한 바른 인식과 역사관이 포함된다. 인(仁)은 인간애(人間愛)·인류애(人類愛)이다. 용(勇)은 정의(正義)에 대한 과감한 실천력이다. 참다운 슬기와 사랑을 바탕으로 하고 실천하는 것이 참다운 용기이다. 맹목적인 용맹이나 만용을 부리면 사회나 국가를 어지럽힐 뿐이다. 소인(小人)은 물질적·현세적으로 잘 살기에 급급한 이기주의자(利己主義者)이다.

17-3

曾子曰, 朝廷莫如爵
鄕黨莫如齒 輔世長民莫如德.[3]

증자왈, 조정(엔) 막여작(이요)

---

3) 廷(조정 정), 鄕(시골 향), 黨(무리 당), 輔(도울 보).

향당(엔) 막여치(요) 보세장민(엔) 막여덕(이니라).

증자가 말했다. '조정에서는 작위를 가장 중하게 여기고 향리에서는 나이 많은 사람을 높이고 나라와 백성 다스림에는 덕을 높인다.'

ㅇ曾子(증자)-공자의 수제자, 효(孝)를 높였다. ㅇ朝廷(조정)-나라의 정치를 총괄 집행하는 곳. ㅇ莫如(막여)-더한 것이 없다. 제일이다. ㅇ爵(작)-작위, 벼슬의 등급이나 위계. ㅇ鄕黨(향당)-시골 마을 2천5백호를 향, 5백 호를 당이라고 함. ㅇ齒(치)-연령, 나이. ㅇ輔世長民(보세장민)-세상이 잘되게 돕고 백성을 잘살게 키워줌. 즉 나라나 백성을 잘되게 다스림. ㅇ德(덕)-인덕(仁德), 어진 덕성.

(참고) 하나를 중심하고 모든 사람이 뭉치고 협동해야 공동체가 발전한다. 가정과 사회 및 국가적 차원에서 하나의 중심이 있어야 전체가 하나로 뭉친다. 저마다 뿔뿔이 흩어지면 공동체가 성립되지 않는다.

──────(17-4)──────

老少長幼 天分秩序
不可悖理 而傷道也.[4]

노소장유(는) 천분질서(니)
불가패리 이상도야(이니라).

늙은이와 젊은이 어른과 아이의 순차는 하늘에 의해 나뉘

───────────

4) 秩(차례 질), 序(차례 서), 悖(어그러질 패), 傷(상처 상).

어진 절대적인 질서이다. 이치를 어기고 도리를 상하게 하면 안된다.

> ◦天分秩序(천분질서)-하늘에 의해 나누어진 절대적 질서. ◦悖理(패리)-이치에 어긋나다. ◦傷道(상도)-도리를 상하게 함.

(참고) 이 세상에 먼저 태어나고 혹은 나중에 태어나고 하는 것은 하늘이 정해준다. 사람이 임의로 바꿀 수 없다. 그러므로 할아버지-아버지-자기-아들-손자의 순차는 하늘이 정해준 절대적 질서이다. 이것을 천륜(天倫)이라고 한다. 천륜을 어기면 천벌을 받는다. 주어진 질서 속에서 최선을 다하는 것이 곧 천도를 따름이다.

───── **17-5** ─────

出門如見大賓
入室如有人.[5]

출문여견대빈(하고)
입실여유인(이니라).

문 밖에 갈 때는 귀빈을 만나는 것처럼 신중하게 하고 방 안에 들어갈 때는 다른 사람이 있는 것처럼 조심하라.

> ◦出門(출문)-자기 집 대문을 나가면, 즉 밖에서는 ◦如見大(여견대)-대인을 만난 것처럼 신중하게 행동한다. ◦入室(입실)-자기 집 방에 들어가도 ◦如有人(여유인)-남이 있는 것처럼 신중하게 한다.

---

5) 如(같을 여), 賓(손 빈), 室(집 실).

(참고) 밖에서나 안에서나 몸가짐과 행동거지를 신중하게 해야 한다. 항상 하늘 앞에 떳떳할 수 있게 행동해야 한다. 그것이 군자의 도리이다. 사람은 속여도 하늘은 못 속인다.

(17-6)

若要人重我 無過我重人.6)

약요인중아(면) 무과아중인(이니라).

만약 남이 나를 존중해 주기를 바란다면 내가 남을 존중해 주는 것이 가장 좋다.

ㅇ要(요)-요구함, 바란다. ㅇ人重我(인중아)-남이 나를 높이다. 존중하다. ㅇ無過(무과)-지나칠 것이 없다. 제일 좋다.

(참고) 내가 먼저 남을 높이면 상대도 나를 높인다. 내가 행동으로 먼저 좋은 본을 보이면 상대도 깨닫고 착하게 행동한다.

(17-7)

父不言子之德 子不談父之過.7)

부불언자지덕(하며) 자부담부지과(니라).

아버지는 자기 자식의 덕을 자랑하지 말고 자식은 아버지

---

6) 若(만약 약), 要(구할 요), 重(무거울 중), 過(지날 과).
7) 德(덕 덕), 談(말할 담), 過(허물 과).

의 허물을 남에게 말하지 마라.

　　　o不言(불언)－말하지 마라. o談(담)－말하다. o過(과)－과실, 허물.

(참고) 자식 자랑은 팔불출에 속하고 아버지의 허물을 남에게 고하는 것
　은 불효이자 동시에 일종의 반역이다. 아버지와 자식은 천륜으로 맺
　어진 한 몸, 한 생명체다.

제18편 언어편(言語篇)

제18편에서는 말을 신중히 하라는 가르침이 추려져 있다. 언어는 인간의 행동 중에서 큰 비중을 차지한다. 말은 서로 주고받는다. 내가 하는 말이 부드러우면 상대방에게 부드럽게 전달된다. 반대로 나의 입에서 나오는 말이 격하면 상대방의 귀에 격하게 전달되고 따라서 상대방의 마음을 격하게 만든다. 그러므로 말을 바르고 부드럽게 해야 한다. 소리로 표출된 말속에는 내면적 사상이나 감정이 반영되게 마련이다. 그러므로 일차적으로는 속에 품은 생각이 바르고 감정이 부드러워야 한다. 그래야 밖으로 표출되는 말도 바르고 부드럽다. 그러나 설사 속에 품은 생각이 격하고 감정이 격해도 밖으로 표출되는 말은 바르고 부드럽게 하려고 애를 써야 한다.

사람은 공동체를 구성하고 서로 사랑하고 협동하면서 공동선(公同善)을 추구한다. 이때에 사람과 사람을 연결하고 하나로 만드는 데에 있어 언어가 차지하는 비중이 크다. 그러므로 언어도 행동과 마찬가지로 예의범절 및 윤리 도덕과 맞게 해야 한다. 난폭한 말을 하거나 혹은 감정을 원색적으로 표출하면 인간관계가 파탄나게 마련이다.

외형적 표현인 말을 가지고 내면적 실재인 사상이나 감정을 순화할 수도 있다. 그러므로 항상 말을 부드럽고 아름답게 하려고 애를 써야 한다. 의복을 세련되고 아름답게 입는 것 이상으로 말을 세련되고 아름답게 문화적으로 해야 한다. 말은 입으로 하고 귀로 듣는 소리말만이 아니다. 손으로 쓰고 눈으로 보는 글씨말도 있다. 그러므로 말을 순화하고 향상시키기 위해서는 글씨말을 잘 익혀야 한다. 그 바탕은 좋은 책을 많이 읽는 것이다. 독서를 많이 해야 사상이 고결해지고 감정이 순화되고 인격이 완성된다.

18-1

劉會曰, 言不中理 不如不言.

유회(가) 왈, 언부중리(면) 불여불언(이라).

유회가 말했다. '이치에 맞지 않는 말을 함은 차라리 말을
안하는 것보다 못하다.'

ㅇ劉會(유회)-인명, 자세히 알 수 없다. ㅇ中理(중리)-도리나 이치
에 맞다. ㅇ不如(불여)-차라리 ……만 못하다.

(참고) 도리에 어긋난 말은 차라리 않는 편이 낫다. 머리에 들은 것이 없
으니까 바보 같은 소리를 하는 것이다. 독서를 해야 말도 바르게 하고
또 논리적으로 하게 된다.

18-2

一言不中 千語無用.

일언부중(이면) 천어무용(이니라).

한 마디 말이라도 이치에 맞지 않으면, 천 마디 말을 해도
쓸 데가 없다.

ㅇ一言不中(일언부중)-한 마디라도 이치에 맞지 않으면. ㅇ千語無
用(천어무용)-천 마디 말을 해도 다 쓸모가 없다.

(참고) 절대선(絕對善)인 하늘의 도리를 따르고 행하는 군자가 되어야
한다. 군자는 도리에 합당한 말을 한다. 속에 음흉한 생각을 품으면

거짓말 혹은 헛소리를 하게 된다.

―――― 18-3 ――――

君平曰, 口舌者
禍患之門 滅身之斧也.[1]

군평(이) 왈, 구설자(는)
화환지문(이요) 멸신지부야(니라).

　군평이 말했다. '입과 혀는 잘못 놀리면 재앙과 근심의 문
이 되며 몸을 망치는 도끼와 같게 된다.'

　　ㅇ君平(군평)―사람의 이름 혹은 자(字)인지 알 수 없다. ㅇ口舌(구
설)―입과 혀. ㅇ禍(화)―재앙, 재화. ㅇ患(환)―근심, 환난. ㅇ滅身
(멸신)―몸을 망치는. ㅇ斧(부)―도끼.

(참고) 입을 잘못 놀려 말을 잘못하면 재앙을 초래하고 심하면 신세를
망치고 형벌의 도끼를 받게 된다.

―――― 18-4 ――――

利人之言煖如綿絮 傷人之言利如荊棘
一言半句重値千金 一語傷人痛如刀割.[2]

―――――――――――――――

1) 舌(혀 설), 禍(재화 화), 患(근심 환), 滅(멸망할 멸), 斧(도끼 부).
2) 煖(따뜻할 난), 絮(솜 서), 荊(가시나무 형), 棘(가시 극).

이인지언(은) 난여면서(하고) 상인지언(은) 이여형극(하여)
일언반구(가) 중치천금(이요) 일어상인(에) 통여도할(이니라).

남을 이롭게 하는 말은 따뜻함이 솜과 같고 남을 다치게
하는 말은 상처를 줌이 가시와 같다. 일언반구의 말 무게가
천금과 같으며 한마디가 남을 다칠 때의 아픔은 칼로 베는
듯하다.

> ㅇ煖如綿絮(난여면서)－따뜻함이 솜과 같다. ㅇ利如荊棘(이여형극)－
> 날카로움이 가시 같다. ㅇ一言半句(일언반구)－한 마디의 말이나 반
> 토막의 구절. ㅇ重值(중치)－무게가 (천금의 값에) 해당한다. ㅇ一語
> 傷人(일어상인)－한 마디 말이라도 남을 다치게 할 때에. ㅇ痛如刀割
> (통여도할)－그 아픔이 칼로 베는 듯하다.

(참고) 남을 포근하게 감싸고 이롭게 해주는 말이 있는가 하면 반대로
남을 아프게 하고 상처를 주는 말이 있다. 사랑에서 나오는 말은 솜같
이 포근하고 반대로 증오에서 나오는 말은 가시나 칼과 같이 남을 아
프게 한다. 사랑하는 마음으로 말을 신중히 해야 한다.

──(18-5)─────────────────────────

口是傷人斧 言是割舌刀
閉口深藏舌 安身處處牢.3)

구시상인부(요) 언시할설도(니)
폐구심장설(이면) 안신처처뢰(니라).

────────────

3) 傷(상처 상), 斧(도끼 부), 藏(감출 장), 牢(우리 뢰).

입은 사람을 다치게 하는 도끼요, 말은 혀를 베는 칼이니
입을 막고 혀를 깊이 감추면 어디서나 내 몸이 안락하리라.

ㅇ傷人斧(상인부)−사람을 상하게 하는 도끼. ㅇ割舌刀(할설도)−혀
를 베는 칼. ㅇ閉口(폐구)−입을 닫다. 말을 삼가다. ㅇ深藏舌(심장
설)−혀를 깊이 감추다. ㅇ安身(안신)−몸이 편하고 안전함. ㅇ處處牢
(처처뢰)−어디에서나 신변이 튼튼하다. 뢰(牢)는 굳다, 단단하다.

(참고) 말조심해야 한다. 입을 잘못 열고 혀를 잘못 놀리면 형벌을 받는
다. 입 다물고 말을 신중하게 하면 어디에서나 안전하다.

────(*18-6*)────

逢人且説三分話 未可全抛一片心,
不怕虎生三個口 只恐人情兩樣心.4)

봉인차설삼분화(하고) 미가전포일편심(이라),
불파호생삼개구(요) 지공인정양양심(이니라).

사람을 만나 혹시 이야기를 하면 3부 정도만 말하라. 자기
의 속마음을 다 털어서 알려주면 안된다. 호랑이에게 3개의
입이 있는 것을 두려워 말고 오직 사람의 마음에 두 가닥이
있음을 두려워하라.

ㅇ逢人(봉인)−사람을 만나다. ㅇ且說(차설)−또 말을 하다. 혹은 잠

────────

4) 逢(만날 봉), 抛(던질 포), 怕(두려워할 파), 樣(모양 양).

간 말하다. ○三分話(삼분화)-3부 정도만 말하다. ○全抛(전포)-전부를 내던지다. ○怕(파)-겁내다. ○虎生三個口(호생삼개구)-호랑이는 세 입을 가졌다. 마구 잡아먹는다는 뜻. ○人情(인정)-세상 사람의 마음. ○兩樣心(양양심)-두 가닥의 상반된 마음.

(참고) 겉과 속이 다른 사람은 호랑이보다 두렵다. 간악한 사람을 가까이하지 말고 특히 속마음을 주면 안된다.

(18-7)

酒逢知己千鐘少 話不投機一句多.[5)]

주봉지기천종소(요) 화불투기일구다(니라).

술은 지기를 만나면 천 잔을 마셔도 부족하지만 말은 뜻이 맞지 않는 사이에서는 한마디도 많다.

○逢(봉)-만나다. ○知己(지기)-자기를 알아주는 사람, 절친한 친구. ○鐘(종)-술잔. ○不投機(불투기)-서로 의기가 투합되지 않음. 기(機)는 기미한 속마음의 뜻. ○一句多(일구다)-한 마디도 많다.

(참고) 속을 줄 수 없는 사람에게 한 마디 말을 잘못하면 큰 봉변을 당할 수가 있다. 그러므로 말조심해야 한다. '선비는 자기를 알아주는 사람을 위해서 생명을 바치고 여자는 자기를 사랑해 주는 사람을 위해서 몸치장을 한다(士爲知己者死 女爲說己者容).'(《史記》). 기타 다음 같은 가르침의 말이 있다. '말과 행동은 천지를 감동시키는 바탕이다. 그러므로 삼가야 한다(言行君子之所動天地 可不可愼乎).'(《易

---

5) 酒(술 주), 逢(만날 봉), 鐘(종 종), 投(던질 투), 機(틀 기).

經》). ‘화란의 발생은 언어를 계단으로 삼는다(亂之所生也 則言語以爲階).’《易經》). ‘여러 사람의 마음은 성을 쌓고 여러 사람의 입은 쇠도 녹인다(衆心成城 衆口鑠金).’《國語》 ‘언어를 신중히 하고 덕성을 함양하고 음식을 절검하고 몸을 보양하라(愼言語以養其德 節飮食以養其體).’《近思錄》 ‘어긋나는 짓을 하려는 자의 말에는 부끄러운 기색이 있고 음흉한 생각을 품은 자는 말을 꾸미려 한다(將叛者其辭慙 中心疑者其辭枝).’《易經》)

제19편 교우편(交友篇)

제19편에는 '벗을 사귐[交友]'에 관한 가르침이 8개항 있다. 인간의 생활영역은 크게 둘로 나눌 수 있다. 가정생활과 사회생활이다. 사람은 누구나 가정을 바탕으로 출생하고 성장한다. 그러므로 가정에서는 부모에게 효도하고 형제들이 서로 화목해야 한다.

동시에 사람은 어려서부터 사회적으로 벗과 어울려 놀고 연장자나 스승으로부터 가르침을 받으면서 성인이 되고 사회 조직의 일원으로서 위아래의 동직(同職)이나 동료(同僚)와 함께 사회 활동에 참여한다. 그러므로 사회적으로는 스승이나 연장자를 존경하고 동직이나 동료와 협력하고 벗들과는 신의를 돈독히 해야 한다.

이렇듯이 사람은 한평생을 남과 어울려 살고 있다. 따라서 함께 어울리는 남들의 영향이 매우 크다. 천륜(天倫)으로 맺어진 부모형제는 절대적이고 다시 바꾸거나 선택할 수 없다. 그러므로 내가 솔선하여 부모에게 효도하고 형제간의 우애를 돈독히 하고 집안의 평화와 흥성을 도모해야 한다.

그러나 스승이나 벗은 내가 선택할 수 있다. 좋은 스승을 만나 잘 배우고 착한 친구를 사귀어 서로 절차탁마하며 서로의 학식과 인격을 높여야 한다. 특히 벗은 어려서부터 죽을 때까지 사귀며 서로 도움을 준다.

그러므로 벗 사귐에 있어서는 도의(道義)와 인덕(仁德)을 바탕으로 해야한다. 절대로 함께 놀거나 혹은 어울려 나쁜 짓을 하면 안된다. 선량한 벗을 가려서 사귀고 서로 신의(信義)의 꽃을 피우고 우정(友情)의 좋은 열매를 맺게 해야 한다.

19-1-1

子曰, 與善人居 如入芝蘭之室
久而不聞其香 卽與之化矣
與不善人居 如入鮑魚之肆
久而不聞其臭 亦與之化矣.[1]

　　자왈, 여선인거(에) 여입지란지실(하야)
　　구이불문기향(하되) 즉여지화의(요)
　　여불선인거(에) 여입포어지사(하야)
　　구이불문기취(하되) 역여지화의(니라).

　공자가 말했다. '착한 사람과 함께 있으면 마치 영지와 난
초가 자란 방에 들어간 듯 오랫동안 향기를 코에 대고 맡지
않아도 이내 그으윽한 향기에 동화되고, 착하지 않은 사람과
함께 있으면 마치 자반 가게에 들어간 듯 오랫동안 나쁜 냄
새를 코에 대고 맡지 않아도 추악한 냄새에 젖게 된다.'

　o與(여)—함께, 더불어. o居(거)—살다, 같이 있다. o芝蘭(지란)—
　영지와 난초. o久(구)—오랫동안. o不聞(불문)—직접 코에 대고 그
　냄새를 맡지 않아도 o卽(즉)—이내. o與之化(여지화)—더불어 동화
　됨. o鮑魚之肆(포어지사)—자반 가게. o臭(취)—나쁜 냄새. 악취.

参考 '먹을 가까이하면 검어지고 주홍을 가까이하면 붉어진다(近墨必
　緇 近朱必赤).'

---

1) 芝(지초 지), 蘭(난초 란), 鮑(어물 포), 肆(가게 사), 臭(냄새 취).

19-1-2

丹之所藏者赤 漆之所藏者黑
是以君子 必愼其所與處者焉.

　　단지소장자(는) 적(하고) 칠지소장자(는) 흑(이라)
　　시이(로) 군자(는) 필신기소여처자언(이니라).

　단사를 지니면 붉어지고 옻을 지니면 검어지니 군자는 반
드시 함께 있을 사람을 신중히 가려야 한다.

　　ㅇ丹(단)－단사(丹砂), 붉은빛의 광물.　ㅇ藏(장)－지니다. 저장하다.
　　ㅇ所與處者(소여처자)－함께 있을 사람 혹은 장소.

(참고) 인간이나 인격을 형성함에 있어 교육과 환경이 크게 작용한다.
선인(善人)과 사귀고 배우면 착한 사람이 된다.

19-2

家語云, 與好學人同行 如霧中行
雖不濕衣 時時有潤
與無識人同行 如厠中坐
雖不汚衣 時時聞臭.[2]

　　가어(에) 운, 여호학인동행(이면) 여무중행(하야)

---

2) 霧(안개 무), 濕(습할 습), 潤(젖을 윤), 厠(뒷간 측).

수불습의(라도) 시시유윤(하고)
여무식인동행(이면) 여측중좌(하야)
수불오의(라도) 시시문취(니라).

《공자가어》에 있다. '학문을 잘하는 사람과 동행하면 마치 안개 속을 가는 것과 같아서 비록 옷은 젖지 않아도 점차로 물기가 배어들고, 무식한 사람과 동행하면 마치 뒷간에 앉은 것과 같아서 비록 옷이 더렵혀지지 않지만 점차로 악취에 젖는다.'

　ㅇ家語(가어)-12-5 참조. ㅇ好學人(호학인)-글을 잘하는 사람. ㅇ霧(무)-안개. ㅇ雖不濕衣(수불습의)-비록 옷이 젖지 않아도. ㅇ時時(시시)-때때로, 점차로. ㅇ有潤(유윤)-윤택하게 된다. ㅇ厠(측)-측간, 뒷간. ㅇ汚衣(오의)-옷을 더럽히다. ㅇ聞臭(문취)-악취를 풍기다.

(참고) 글 잘하는 사람과 함께 있으면 좋은 영향을 받고, 반대로 무식한 사람들과 어울리면 자기도 모르게 악화(惡化)된다.

────（19-3)────────────────

子曰, 晏平仲善與人交 久而敬之.

자왈, 안평중(은) 선여인교(로다) 구이경지(오녀).

공자가 말했다. '안평중은 사람과 잘 사귀었다. 일단 사귀면 오래도록 상대를 존경했다.'

　ㅇ晏平仲(안평중)-춘추(春秋)시대 제(齊)나라의 재상, 이름은 안영

(晏嬰). ○善與人交(선여인교)-남과 잘 사귀다. ○久而敬之(구이경
지)-오래도록 그 사람을 존경하다.

참고 인연을 소중히 하고 서로 존경하며 협조해야 한다.

19-4

相識滿天下
知心能幾人.3)

상식(이) 만천하(하되)
지심능기인(고).

서로 알고 지내는 사람은 세상에 가득하여도 마음속을 아
는 사람은 몇이나 되겠는가?

○相識(상식)-서로 알고 지내다. ○滿天下(만천하)-천하에 가득하
다. ○知心(지심)-마음속을 알다. ○幾人(기인)-몇 사람이 되느냐?

참고 서로 마음을 알아주는 친구를 지기지우(知己之友)라고 한다. 겉
으로 알고 지내는 사람은 많다. 참 친구는 몇 명이나 될까?

19-5

酒食兄弟千個有
急難之朋一個無.4)

---

3) 相(서로 상), 識(알 식), 滿(찰 만), 幾(얼마 기).
4) 酒(술 주), 食(밥 식), 急(급할 급), 難(어려울 난), 朋(벗 붕).

주식형제(는) 천개유(로되)
급난지붕(은) 일개무(니라).

술과 음식을 함께 나누어 먹을 형제는 천 명이나 되지만
위급하고 어려울 때 도와줄 친구는 한 사람도 없다.

　　o酒食兄弟(주식형제)－형제처럼 술이나 음식을 함께할 사람들. o急
難之朋(급난지붕)－위급하고 어려울 때 도와줄 친구.

참고 먹고 마실 때에는 형제처럼 어울리고 법석댄다. 그러나 위급하고
어려운 때에 도와줄 사람은 별로 없다.

──── 19-6 ────

不結子花休要種
無義之朋不可交.5)

불결자화(는) 휴요종(이요)
무의지붕(은) 불가교(니라).

열매를 맺지 않는 꽃은 심지 말고 의리 없는 친구는 사귀
지 마라.

　　o不結子花(불결자화)－열매나 씨를 맺지 않는 꽃. o休要種(휴요
종)－심지 마라. o無義之朋(무의지붕)－의리가 없는 친구. o不可交
(불가교)－사귀지 마라.

─────────────

5) 結(맺을 결), 子(열매 자), 種(심을 종), 義(옳을 의).

(참고) 겉으로 보기에 아름답고 화려한 꽃나무보다도 열매를 거둘 수 있
는 유실수를 심어야 실속이 있다. 친구의 사귐도 같다. 서로 어울려
술 마시고 놀기만 하는 벗은 해롭다. 도의(道義)로써 맺어진 친구라
야 가치가 높고 또 그 사귐도 참되고 오래 간다. '주식지우(酒食之
友)'보다는 서로 학문과 인격을 높이는 '도의지우(道義之友)'를 사귀
고 서로 신의를 지켜야 한다.

19-7

君子之交 淡如水
小人之交 甘如醴.6)

군자지교(는) 담여수(하고)
소인지교(는) 감여례(니라).

군자들의 사귐은 담담하기가 물과 같고 소인들의 사귐은
달콤하기가 단술과 같다.

ㅇ淡(담)-맑고 담담함. ㅇ甘(감)-달다. ㅇ醴(예)-단술.

(참고) 도의를 바탕으로 하고 사귀는 군자들의 '도의지교(道義之交)'는
담백하고 오래 지속된다. 반대로 천박한 이득을 얻으려는 소인들의
사귐은 당장은 달지만 오래 가지 못한다.

---

6) 淡(담박할 담), 如(같을 여), 甘(달 감), 醴(단술 예).

（19-8）

路遙知馬力
日久見人心.7)

　노요지마력(이요)
　일구견인심(이니라).

　길이 멀어야 말의 힘을 알고, 세월이 오래 지나야 사람의
마음을 알 수 있다.

　　o路遙(노요)－길을 멀리 가봐야. o知馬力(지마력)－말의 힘이 강한
　　지 약한지를 안다. o日久(일구)－세월이 오래 되야. o見人心(견인
　　심)－사람의 마음이 좋은지 나쁜지를 안다.

（참고） 사람의 마음은 보이지 않는다. 보이지 않는 사람의 마음을 어떻
게 알 수가 있을까? 오직 그 사람의 행동을 보고 그의 마음을 알 수
가 있다. 착한 행동을 하는 사람의 마음은 착하고 악한 행동을 하는
사람의 마음은 악하다. 오랜 세월을 두고 나타나는 행동을 통해서 우
리는 그 사람의 마음씨 좋고 나쁨을 알 수가 있다.
　'벗은 서로의 덕을 바탕으로 벗으로 사귄다(友也者 友其德也).'
《孟子》. '빈천했을 때 친하게 사귄 벗을 잊으면 안된다. 조강지처를
안채에서 내보내면 안된다(貧賤之交不可忘 糟糠之妻不下堂).'(《十
八史略》). '두 사람이 마음을 합하면 쇠도 끊을 만큼 날카로운 힘이
생기고 같은 마음에서 나오는 말은 난초와 같은 향기를 풍긴다(二人
同心 其利斷金 同心之言 其臭如蘭).'(《易經》).

---

7) 路(길 로), 遙(멀 요), 久(오랠 구).

제20편 부행편(婦行篇)

제19편까지는 일반적인 가르침을 추렸다. 그러나 제20편 부녀편은 부녀자가 지켜야 할 덕행(德行)을 강조했다. 물론 부녀자들도 앞의 가르침을 잘 익히고 실천해야 한다. 그래야 심성을 함양하고 인격을 완성할 수 있다.

가정의 주부로서의 부녀의 위치나 책임은 특수하고 또 중대하다. 그래서 특히 부녀자들이 지켜야 할 덕행을 별도로 내세운 것이다.

남경여직(男耕女織)이란 말이 있다. 남자는 밭에 나가서 밭갈이하고 여자는 집안에서 길쌈을 한다. 즉 남자는 밖에서 사회 활동을 하고 부녀자는 안에서 가정살림을 주재한다.

《역경(易經)》에 다음과 같은 말이 있다. '가정이 바로잡혀야 천하가 바르게 된다(正家而天下定矣).' 가정은 사회의 기본 단위이다. 가정이 안정되고 흥성해야 사회나 국가도 안정되고 흥한다. 따라서 가정살림을 책임지고 주재하는 가정주부의 위상은 더없이 중차대(重且大)하다. 그러기에 동양의 전통사상은 옛날부터 부녀도(婦女道)를 중시하고 힘주어 가르쳤던 것이다.

제20편에 있는 중요한 말을 추려 보겠다. '어진 아내는 남편을 귀하게 만들고 악한 아내는 남편을 천하게 만든다.' '집안에 어진 아내가 있으면 남편이 뜻밖의 화를 당하지 않는다.' '어진 아내는 육친을 화목하게 하고 간악한 아내는 육친의 화목을 깨뜨린다.'

아내의 책임이나 영향이 이렇게 크다. 그러므로 가정을 다스릴 부녀자들은 특히 부녀의 도리를 다해야 한다. 특히 '부덕(婦德)·부용(婦容)·부언(婦言)·부공(婦工)'의 사덕(四德)을 높이고 실천해야 한다.

──────── 20-1 ────────

益智書云, 女有四德之譽
一曰婦德 二曰婦容
三曰婦言 四曰婦工也.[1]

익지서운, 여유사덕지예(하니)
일왈부덕(이요) 이왈부용(이요)
삼왈부언(이요) 사왈부공야(니라).

《익지서》에 있다. '여자에게는 기려야 할 네 가지 덕이 있다. 첫째는 부덕 즉 부인다운 덕행이고, 둘째는 부용 즉 부인다운 꾸밈이고, 셋째는 부언 즉 부인다운 말씨이고, 넷째는 부공 즉 부인다운 일솜씨이다.'

　o益智書(익지서)-2-4 참조　o四德之譽(사덕지예)-기려야 할 네 가지 덕. '예(譽)'는 높이고 기리다. o婦德(부덕)-부녀자의 덕행. o婦容(부용)-부녀자가 지녀야 할 용모나 태도 o婦言(부언)-부인다운 말씨, 언변. o婦工(부공)-부녀자의 일솜씨, 가사를 처리하는 기술.

(참고) 용모를 단정히 하고 말씨를 곱게 해야 한다. 특히 주부는 살림솜씨가 좋아야 한다. 안살림의 주체는 가정주부이다. 모든 식구들이 주부가 만든 음식을 먹고 또 옷을 입는다. 그뿐만이 아니다. 관혼상제(冠婚喪祭) 등 대소사도 주부의 손을 거치어 이루어지게 마련이다.

─────────────────

1) 益(더할 익), 譽(기릴 예), 婦(여자 부), 容(얼굴 용), 工(장인 공).

주부는 슬기롭고 솜씨가 뛰어나야 한다.

─────(20-2)─────

婦德者不必才名絶異 婦容者不必顔色美麗
婦言者不必辯口利詞 婦工者不必技巧過人也.[2]

부덕자(는) 불필재명절이(요) 부용자(는) 불필안색미려(요)
부언자(는) 불필변구이사(요) 부공자(는) 불필기교과인야(라).

'부덕은 반드시 재능과 명성이 뛰어나야 함이 아니고, 부용은 반드시 안색이 아름답고 고와야 함이 아니며, 부언은 반드시 구변이 좋고 말을 썩 잘함이 아니고, 부공은 반드시 손재주가 남보다 뛰어나야 함이 아니다.'

ㅇ不必(불필)-반드시 ……함이 아니다. ㅇ才名(재명)-재주와 명성. ㅇ絶異(절이)-남다르게 뛰어나다. ㅇ顔色(안색)-용모나 기색. ㅇ美麗(미려)-아름답고 곱다. ㅇ辯口(변구)-구변, 언변, 말솜씨. ㅇ利詞(이사)-말을 잘함. ㅇ技巧(기교)-손재주. 기술이나 솜씨. ㅇ過人(과인)-남보다 뛰어남.

참고 네 가지 부덕이 특이한 것이 아님을 말하고 있다. 즉 '부덕·부용·부언·부공'은 다 외형적으로 혹은 인위적으로 가식하고 꾸미는 것이 아니고 깊은 정성에서 나와야 함을 말하고 있다. 부녀의 네 가지 덕목은 기술에 속하기보다는 정성에서 나오고 또 부지런하게 실행할

────────────

2) 才(재주 재), 麗(고울 려), 辯(말잘할 변), 詞(말씀 사).

수 있는 덕행이다. 유별나게 뛰어난 것이 아니라 누구나 실행할 수 있
는 평범한 것들이다. 항목별로 자세히 설명을 가했다.

───── 20-3-1 ─────────────────────────

其婦德者 淸貞廉節 守分整齊
行止有恥 動靜有法 此爲婦德也.3)

　　기부덕자(는) 청정염절(하야) 수분정제(하고)
　　행지유치(하야) 동정유법(이니) 차위부덕야(요).

　부덕은 다음과 같이 함을 말한다. 맑고 곧은 마음가짐과
청렴하고 절개 있는 몸가짐으로 분수를 지키며 단정하고 엄
숙한 태도를 항상 지녀야 한다. 행동거지에 수줍음이 있고
움직이거나 조용히 있을 때나 항상 법도를 지켜야 한다. 이
상과 같이 함을 부인다운 덕행, 즉 부덕이라고 한다.

　　ㅇ淸貞(청정)-맑고 곧음. ㅇ廉節(염절)-청렴하고 절개를 지킴. ㅇ守
　　分(수분)-분수를 지킴. ㅇ整齊(정제)-단정하고 엄숙함. ㅇ行止(행
　　지)-가나 멈추거나. 즉 행동거지(行動擧止). ㅇ有恥(유치)-부끄러
　　움이나 수줍음이 있다. 창피함을 알다. ㅇ動靜(동정)-움직이고 활동
　　할 때나 조용히 있을 때나. ㅇ有法(유법)-법도를 지키다.

　참고　마음과 몸가짐이 법도에 맞고 청렴결백(淸廉潔白)하고 분수와

────────────────────────

3) 貞(곧을 정), 廉(청렴할 렴), 節(마디 절), 整(가지런할 정), 齊(가지런할
　제), 恥(부끄러워할 치), 靜(고요할 정).

절개를 지키고 아울러 항상 단정하고 엄숙한 생활태도를 지니는 것을 곧 부녀자가 지켜야 할 부덕이라 한다. 특히 후안무치(厚顔無恥)하고 때와 장소를 가리지 않고 나서서 떠벌리는 일이 있어서는 안되겠다. 여성상위 시대라고 버릇없이 굴면 못쓴다.

─────(20-3-2)─────

婦容者 洗浣塵垢
衣服鮮潔 沐浴及時
一身無穢 此爲婦容也.[4]

> 부용자(는) 세완진구(하야)
> 의복선결(하며) 목욕급시(하야)
> 일신무예(니) 차위부용야(니라).

부용은 다음과 같이 함을 말한다. 옷을 세탁하여 먼지와 때를 말끔히 빨아내고 의복을 산뜻하고 정결하게 가꾸어 차려입으며, 때맞추어 목욕을 말끔히 하고 온 몸에 더러움이 없게 한다. 이상과 같이 함을 부인다운 용모 가꾸기, 즉 부용이라고 한다.

> ○洗浣(세완)─세탁하고 빨래함. ○塵垢(진구)─먼지와 때. ○鮮潔(선결)─산뜻하고 정결함. ○沐浴(목욕)─목(沐)은 머리를 감다. 욕(浴)은 몸을 씻다. ○一身(일신)─전신. ○無穢(무예)─더러움이 없다.

───────────────

4) 浣(빨 완), 塵(티끌 진), 垢(때 구), 潔(깨끗할 결), 穢(더러울 예).

(참고) 부용(婦容)은 용모나 몸 가꾸기를 말한다. 비싼 화장품으로 화장하고 사치스런 옷을 입으라는 것이 아니다. 맑고 밝은 용모와 정결하고 산뜻한 옷차림이 곧 부덕에 맞는 몸 가꾸기이다. 아름다움은 밖의 꾸밈에서 나오는 것이 아니고 속에서 풍겨 나오는 것이다. 즉 속의 깊은 덕성과 높은 정신자세와 교양미(敎養美)에서 풍기는 것이다.

───(20-3-3)──────────────────

婦言者 擇詞而説
不談非禮 時然後言
人不厭其言 此爲婦言也.[5]

　　부언자(는) 택사이설(하야)
　　부담비례(하고) 시연후언(하야)
　　인불염기언(이니) 차위부언야(오).

　부언은 다음과 같이 함을 말한다. 할 말을 골라서 하며 예의에 벗어난 말을 하지 않으며 때가 된 후에야 말을 하므로 남들이 그 말을 싫어하지 않는다. 이상과 같이 함을 부인다운 말씨, 즉 부언이라고 한다.

　　o擇詞而説(택사이설) - 말을 골라서 함. o不談非禮(부담비례) - 예의에 어긋나는 말은 하지 않음. o時然後(시연후) - 말할 때가 된 후에. o不厭(불염) - 싫어하지 않음.

─────────────────

5) 擇(가릴 택), 詞(말씀 사), 談(말씀 담), 禮(예도 례), 厭(싫을 염).

참고 말을 함부로 하면 안된다. 예의에 어긋나는 상스런 말을 입 밖에 내지 말고 또 아무 때에나 불쑥 나서서 말하면 실례가 된다. 나서서 말해도 될 만한 때가 되었을 때에 적절하게 말을 해야 한다. 위로는 부모님이 게시고 아래로는 자녀들이 있으므로 모든 가족을 사랑하는 마음으로 말을 부드럽게 함과 동시에 사려 깊게 가려서 해야 한다.

20-3-4

婦工者 專勤紡績 勿好暈酒
供具甘旨 以奉賓客 此爲婦工也.[6]

부공자(는) 전근방적(하고) 물호운주(하며)
공구감지(하야) 이봉빈객(이니) 차위부공야(니라).

부공은 다음과 같이 함을 말한다. 오로지 길쌈을 부지런히 하고 술 마시고 취하기를 좋아하지 말며 맛있는 음식을 고루 마련하여 귀한 손님들을 대접한다. 이상과 같이 함을 부인다운 솜씨, 즉 부공이라고 말한다.

○專勤(전근) — 오로지 부지런히. ○紡績(방적) — 길쌈, 방적. ○勿好(물호) — 좋아하면 안된다. ○暈酒(운주) — 얼큰한 술, 또는 술에 얼큰하게 취함. ○供具(공구) — 갖추고 구비함. ○甘旨(감지) — 맛있는 음식. ○以(이) — 그래 가지고 ○奉賓客(봉빈객) — 손님 대접을 함.

---

6) 專(오로지 전), 勤(부지런할 근), 紡(자을 방), 績(길쌈 적), 暈(무리 훈), 旨(맛있을 지), 奉(받들 봉), 賓(손 빈).

(참고) 옛날에는 부녀자의 솜씨는 주로 길쌈과 음식에서 발휘되었다. 이 점에 있어서는 오늘의 가정주부가 할 일과 일치하지 않는다. 오늘에는 가정주부가 길쌈이나 옷 만들기를 거의 아니한다. 차츰 장 담그기나 김치 담그기도 줄어들고 있다. 그러나 집안살림 꾸려나가기에 있어 주부의 위치와 책임은 원칙적으로는 옛날과 같고 그 비중이 크고 높다.

─────(20-4)─────

此四德者 是婦人之所不可缺者
爲之甚易 務之在正
依此而行 是爲婦節.7)

차사덕자(는) 시부인지소불가결자(라)
위지심이(하고) 무지재정(하니)
의차이행(이면) 시위부절(이니라).

이상의 네 가지 부덕은 부인들이 소홀히 하면 안되는 것들이며 행하기가 아주 쉬우니 바르게 행하도록 힘써야 한다. 네 가지 덕에 따라 행동하는 것이 바로 부인이 따르고 지켜야 할 범절이다.

ㅇ所不可缺者(소불가결자)—빠뜨려서는 안되는 것. ㅇ爲之甚易(위지심이)—행하기가 매우 쉽다. 용이하다. ㅇ務之(무지)—애쓰다. 노력

───────────────

7) 缺(빌 결), 甚(심할 심), 易(쉬울 이), 務(힘쓸 무), 依(의지할 의).

하다. ㅇ在正(재정)—바르게 되도록. ㅇ依(의)—의지하다. 따라서. ㅇ婦節(부절)—부인이 행할 범절(凡節)·절도(節度).

(참고) 이상의 사부덕(四婦德)은 행하기 용이한 평범한 범절이다. 고전의 가르침의 깊은 뜻과 정신을 오늘의 생활에 활용하는 슬기가 있어야겠다. 고금동서(古今東西)를 막론하고 남자는 학덕(學德)을 겸비해야 하고 부녀자는 자애롭고 우아하고 정숙해야 한다. 사회 활동을 한다고 후안무치하고 포악해지면 안된다.

────(20-5)────

太公曰, 婦人之禮 語必細.

태공(이) 왈, 부인지례(는) 어필세(니라).

태공이 말했다. '부인의 예절은 말할 때는 반드시 조용히 하는 법이다.'

ㅇ太公(태공)—1-4 참조 ㅇ婦人之禮(부인지례)—부인이 지켜야 할 예절의 하나는. ㅇ語必細(어필세)—말을 반드시 조용히 한다.

(참고) 무식하고 포악한 남자처럼 말하면 안 좋다.

────(20-6)────

賢婦令夫貴 惡婦令夫賤.

현부(는) 영부귀(요) 악부(는) 영부천(이라).

어진 아내는 남편을 귀하게 만들고 악한 아내는 남편을

천하게 만든다.

> ○賢婦令夫貴(현부영부귀) – 현명한 아내는 자기 남편을 귀하게 만든다. ○惡婦令夫賤(악부영부천) – 악처는 자기 남편을 천하게 만든다.

(참고) 현명한 아내는 남편을 존중하고 내조의 공을 세워서 자기 남편을 출세하게 만든다. 그러나 악한 아내는 자기 남편을 무시하거나 멸시하고 스스로 천한 존재가 되게 한다. 부부는 서로 학식과 인격을 존중하고 사랑을 바탕으로 협동해야 한다. 동시에 각자의 소질과 재능을 발휘하여 사회발전에 기여하도록 서로 도와야 한다.

―――――(20-7)―――――

家有賢妻 夫不遭橫禍.[8]

가유현처(면) 부부조횡화(니라).

집안에 현처가 있으면 남편이 뜻밖의 화를 당하지 않는다.

> ○遭(조) – 만나다. 당하다. ○橫禍(횡화) – 뜻밖의 재앙.

(참고) 가정주부는 가정을 잘 다스리고 가족들의 마음을 안락하게 해주어야 한다. 그러면 남편을 위시하여 모든 가족들도 즐겁고 편해지며, 따라서 뜻밖의 화를 초래하지 않는다.

---

8) 賢(어질 현), 妻(아내 처), 遭(만날 조), 橫(가로 횡), 禍(재화 화).

___20-8___

賢婦和六親 佞婦破六親.9)

현부(는) 화육친(하고) 영부(는) 파육친(이니라).

어진 아내는 육친을 화목하게 하고, 간악한 아내는 육친의
화목을 깨뜨린다.

> ○和(화)－화목하게 한다. ○六親(육친)－부모(父母), 형제(兄弟), 처
> 자(妻子)의 육친 관계. 가까운 친척의 뜻도 있다.

(참고) 아내가 잘하면 일가 친척이 더욱 화목하고 잘하지 못하면 화목했
던 사이도 파탄난다. 가정주부는 일가 친척에게 실인심(失人心)하면
안된다. 항상 사랑과 은혜를 베풀어야 한다.

남자는 남성으로서 지켜야 할 도리와 덕행이 있고, 부녀자는 여성
으로서 지켜야 할 도리와 덕행이 있게 마련이다.

동양 철학에서는 음양(陰陽)의 도리와 천지의 기능과 작용을 중시
했다. 하늘과 땅이 어울려야 자연만물이 육성되고 번성하듯이 남자와
여성이 진정한 사랑을 바탕으로 부부가 되어 가정을 꾸미고, 자녀를
낳고 잘 키워야 한다.

그러기 위해서는 저마다의 이기적 욕심을 억제하고 상대를 받들고
도와야 한다. 동시에 나보다도 가정을 위하는 대아(大我)의 정신으로
부부가 조화를 이루고 저마다의 직책과 도리를 다해야 한다. 그리고 더
나아가서, 나의 가정의 이득보다도 사회와 국가 및 인류·역사·문화
발전에 선가치적(善價値的)으로 공헌하는 남성과 여성이 되어야 한다.

___

9) 和(화할 화), 親(친할 친), 佞＝侫(아첨할 녕), 破(깨뜨릴 파).

증보편(增補篇)

제21편　적소성대(積小成大)

21-1

周易曰, 善不積不足以成名
惡不積不足以滅身,
小人以小善爲无益而弗爲也
以小惡爲无傷而弗去也,
故惡積而不可掩 罪大而不可解.

> 주역(에) 왈, 선부적(이면) 부족이성명(이요)
> 악부적(이면) 부족이멸신(이어늘),
> 소인(은) 이소선(으로) 위무익이불위야(하고)
> 이소악(으로) 위무상이불거야(니라),
> 고(로) 악적이불가엄(이요) 죄대이불가해(니라).

《주역》에서 말했다. '선행을 오래 행하지 않으면 선인의 이름을 듣기에 부족하고, 악행도 오래 하지 않으면 일신을 망치기에는 부족하다. 그래서 소인은 작은 선으로는 이로움이 없다고 선을 행하지 않고, 작은 악으로는 몸을 다치지 않는다고 악을 버리지 않는다. 그런 고로 악이 쌓여 가리울 수 없게 되고 죄가 커져서 풀 수 없게 된다.'

ㅇ周易(주역)－상고(上古)로부터 전해오던 '역(易)'을 주(周)의 문왕(文王), 주공(周公), 공자(孔子)가 설명을 가한 것으로 《역경(易經)》이라고도 함. ㅇ滅身(멸신)－몸을 망치다. ㅇ以小善(이소선)－작은 선으로서는, 작은 선을 행해도. ㅇ爲无益(위무익)－이익될 게 없다 하고, 위(爲)는 생각하다, 여기다. ㅇ弗爲(불위)－작은 선을 행하지 않는다. ㅇ爲无傷(위무상)－(작은 악을 행해도) 몸을 해치지 않는다고 생각하고. ㅇ弗去(불거)－작은 악을 멀리하지 않고 (행한다). ㅇ掩(엄)－가리다. ㅇ解(해)－(죄를) 풀다. (죄에서) 벗어나다.

(참고) 적진성산(積塵成山)이라고도 한다. 흙먼지가 쌓여 산이 된다는 뜻이다. 또 적수성해(積水成海)라고도 한다. 이 말들은 모두 작은 것이 모여서 큰 것이 된다는 뜻이다. 선을 한번 행하고 이득이 안된다고 선행을 중단해서는 안된다. 반대로 악행을 해도 당장에 패가망신하지 않고 벌받지 않는다고 계속 악을 행해도 안된다.

───── 21-2 ─────

履霜堅氷至 臣弑其君 子弑其父
非一旦一夕之事 其由來者漸矣.[1]

이상(이면) 견빙지(라) 신시기군(하며) 자시기부(이)
비일단일석지사(라) 기유래자점의(니라).

서리를 밟으면 굳은 얼음이 얼게 된다고 했으니, 신하로서 자기 임금을 죽이고, 아들이 자기 아버지를 죽이는 일이 하루아침이나 하루저녁에 이루어지는 것이 아니다. 그렇게 된

───────────────

1) 履(밟을 리), 霜(서리 상), 堅(굳을 견), 弑(죽일 시), 漸(점점 점).

유래는 오래 두고 차츰 자란 것이다.

    ㅇ履霜(이상)-서리를 밟게 되면. ㅇ堅氷至(견빙지)-(그 다음에는) 굳은 얼음이 얼게 된다. ㅇ弑(시)-시해함. 윗사람을 죽임. ㅇ旦(단)- 아침. ㅇ由來(유래)-내력, 연유. ㅇ漸(점)-점차적으로 자라나다.

(참고) 가을에 서리가 내리고 다시 추워지면 굳게 얼음이 얼게 된다. 극 악무도한 범죄도 하루아침에 까닭없이 돌발하는 것이 아니다. 작은 악덕(惡德)이 쌓여서 큰 죄악으로 자라난다.

제22편 팔반가(八反歌)

───── 22-1 ─────

幼兒或詈我 我心覺懽喜
父母嗔怒我 我心反不甘,
一喜懽一不甘 待兒待父心何懸
勸君今日逢親怒 也應將親作兒看.[2]

　　유아혹이아(하면) 아심각환희(하고)
　　부모진노아(하면) 아심반불감(이라),
　　일희환일불감(하니) 대아대부심하현(고)
　　권군금일봉친노(어든) 야응장친작아간(하라).

　어린 자식놈이 철없이 나를 보고 욕을 하면 부모된 나는 마음으로 기쁨을 느끼지만 부모님이 나에게 화를 내시면 자식된 나는 속으로 언짢게 여긴다. 한쪽은 기쁘고 한쪽은 언짢으니 자식과 부모 대하는 마음이 이다지도 다른가? 그대에게 권하노니 오늘 부모님이 성을 내시거든 부모님을 자식 보듯 기쁜 마음으로 대하게.

───────────────

2) 詈(꾸짖을 리), 懽(기쁠 환), 嗔(성낼 진), 懸(매달 현), 勸(권할 권).

○或詈我(혹이아)-자식이 부모된 나를 욕하거나 꾸짖다. ○懽喜(환희)-기쁘고 좋아한다. ○嗔怒(진노)-화를 내고 성내다. ○一喜懽(일희환)-자식에 대해서는 즐겁게 느끼고 ○一不甘(일불감)-부모에 대해서는 언짢게 여김. ○待兒待父心(대아대부심)-자식과 부모를 대하는 마음. ○何懸(하현)-어찌 이다지도 다르냐? ○逢親怒(봉친노)-어른께서 진노하시더라도 ○將親(장친)-어버이를. ○作兒看(작아간)-자식 대하듯 하라.

22-2

兒曹出千言 君聽常不厭
父母一開口 便道多閑管,
非閑管親掛牽 皓首白頭多諳諫,
勸君敬奉老人言 莫敎乳口爭長短.[3]

아조(는) 출천언(하되) 군청상불염(하고)
부모(는) 일개구(하면) 변도다한관(이라),
비한관친괘견(이라) 호수백두다암간(이라),
권군경봉노인언(하고) 막교유구쟁장단(하라).

어린아이들이 천 마디 말을 해도 그대는 항상 듣기에 염증을 내지 않으면서 부모님이 어쩌다가 한 번 말씀을 하시면 부질없이 잔소리 하신다고 불평할 것이지. 그러나 부질없는 잔소리가 아니고 부모가 걱정을 하신 것이며, 백발이 되

---

3) 聽(들을 청), 管(간섭할 관), 牽(끌 견), 皓(흴 호), 諳(욀 암).

어도 모든 것을 살피고 타이르는 것일세. 그대에게 권하노니
어른의 말씀을 공경하여 받들고 젖내 나는 입으로 어른 앞
에서 장단을 따지지 말게.

○兒曹(아조)-아이들. 조(曹)는 무리. ○出千言(출천언)-천 마디 말
을 지껄여도. ○君聽常不厭(군청상불염)-부모된 그대는 자식의 말을
듣고도 항상 싫지 않다. ○父母一開口(부모일개구)-한편 부모가 한
번 입을 열고 말을 하면. ○便道多閑管(변도다한관)-(자식이 부모에
게) 쓸데없는 일에 간섭한다고 말을 한다. ○非閑管(비한관)-(그러
나 부모가) 쓸데없이 간섭하는 것이 아니고. ○親掛牽(친괘견)-친히
걱정하고 지도함이다. ○皓首白頭(호수백두)-호호백발, 백발의 노인.
○諳諫(암간)-많은 것을 잘 알고 타이르다. ○敬奉(경봉)-공경하고
받들다. ○乳口(유구)-젖내 나는 입. 자식의 입.

─────(22-3)─────

幼兒尿糞穢 君心無厭忌
老親涕唾零 反有憎嫌意,
六尺軀來何處 父精母血成汝體,
勸君敬待老來人 壯時爲爾筋骨敝.[4]

유아뇨분예(는) 군심(에) 무염기(로되)
노친체타령(에) 반유증혐의(니라),
육척구래하처(요) 부정모혈성여체(라),

---

4) 尿(오줌 뇨), 糞(똥 분), 穢(더러울 예), 忌(꺼릴 기), 涕(눈물 체), 唾(침
타), 零(떨어질 령), 嫌(싫어할 혐), 軀(몸 구), 筋(힘줄 근), 敝(해질 폐).

권군경대노래인(하라) 장시위이근골폐(니라).

　어린아이의 똥오줌 같은 더러운 것은 그대 마음에 싫거나 꺼리는 바 없거늘, 늙은 어버이의 눈물과 침 흘리는 것은 도리어 미워하고 싫어하는 생각이 드니, 그대의 6척 되는 체구가 어디서 왔는고? 바로 어버이의 정기와 피가 그대의 몸이 된 것이다. 그대에게 권하노니 늙으시는 어버이를 공경하라. 젊어서 그대를 위해 힘줄과 뼈를 피폐케 하셨다.

　ㅇ尿糞(뇨분)—오줌과 똥. ㅇ穢(예)—더러운 것. ㅇ厭忌(염기)—싫어하고 기피함. ㅇ涕(체)—눈물. ㅇ唾(타)—침. ㅇ零(령)—뚝뚝 떨어짐. ㅇ憎嫌意(증혐의)—증오하고 혐오한다. ㅇ軀(구)—체구, 몸. ㅇ父精母血(부정모혈)—아버지의 정기와 어머니의 피. ㅇ成汝體(성여체)—그대의 몸을 이루다. ㅇ敬待(경대)—공경하고 잘 봉양해 올려라. ㅇ老來人(노래인)—늙어가시는 어른. ㅇ壯時(장시)—젊고 세찰 때. ㅇ筋骨(근골)—심줄, 근육, 살과 뼈. ㅇ敝(폐)—피폐하다.

22-4

看君晨入市　買餠又買餻
少聞供父母　多說供兒曹,
親未啖兒先飽　子心不比親心好,
勸君多出買餠錢　供養白頭光陰少.[5]

　간군신입시(하야) 매병우매고(하니)

---

5) 晨(새벽 신), 餠(떡 병), 餻(떡 고), 啖(먹을 담), 飽(물릴 포).

소문공부모(하고) 다설공아조(라),
친미담아선포(하니) 자심불비친심호(라),
권군다출매병전(하야) 공양백두광음소(하라).

  그대가 아침에 저자에 가서 여러 가지 떡을 사는 것을 보
니, 부모님에게 드리겠다는 말은 안하고 아이들 주겠다는 말
은 많이 하더군. 부모님 맛보시기도 전에 아이들만 포식하니
어버이 사랑이 자식 사랑만 못함이다. 그대에게 권하니 떡
살 돈을 조금 더 써서 머리 희고 늙어 여생이 얼마 남지 않
은 어버이를 공양하게나.

> ○看君晨入市(간군신입시)−그대가 아침에 시장에 가서. ○買餅又買
> 餻(매병우매고)−여러 가지 떡을 사는 것을 보았노라. 병(餅)도 떡,
> 고(餻)도 떡. ○少聞供父母(소문공부모)−그런데 (떡을) 부모에게 올
> 린다는 말은 안 들리고. ○多說供兒曹(다설공아조)−아이들에게 준
> 다는 말만 많이 하더라. ○親未啖(친미담)−부모는 씹어보지도 못함.
> ○兒先飽(아선포)−아이들이 먼저 포식하다. ○子心(자심)−자식으로
> 서 효도하려는 마음. ○親心(친심)−자식을 사랑하는 마음. ○買餅錢
> (매병전)−떡을 살 돈. ○白頭光陰少(백두광음소)−머리가 희고 늙어
> 사실 날이 얼마 없는 (부모님).

22-5

市間賣藥肆 惟有肥兒丸,
未有壯親者 何故兩般看,
兒亦病親亦病 醫兒不比醫親症,

割股還是親的肉 勸君亟保雙親命.[6]

시간매약사(에) 유유비아환(하고),
미유장친자(하니) 하고양반간(고),
아역병친역병(에) 의아불비의친증(이라),
할고환시친적육(이니) 권군극보쌍친명(하라).

　시중 약 파는 가게에는 오직 아이들 살찌게 하는 알약만 있고 어버이를 보하는 약은 없다고 하니 어찌 자식과 양친의 병간호를 다르게 하나? 자식이 병들고 어버이도 병에 걸렸다면 자식 치료는 어버이 치료에 비할 바 못 되느니라. 허벅지의 살을 베어 치료해도 역시 어버이 살이니, 그대여 당장에 양친의 목숨을 보전해 올려라.

　　ㅇ賣藥肆(매약사)−약 파는 가게. ㅇ惟有肥兒丸(유유비아환)−약국에 다만 아이를 살찌게 하는 알약만이 있다. 즉 자식을 위한 약만을 샀다는 뜻. ㅇ未有壯親者(미유장친자)−부모를 튼튼하게 하는 보약은 없다, 즉 부모를 위한 보약은 안 샀다는 뜻. ㅇ何故(하고)−어찌하여. ㅇ兩般看(양반간)−양쪽을 다르게 보나, 차별하나. ㅇ不比(불비)−비교가 안된다. ㅇ醫親症(의친증)−부모님의 병을 치료함. ㅇ割股(할고)−허벅지의 살을 베다. ㅇ親的肉(친적육)−부모의 살. ㅇ亟(극)−빨리, 당장에. ㅇ保(보)−보전(保全)함. ㅇ雙親命(쌍친명)−양친의 생명.

---

6) 醫(의원 의), 症(증세 증), 割(나눌 할), 股(넓적다리 고), 亟(빠를 극).

富貴養親易 親常有未安,
貧賤養兒難 兒不受饑寒,
一條心兩條路 爲兒終不如爲父,
勸君養親如養兒 凡事莫推家不富.[7]

> 부귀(엔) 양친이(로되) 친상유미안(하고),
> 빈천(엔) 양아난(하되) 아불수기한(이라),
> 일조심양조로(에) 위아종불여위부(라),
> 권군양친(을) 여양아(하고) 범사(를) 막추가불부(하라).

부귀를 누릴 때에 양친을 공양하기는 쉬우나 그래도 양친의 마음은 항상 편치 않은 바가 있느니라. 빈천한 때에 자식들 키우기는 힘이 들지만 그렇다고 아이들을 굶주리고 헐벗게 하지는 않는다. 한 가닥 마음으로 두 가닥 길을 따라야 할 경우에 자식 사랑과 어버이 사랑이 결국은 같지 않게 되더라. 그대에게 권하노니 어버이 공양을 자식 위하듯 하며 모든 것을 집안의 가난으로 돌리고 핑계대지 마라.

> ○富貴養親易(부귀양친이)─부귀를 누릴 때에 양친을 물질적으로 잘 봉양하기는 쉽다. ○親常有未安(친상유미안)─양친은 항상 정신적으로 편안하지 않다. ○貧賤養兒難(빈천양아난)─빈천하게 살면 아이들을 키우기 어렵다. ○兒不受饑寒(아불수기한)─아이들을 굶주리게 하

---

7) 饑(주릴 기), 條(가지 조), 凡(무릇 범), 莫(말 막), 推(밀을 추).

고 추위에 떨게 하지 않는다. ㅇ一條心(일조심)-한 가닥의 마음.
ㅇ兩條路(양조로)-두 갈래의 길. ㅇ莫推(막추)-핑계대지 마라.

22-7

養親只有二人 常與兄弟爭
養兒雖十人 君皆獨自任,
兒飽煖親常問 父母饑寒不在心,
勸君兩親須竭力 當初衣食被君侵.[8]

양친(엔) 지유이인(이로되) 상여형제쟁(하고)
양아(엔) 수십인(이나) 군개독자임(이라),
아포난친상문(하되) 부모기한부재심(이라),
권군양친(을) 수갈력(하라) 당초의식(이) 피군침(이니라).

양친 공양은 오직 두 분만을 모실 뿐인데도 노상 형제들
이 서로 다투면서 안 모시려고 하며, 반대로 자식 양육은 열
명이라도 저마다 혼자서 다 떠맡으려고 한다. 아이들 배부르
고 따뜻한지는 친히 항상 물으면서 어버이 배고프고 추운
것은 마음에도 두지 않는다. 권하노니 어버이 공양에 모름지
기 힘을 다하라. 부모님은 당초에 옷이나 음식을 그대 때문
에 빼앗기셨느니라.

ㅇ養親只有二人(양친지유이인)-부모를 모시고 공양을 해야, 모두

---

8) 飽(물릴 포), 煖(따뜻할 난), 饑(주릴 기), 竭(다할 갈), 侵(침노할 침).

두 분뿐이다. ㅇ常與兄弟爭(상여형제쟁)-그런데 자식 형제들이 저마다 부모를 안 모시겠다고 항상 서로 다투고 싸운다. ㅇ養兒雖十人(양아수십인)-자식을 키우는 데는 비록 열 명이라도. ㅇ君皆獨自任(군개독자임)-저마다 모두 혼자 스스로 맡겠다고 한다. ㅇ兒飽煖(아포난)-자식들이 배불리 먹고 따뜻하게 옷을 입었는지는. ㅇ父母饑寒(부모기한)-부모가 굶주리고 추위하는지에 대해서는. ㅇ不在心(부재심)-마음에 두지 않음. 무관심하다. ㅇ竭力(갈력)-힘을 다 씀. ㅇ被君侵(피군침)-부모가 그대에게 침해를 당하다.

22-8

親有十分慈 君不念其恩
兒有一分孝 君就揚其名,
待親暗待兒明 誰識高堂養子心,
勸君漫信兒曹孝 兒曹親子在君身.[9]

친유십분자(하되) 군불념기은(하고)
아유일분효(하되) 군취양기명(이라),
대친암대아명(하니) 수식고당양자심(고),
권군만신아조효(하라) 아조친자재군신(이니라).

어버이께서 10분의 자애로 키워주셨거늘 그대는 그 크나큰 은혜를 생각지 않고, 아이들이 한푼의 효도를 하면 그대는 그것을 들어 자랑하노라. 어버이 섬김에는 어둡고 자식 대함에만 밝으니 누가 부모님의 자식 키우는 마음을 알아주

---

9) 慈(사랑할 자), 恩(은혜 은), 揚(오를 양), 識(알 식), 漫(질펀할 만).

라? 그대에게 권하노니 부질없이 자식 효도 믿지를 마라.
그대가 바로 자식의 어버이요 어버이의 자식이니라.

ㅇ十分慈(십분자)-충분히 넘치는 자애(慈愛)로써. ㅇ念(념)-깊이
생각하고 고마워함. ㅇ一分孝(일분효)-자식놈이 어쩌다가 1푼의 효
도를 하면. ㅇ就(취)-당장, 곧. ㅇ揚其名(양기명)-아들의 이름을 들
고 자랑을 한다. ㅇ待(대)-대하다. ㅇ誰識(수식)-누가 알아주랴?
ㅇ高堂(고당)-부모님의 뜻. ㅇ養子心(양자심)-자식 키우는 마음.
ㅇ漫信(만신)-부질없이 믿다, 만(慢)과 같은 뜻. ㅇ兒曹親子(아조친
자)-아이들의 어버이이자 동시에 어버이의 자식. 친(親)은 위와 아래
에 다 걸림.

(참고) 이상의 팔반가(八反歌) 8수(首)는 자식 사랑하는 마음을 돌려서
부모에게 효도를 하라는 풍자시(諷刺詩)다. 동물도 새끼를 한동안은
극진히 아끼고 키운다. 그러나 동물은 새끼가 어미에게 보답하지 않
는다. 효도는 다만 사람만이 한다. 뒤집어 말하면 효도를 안하면 사람
이 아니다. 어린 자식을 귀여워하고 철없이 응석부리는 것을 기쁘게
느끼는 것도 좋다. 그러나 동시에 잘 생각해야 한다. 늙으신 부모님
앞에 나는 어떤 존재인가? 비록 내가 장가들고 처자식을 거느리고
있어도 늙은 부모님 앞의 나는 항상 어린 아들에 불과하다. 따라서 평
생을 두고 부모님에게 효도를 해야 한다.

깊이 생각해 보자. 나를 양육하기 위해 노쇠하신 부모님을 누가 극
진히 모셔야 하나? 바로 자식된 내가 아닌가? 그런데 처자식 생각만
하고 부모님을 소홀히 하면 되겠는가? 그것은 사람의 도리가 아니다.
동물과 같은 짓이다. 장년기의 나는 위로는 늙은 부모님을 공양하고
아래로는 어린 자녀들을 양육해야 한다. 대부분의 사람들은 자식들
키우는 것에는 정성을 기울이지만 위에 계신 부모님에 대한 공양을

형식적으로 하는 수가 많다.

그러나 깊이 생각해 보자. 부모님이 장년기에 어린 나를 양육해 주셨다. 그리고 지금 부모님은 노쇠했다. 한편 나는 장년기에 기운 좋고 활동력도 있고 돈도 잘 번다. 그러므로 내가 늙은 부모에게 보답하는 것은 당연하지 않은가. 원래 부모님도 위로는 부모님에게 효도하고 아래로는 나를 키우셨다. 그렇게 해서 세세대대로 이어오면서 우리 집안이 더욱 번성하고 발전한다. 효도의 원리에는 두 가지 핵심이 있다. 하나는 나를 낳고 양육해 주신 부모님에게 감사하고 보답하는 것이다. 다른 하나는 선조의 이상과 가업을 계승하고 내가 노력하여 집안을 더욱 흥성케 하고 발전시키는 것이다. 효도는 인간의 존엄성을 높이고 동시에 인류의 역사·문화 발전에 직결되는 숭고한 덕행이다.

제23편　효행 속편(孝行續篇)

1. 손순(孫順) 부부의 효성

孫順家貧 與其妻 傭作人家
以養母 有兒每奪母食.

　　손순(이) 가빈(하여) 여기처(로) 용작인가(하야)
　　이양모(할새) 유아매탈모식(이라)

順謂妻曰, 兒奪母食 兒可得 母難再求,
乃負兒 往歸醉山北郊.

　　순위처왈, 아탈모식(하니) 아가득(이나) 모난재구(라 하고),
　　내부아 왕귀취산북교(하여).

欲埋掘地 忽有甚奇石鐘,
驚怪試撞之 舂容可愛.

　　욕매굴지(러니) 홀유심기석종(이라),
　　경괴시당지(하니) 용용가애(라).

妻曰, 得此奇物 殆兒之福 埋之不可
順以爲然 將兒與鐘還家 懸於樑撞之

　　처왈, 득차기물(은) 태아지복(이라) 매지불가(라 하니)

순(이) 이위연(하야) 장아여종환가(하야) 현어량당지(러니)

王聞鐘聲淸遠異常 而覈聞其實
曰, 昔郭巨埋子 天賜金釜
今孫順埋子 地出石鐘 前後符同
賜家一區 歲給米五十石.

왕문종성청원이상(하여) 이핵문기실(하고)
왈, 석(에) 곽거매자(엔) 천사금부(러니)
금손순매자(엔) 지출석종(하니) 전후부동(이라)
사가일구 세급미오십석(하니라).

손순이 집이 가난하여 자기 아내와 함께 남의 집 머슴살이를 하면서 어머니를 봉양했다. 헌데 자식이 어머니 드릴 음식을 빼앗아 먹는 것이었다.

손순이 아내에게 말했다. '자식이 어머님 드실 음식을 먹는구려. 자식은 또 낳을 수 있으나 어머님은 다시 구하기 어렵소.'

이에 자식을 등에 업고 취산 북쪽으로 가서 묻으려고 땅을 팠다. 그러자 뜻밖에 아주 신기한 돌종이 나왔다. 그들은 깜짝 놀라 이상히 여기고 시험삼아 그 돌종을 치니 그 소리가 아름답고 잘 울렸다.

아내가 말했다. '이 같은 기이한 물건을 얻은 것은 모두가 다 자식아이의 복이니 그 애를 묻으면 안됩니다.' 손순도 그렇게 생각하고 아이와 함께 돌종을 들고 집으로 돌아와 대들보에 걸고 종을 울렸다.

　마침 임금님이 너무나 이상하게 맑고 멀리 울려 퍼지는 종소리를 듣고 조사하여 그 사실을 알고 말했다. ‘옛날에 곽거가 아들을 땅에 묻으려 하자 하늘이 금솥을 내리셨는데 이제 손순이 아들을 묻으려 하자 땅에서 돌종이 나왔으니 일치하는구나.’ 그리고 임금님은 집 한 채를 하사하고 또 해마다 쌀 50석을 내려주었다.

　　○孫順(손순)─신라 사람으로 경주 손씨의 시조. 효성이 지극하여 돌종[石鐘]을 얻었다. 그 돌종이 신라 진흥왕(眞興王)의 3기(器)의 하나가 되었다. ○傭作(용작)─품팔이를 함. 머슴살이. ○每奪(매탈)─매번 빼앗아 먹다. ○兒奪母食(아탈모식)─어머님이 드실 밥을 자식놈이 먹다. ○負(부)─등에 업고 ○往歸(왕귀)─가서 죽게 하려고 귀(歸)는 돌려보냄. ○醉山北郊(취산북교)─취산 북쪽 교외. ○欲埋(욕매)─묻으려고 ○掘地(굴지)─땅을 파다. ○甚奇(심기)─심히 기이한. ○石鐘(석종)─돌종. ○撞(당)─종을 치다. ○舂容可愛(용용가애)─쩽쩽 울리는 소리가 아름답다. ○殆(태)─거의 다. ○將兒與鐘(장아여종)─아이와 종을 들고. ○還家(환가)─집으로 돌아오다. ○懸於樑(현어량)─대들보에 달아놓고. ○覈聞其實(핵문기실)─조사해서 그 사실을 알다. ○郭巨(곽거)─중국 후한(後漢)대의 사람으로 24효(孝)의 한 사람. 어머니 봉양을 위해 자식을 묻으려 하자 하늘이 그에게 금솥[金釜]을 내려주었다. ○符同(부동)─서로 일치한다. ○賜(사)─내려주다. ○歲給(세급)─매년 주다.

(참고)　‘지성이면 하늘도 감동한다.(至誠感天)’는 말이 있다. 어머니를 봉양하기 위해 자식을 묻으려 한 것은 현대적 감각에 어울리지 않는다. 그러나 어머니를 자식보다 소중히 여긴다는 점을 강조한 것으로

이해하면 좋을 것이다. 《구약성서》에도 아브라함이 그의 늦둥이 아들 이삭을 번제(燔祭)하려 하자 하늘이 감동했다는 구절이 있다. 처자식만을 사랑하고 노부모를 홀대하는 사람들을 깨우치려는 가르침이다.

2. 상덕(尙德)의 효성

尙德値年荒癘疫 父母飢病瀕死
尙德日夜不解衣 盡誠安慰 無以爲養
則刲髀肉食之 母發癰 吮之卽癒.

상덕(은) 치년황여역(하여) 부모기병빈사(라)
상덕(이) 일야불해의(하고) 진성안위(하되) 무이위양(이면)
즉규비육사지(하고) 모발옹(에) 연지즉유(라).

王嘉之 賜賚甚厚
命旌其門 立石紀事.

왕(이) 가지(하야) 사뢰심후(하고)
명정기문(하고) 입석기사(하니라).

상덕은 흉년과 염병이 유행하는 때에 부모님이 굶주리고 병들어 거의 죽게 되자 밤낮으로 옷도 벗지 않고 정성을 다하여 안위해 드렸다. 봉양할 것이 없으면 자기의 넓적다리 살을 잘라 올렸고 어머니께서 종기가 나자 입으로 빨아서 낫게 해드렸다.

임금이 이 소식을 듣고 어여삐 여겨 재물을 후하게 내리

고 그 집에 정문을 세우라 명하고 아울러 비석을 세워 그의
효행을 기록하게 하였다.

ㅇ尙德(상덕)－신라 때의 효자. ㅇ値年荒(치연황)－마침 (그해에) 흉
년이 들다. ㅇ癘疫(여역)－염병, 전염병이 퍼지다. 창질 려(癘), 염병
역(疫). ㅇ飢病(기병)－굶주리고 병들다. ㅇ瀕死(빈사)－거의 다 죽게
됨. ㅇ不解衣(불해의)－옷도 벗지 않고. ㅇ盡誠(진성)－정성을 다해
서. ㅇ安慰(안위)－편안하게 해드리고 또 위안해 올리다. ㅇ無以爲養
(무이위양)－공양해 올릴 것이 없으면. ㅇ刲(규)－자르다, 베다. 자를
규(刲). ㅇ髀肉(비육)－넓적다리의 살. 넓적다리 비(髀). ㅇ發癰(발
옹)－종기가 나다. 악창 옹(癰). ㅇ吮(연)－입으로 빨다. ㅇ癒(유)－치
유하다. ㅇ嘉之(가지)－그의 효행을 어여삐 여기다. ㅇ賜賚(사뢰)－임
금이 은사를 내려줌. ㅇ旌門(정문)－충신·효자·열녀 등을 표창하기
위하여 그 집 앞에 붉은 문을 세운다. ㅇ立石紀事(입석기사)－비석을
세워 그 효행을 기록함.

(참고) 지극한 효성과 효행 정신을 현대인도 본받아야 한다. 넓적다리
살을 베어서 부모에게 공양(供養)했다는 옛 기록이 퍽 많다. 먹을 것
이 풍족하고 의학이 발달한 오늘에는 상상도 할 수 없는 어려운 효행
이라 하겠다. 문제는 그와 같은 정신을 높여야 한다. 자신을 희생해서
부모의 병을 치유하겠다는 효성이 일어야 한다. 오늘의 우리들도 그
들의 정신과 열성을 본받아야 한다.

과학이 발달하고 물질문명이 풍성하다고, 인간 윤리와 사회적인 도
덕이나 예의범절을 소홀히 하면 안된다. 서양에서는 효도·효행을 높
이지 않는 것은 잘못이다. 서양의 외형적 과학이나 물질 문명은 배우
되, 그들이 효도·효행을 소홀히 하니까 우리도 할 필요가 없다고 생
각하면 잘못이다. 동양의 높은 정신 문명 및 윤리 도덕의 좋은 전통을

서양 사람에게도 가르치고 전파해야 한다.

3. 도씨(都氏)의 효성

都氏家貧至孝 賣炭買肉 無闕母饌.
一日於市 晚而忙歸 鳶忽攫肉
都悲號至家 鳶旣投肉於庭.

> 도씨가빈(이나) 지효(라) 매탄매육(하야) 무궐모찬(이러라).
> 일일(은) 어시(에) 만이망귀(러니) 연홀확육(이어늘)
> 도비호지가(하니) 연기투육어정(이러라).

一日母病 索非時之紅柿
都彷徨柿林 不覺日昏
有虎屢遮前路 以示乘意,
都乘之百餘里山村 訪人家投宿
俄而主人 饋祭飯而有紅柿

> 일일(은) 모병 색비시지홍시(어늘)
> 도방황시림(하야) 불각일혼(이니)
> 유호누차전로(하고) 이시승의(라),
> 도승지백여리산촌(하야) 방인가투숙(이러니)
> 아이주인(이) 궤제반이유홍시(라).

都喜問 柿之來歷 且述己意
答曰, 亡父嗜柿 故每秋擇柿二百個

藏諸窟中 而至此五月 則完者不過七八

今得五十個完者 故心異之

是天感君孝 遺以二十顆.

> 도희문 시지내력(하고) 차술기의(한대)
>
> 답왈, 망부기시 고(로) 매추택시이백개(하야)
>
> 장제굴중 이지차오월(에) 즉완자불과칠팔(이다가)
>
> 금득오십개완자(라) 고(로) 심이지(러니)
>
> 시천감군효(라 하고) 유이이십과(이라).

都謝出門外 虎尙俟伏

乘至家 曉鷄喔喔

後母以天命 終都有血淚.

> 도사출문외(하니) 호상사복(이라)
>
> 승지가(하니) 효계악악(이러라)
>
> 후(에) 모이천명(으로) 종(에) 도유혈루(러라).

　도씨는 집안이 가난하였으나 효성이 지극하였다. 숯을 팔아서 고기를 사다가 어머님 반찬에 부족함이 없이 하였다. 어느 날 시장에서 늦게 서둘러 돌아오는데, 솔개가 갑자기 고기를 채어 갔다. 도씨가 슬피 울면서 자기 집에 돌아와 보니 솔개가 이미 고기를 마당에 던져 놓고 있었다.

　하루는 모친이 병드시고 때아닌 홍시를 찾으셨다. 도씨는 감나무 숲을 헤매다가 날이 저문지도 모르고 있었다. 그때에 호랑이가 나타나 앞길을 가로막고 올라 타라는 시늉을 했다.

도씨는 호랑이를 타고 백여 리나 떨어진 산 속 마을에 이르러 인가를 찾아 묵었다. 그러자 얼마 안되어 주인이 제삿밥을 차려주는데 상에 홍시가 있었다. 도씨는 심히 기뻐하며 홍시의 내력을 묻고 자기가 온 뜻을 말했다.

그러자 주인이 대답했다. '돌아가신 저의 아버지께서 감을 즐기셨으므로 매년 가을이면 감 2백 개를 골라서 굴 속에 저장해 두었습니다. 그러나 제사를 지내는 5월까지 온전한 것은 고작 7, 8개에 불과했습니다. 그런데 금년에는 온전한 것이 50개나 되어 마음속으로 이상하게 여겼습니다. 알고 보니 하늘이 그대의 효성에 감동한 것이었군요.'

이렇게 말하고 감 20개를 주었다. 도씨가 감사하고 문밖으로 나오니 아직도 호랑이가 엎드린 채 기다리고 있었다. 호랑이를 타고 집에 돌아오니 새벽닭이 꼬꼬하고 울었다. 그후 어머니는 천명을 다 누리고 돌아가셨으며 도씨는 피눈물을 흘리고 애통해했다.

o都氏(도씨)-조선조 철종(哲宗) 때의 효자. o無闕(무궐)-빠뜨리는 것 없이. o饌(찬)-반찬. o鳶(연)-솔개. o攫肉(확육)-고기를 채어 가다. o悲號(비호)-슬피 울다. o索(색)-찾다. o彷徨(방황)-헤매다. o屢遮(누차)-여러번 (앞을) 막다. o俄(아)-이내, 뜻밖에. o饋(궤)-음식을 대접하다. o嗜(기)-좋아하다. o藏諸窟中(장제굴중)-감을 굴 속에 저장함. o顆(과)-개(個). o虎尙俟伏(호상사복)-호랑이가 여전히 엎드린 채 기다리고 있다. o曉鷄(효계)-새벽닭. o喔喔(악악)-닭 우는 소리, 꼬꼬하고. o母以天命終(모이천명종)-어머니가 천명을 다하고 돌아가시다.

(참고) 자식이 무능하거나 게을러서 돈벌이를 못하고, 가난하게 살면, 그것이 곧 불효가 된다. 자식이 노름이나 주색잡기 같은 유흥에 빠져서 가산(家産)을 탕진하는 것도 큰 불효다. 효도의 기본원리 속에는 자식이 부지런히 일하고 알뜰히 저축해서 집안을 경제적으로 부하게 만드는 것이 포함되었다. 그러나 사회나 정치가 타락하고 혹은 전란이 일어났을 때에는 불가피하여 가난하고 궁핍할 수도 있다. 그런 때에도 부모에게 효도를 해야 한다. 가난한 속에서도 지성으로 효도를 하고 부모의 마음이나 신변을 편하게 모셔야 한다. 지극한 효성에는 솔개나 호랑이 같은 사나운 동물도 감동하고 도와준다. '지성감천(至誠感天)'이라고 했다.

제24편 염의편(廉義篇)

1. 인관(印觀)의 청렴

印觀賣綿於市 有署調者以穀買之而還
有鳶攫其綿 墮印觀家
印觀歸于署調曰, 鳶墮汝綿於吾家 故還汝.

> 인관(이) 매면어시(할새) 유서조자 이곡매지이환(이러니)
> 유연확기면(하야) 타인관가(어늘)
> 인관(이) 귀우서조왈, 연타여면어오가 고환여(라).

署調曰, 鳶攫綿與汝 天也吾何爲受.
印觀曰, 然則還汝穀.
署調曰, 吾與汝者 市二日 穀已屬汝矣
二人相讓 幷棄於市 掌市官 以聞王 竝賜爵.

> 서조왈, 연(이) 확면여여(는) 천야(라) 오하위수(리오).
> 인관왈, 연즉환여곡(하리라).
> 서조왈, 오여여자 시이일(이니) 곡이속여의(라 하고)
> 이인상양(하고) 병기어시(하니) 장시관 이문왕(하야) 병사작(이라).

인관이라는 사람이 시장에서 솜을 팔고 있는데, 서조라는
사람이 곡식으로 솜을 사가지고 자기 집으로 돌아갔다.

그러자 솔개가 솜을 낚아채 인관의 집에 떨어뜨렸다. 이에 인관이 그 솜을 서조에게 되돌려 주며 말했다. '솔개가 당신의 솜을 물어다 우리집에 떨어뜨렸소. 그래서 되돌려 드리는 것이오.'

서조가 말했다. '솔개가 솜을 낚아서 그대에게 준 것은 하늘이 시킨 일이거늘 내가 어찌 되돌려 받겠소?'

인관이 말했다. '그렇다면 당신에게 곡식을 돌려 드리겠소.'

서조가 말했다. '내가 그대에게 곡식을 준 후로 이미 두 차례나 장날이 지나갔으니 그 곡식은 이미 당신의 것이오.'

두 사람은 서로 사양하다가 마침내 솜과 곡식을 장터에 내다가 버렸다. 시장을 관리하는 관원이 임금에게 보고해 올리자 임금은 이들에게 벼슬을 내렸다.

＊ 증보 제24편 이후는 어구설명을 생략함.

(참고) 이 고사에 나오는 두 사람은 우둔하리만큼 지나치게 고집스러운 데가 있다. 그러나 명분에 어긋나는 재물을 취하지 않으려는 결백한 고집을 칭찬할 줄 알면 악덕하게 재물을 취하지 않을 것이다.

2. 홍기섭(洪夔燮)의 청렴과 감화

洪夔燮 少貧甚無料
一日朝 婢兒踴躍 獻七兩錢
曰此在鼎中 米可數石 柴可數馱 天賜

公驚曰, 是何金,
卽書 失金之人 推去等字 付之門楣而待.

　　홍기섭(이) 소빈심무료(러니)
　　일일조 비아용약 헌칠량전
　　왈, 차재정중 미가수석(이요) 시가수태(니) 천사(니이다).
　　공(이) 경왈, 시하금(고),
　　즉서 실금지인 추거등자(하여) 부지문미이대(러니).

俄而姓劉者來 問書意 公悉言之
劉曰, 理無失金於人之鼎內
果天賜也 盍取之.

　　아이성유자래 문서의(어늘) 공(이) 실언지(한대)
　　유왈, 이무실금어인지정내(하니)
　　과천사야(라) 합취지(니고).

公曰, 非吾物何.
劉俯伏曰, 小的昨夜爲窃鼎來
還憐家勢蕭條 而施之
今感公之廉介 良心自發 誓不更盜
願欲常侍 勿慮取之.

　　공(이) 왈, 비오물(에) 하(오).
　　유부복왈, 소적(이) 작야위절정래(타가)
　　환련가세소조 이시지(러니)
　　금감공지렴개(하여) 양심자발(하야) 서불갱도(하고)

원욕상시(하나니) 물려취지(하소서).

公卽還金曰, 汝之爲良 則善矣
金不可取 終不受
公爲判書 其子在龍 爲憲宗國舅
劉亦見信 身家大昌.

공(이) 즉환금왈, 여지위량 즉선의(나)
금불가취(라 하고) 종불수(라)
공(이) 위판서(하고) 기자재룡(이) 위헌종국구(하며)
유역견신(하여) 신가대창(하니라).

홍기섭은 젊었을 때 매우 가난했다. 어느 날 아침에 계집종이 좋아 날뛰면서 달려와 돈 일곱 냥을 바치며 말했다. '이 돈이 솥 안에 있었습니다. 이 돈이면 여러 섬의 쌀과 여러 바리의 나무를 살 수 있습니다. 이것은 하늘이 내려주신 것입니다.'

공이 놀라며 말했다. '그게 어떻게 된 돈일까?' 그리고 즉시 '돈을 잃은 사람은 찾아가라'는 글을 써서 대문에 붙이고 기다렸다.

얼마 후에 유씨 성의 사람이 와서 대문에 붙인 글의 뜻을 물었다. 이에 공이 돈의 내력을 자세히 설명하자, 유씨가 말했다. '아무도 돈을 솥 속에다 잃을 이치가 없습니다. 그 돈은 필경 하늘이 내려준 것이오. 어찌 안 가지려 하십니까?'

공이 말했다. '나의 재물이 아닌데 어찌 가진단 말입니까?'

그러자 유씨가 엎드려 절을 하며 말했다. '사실은 제가 어젯밤에 공의 솥을 훔치러 왔다가, 공의 집안 형편이 너무나 쓸쓸하고 가난하기에 도리어 제가 이 돈을 솥 안에 놓고 갔습니다. 지금 참으로 청렴하신 공을 뵈옵고 감격했거니와, 저는 다시 도적질을 안하려고 맹세를 했으며, 앞으로도 공을 받들고 시중을 들기로 작정을 했습니다. 그러니 염려마시고 이 돈을 거두어 주십시오.'

공은 즉시 돈을 돌려주며 '그대가 착한 사람이 된 것은 참으로 좋은 일이오. 그래도 돈은 내가 취할 수 없소.'하고 끝내 받지를 않았다.

후에 공은 판서가 되었고, 그의 아들 재룡(在龍)은 헌종(憲宗)의 장인이 되었으며 유씨도 신임을 얻어 자신과 그의 집안이 함께 크게 번창하였다.

(참고) 사람들이 이와 같은 양심을 지니고 산다면 맑고 좋은 세상이 될 것이다. '목이 타도 도천의 물을 마시지 않고, 더워도 나쁜 나무 그늘에 쉬지 않는다(渴不飮盜泉水 熱不息惡木飮).'(陸機 〈猛虎吟〉).

'고결한 학은 굶주려도 썩은 쥐를 먹지 않고 목이 말라도 도천의 물을 안 마신다(飢不啄腐鼠 渴不飮盜泉).'(白居易 〈感鶴〉)

3. 온달(溫達)에게 시집간 공주의 신의

高句麗 平原王之女 幼時好啼
王戲曰, 以汝將歸 于愚溫達
及長欲下嫁 于上部高氏
女以王不可食言 固辭 終爲溫達之妻

> 고구려 평원왕지녀(는) 유시호제(러니)
> 왕(이) 희왈, 이여(로) 장귀 우우온달(하리라).
> 급장(에) 욕하가 우상부고씨(한대)
> 여이왕불가식언(으로) 고사(하고) 종위온달지처(하다).

先時溫達家貧 行乞養母 時人目爲愚溫達也
一日溫達自山中 負楡皮而來
王女訪見曰, 吾乃子之匹也
乃賣首飾 而買田宅器物
頗富 多養馬以資溫達 終爲顯榮.

> 선시온달가빈 행걸양모(러니) 시인(이) 목위우온달야(러라).
> 일일(에) 온달(이) 자산중(으로) 부유피이래(하니)
> 왕녀방견왈, 오내자지필야(라하고)
> 내매수식 이매전택기물(하여)
> 파부(하고) 다양마이자온달(하여) 종위현영(하니라).

고구려 평원왕의 공주는 어려서 잘 울었으므로, 왕이 장난

삼아 '장차 너를 바보 온달에게 시집보내겠다.'고 말했다.

공주가 성장하자 왕이 공주를 상부 고씨에게 시집보내려 했다. 그러자 공주는 '왕가에서 식언하면 안됩니다.'라 하고 굳게 마다했으며 끝내 온달의 아내가 되었다.

일찍이 온달은 집안이 가난하여 거리로 다니며 구걸하여 자기 어머니를 봉양했다. 이에 사람들은 그를 보고 바보 온달이라고 불렀다. 하루는 온달이 산에서 느티나무 껍질을 짊어지고 돌아오니 공주가 찾아와서 말했다. '저는 당신의 아내입니다.'

그리고 비녀와 장식품을 팔아 전답 토지 기물 등을 사들이고 매우 부유하게 살았으며 또 말들을 많이 길러 온달의 뒷바라지를 했다. 마침내 온달은 (공을 세워) 이름을 내고 자손들도 번창했다.

(참고) 공주는 의리를 중히 여기고 또 사람을 알아보는 슬기가 있었다. 그래서 효성스런 온달에게 자청하여 시집을 갔던 것이다. 그녀는 현명한 아내로서 남편 온달을 잘 도왔으며 마침내 온달로 하여금 용감한 무장이 되어 국가에 공을 세우게 했다. 공자는 《논어》에서 말했다. '군자는 도의를 밝히고 소인은 이득을 밝힌다(君子喩於義 小人喩於利).'

부 록(附錄)

1. 24효도도설(孝道圖說) 한글풀이
    (1) 천하의 대효(大孝) 순(舜)임금
    (2) 친히 약맛을 본 한(漢) 문제(文帝)
    (3) 어머니의 아픔이 통한 증자(曾子)
    (4) 계모를 감화시킨 민자건(閔子騫)
    (5) 먼 길에 쌀 섬을 지고 온 자로(子路)
    (6) 노부모 앞에서 재롱을 부린 노래자(老萊子)
    (7) 사슴의 젖을 구해서 바친 담자(郯子)
    (8) 품을 팔아 부친의 장례를 치른 동영(董永)
    (9) 어머니를 업고 피난간 강혁(江革)
    (10) 이부자리를 녹여드린 황향(黃香)
    (11) 하늘도 감응한 강시(姜詩) 부부
    (12) 부모님 목상(木像)에 봉양한 정란(丁蘭)
    (13) 땅에서 금솥을 파낸 곽거(郭巨)
    (14) 호랑이를 쫓은 효자 양향(楊香)
    (15) 오디를 바친 효성의 채순(蔡順)
    (16) 어머니에게 귤을 바친 육적(陸績)
    (17) 무덤 곁에서 효도한 왕부(王裒)
    (18) 엄동에 죽순을 캔 맹종(孟宗)
    (19) 강 얼음을 녹인 왕상(王祥)
    (20) 부모 대신 모기에 물린 오맹(吳猛)
    (21) 똥과 오줌을 맛보며 병시중을 든 검루(黔婁)

(22) 시어머니에게 젖을 바친 당씨(唐氏)

(23) 벼슬을 버리고 생모를 찾은 주수창(朱壽昌)

(24) 노모의 요강을 손수 씻은 황정견(黃庭堅)

2. 논문 : 효도의 원리와 깊은 뜻

(1) 20세기의 인류 위기

(2) 옛날 성현(聖賢)들의 경고

(3) 수기치인(修己治人)과 《대학》의 삼강령(三綱領)

(4) 바른 정치와 하늘의 도리[天道]

(5) 유교(儒敎)의 생명철학적(生命哲學的) 발전관(發展觀)

(6) 천지 음양이 어울려 만물을 생육화성(生育化成)한다

(7) 효(孝)의 문자학적(文字學的) 뜻풀이

(8) 효(孝)는 천경(天經)·지의(地義)·민행(民行)

(9) 효도·효행은 덕치와 교화의 근본

(10) 정리상(情理上)으로 본 보은과 감사의 효도

(11) 역사 문화의 계승 발전과 효도

(12) 입신출세(立身出世)와 효도

(13) 효는 굴종(屈從)이 아니다

(14) 다섯 가지의 불효

(15) 가정에서 효도교육을 철저히 해야 한다

결론 : 효자는 자중자애한다

1. 24효도도설(孝道圖說) 한글풀이

(1) 천하의 대효(大孝) 순(舜)임금

고대의 농민들로 하여금 태평성세를 구가한 〈격양가(擊壤歌)〉를 부르게 한 성군이 바로 요(堯)임금이었다. 그 요임금으로부터 천하의 통치권을 선양받고 훈훈한 덕치를 편 임금이 순(舜)임금이었다. 이 두 임금은 중국 역사에서 으뜸으로 꼽히는 이상적 성군이다.

순임금은 타고난 성품이 효성스러웠다. 어려서 친어머니를 여의고 그는 계모 밑에서 심한 고초를 겪었으나 한마디 불평도 하지 않고 도리어 부모에게 효도하고 이복동생을 사랑했다.

순임금의 아버지 고수(瞽瞍)는 어리석고 완고했다. 그러므로 성미가 사납고 욕심이 많은 후처에 빠져 전처의 소생이요, 맏아들인 순을 학대하고 걸핏하면 매질했다.

한편 계모는 집안의 재산을 자기 소생인 상(象)에게 전부 넘겨주려는 음흉한 생각으로 여러 가지 간계를 꾸미고 전처의 소생이자 맏아들인 순을 살해하고자 여러 차례 시도했다.

그러나 착한 순은 그때마다 총명한 기지와 하늘의 도움으로 위기를 모면했으며 전과 다름없이 논밭에 나가서 부지런히 일을 했다. 뿐만 아니라 마음속으로도 부모를 원망하거나 미워하는 일이 없었다.

도리어 자기의 효성이 부족하여 부모로부터 인정을 받지 못하고 노상 꾸지람을 듣는다고 스스로 반성하고 하늘을 우러러보고 회한의 눈물을 흘렸다.

이와 같은 순의 지극한 효성은 천지 신명에 통했으며, 마침내 자연 만물이 감동하고 그를 도왔다. 순이 밭갈이를 하면 힘이 센 코끼리가 와서 쟁기질을 했고, 순이 김을 매면 새들이 날아와서 잡초를 쪼았다. 고을 사람들도 순에 감화되어 논밭의 이랑이나 고기잡이 목을 서로 양보하고, 강가의 도공(陶工)들은 반듯한 오지그릇을 만들어 주었다.

젊은 순이 이렇듯이 완악한 부모에게 효순하고 고을 사람들을 교화하고 하늘땅까지 감동시킨다는 소문이 당시의 천자 요임금에게 알려지자, 요임금은 자기의 두 공주를 함께 순에게 하가시켰다. 아울러 막대한 토지와 재물을 내려주고 또 자기의 아들 아홉을 함께 순 밑에서 일을 거들고 돕게 했다.

요임금이 기대한 대로 순은 집안도 화목하게 잘 다스리고 농경지를 더욱 확대하고 농작물을 많이 거두어 창고를 가득 채웠고 또 고을 사람들을 날로 새롭게 교화·향상 발전시켰다.

이와 같은 실적을 보고 요임금은 마침내 순을 재상에 임명했고 끝내는 천하를 선양(禪讓)하여 다스리게 했다.

천자의 자리에 오른 후에도 순은 부모에게 더욱 효성을 바쳤다. 이에 완악했던 부모와 동생이 모두 감화되어 슬기롭고 어진 사람으로 순화되었다.

이렇듯이 순은 대효(大孝)로써 천하를 물려받고 인덕으로 만민을 다스렸다. 이에 하늘도 그를 도왔으며 내내 풍조우순(風調雨順)하고 국태민안(國泰民安)했다.

(2) 친히 약맛을 본 한(漢) 문제(文帝)

한 문제는 고조(高祖)의 셋째 아들이다. 여후(呂后)의 난을 평정한 다음 임금에 올라 성군으로 칭송되었다.

문제의 생모는 박태후(薄太后)였다. 문제는 지극한 효성으로 모후를 봉양했다. 모후가 신병으로 3년간이나 자리보전하자 문제는 밤잠을 안 자고 옷과 띠를 풀지 않고 곁에서 병시중을 들었다. 탕약을 달여 올릴 때에는 문제가 먼저 입으로 맛을 보고 바쳐 올리게 했다. 이러한 정성이 하늘에 통하여 모후의 신병이 쾌유되었으며 문제의 인효(仁孝)가 널리 사해에 전해지고 칭송되었다.

천하의 만민들도 문제의 효성에 크게 감화되어 나라의 기풍이 돈후하게 바로잡히고 흥성했다. 중국 5천년 역사를 통해 요임금과 문제를 천하의 대효라고 꼽는다.

(3) 어머니의 아픔이 통한 증자(曾子)

증자는 공자(孔子)의 제자로 후에 《대학(大學)》을 저술한 대학자다. 그는 어려서부터 부모에 대한 효성이 지극했다. 일찍이 그가 산으로 나무를 하러 간 다음에 그의 집에 갑자기 손님이 찾아왔다.

마침 아버지도 출타하여 홀로 빈집을 보고 있던 어머니는 당황했다. 아녀자의 몸으로 손님맞이를 어찌할까 또 손님을 접대할 음식 장만을 어찌할까 하는 걱정에 안절부절못했다.

이럴 때에 어린 아들이라도 빨리 왔으면 하고 바라는 마음으로 어머니가 자신의 손가락을 아프게 물었다.

바로 그 순간 산 속에서 나무를 하던 증자는 갑자기 가슴에 심한 통증을 느꼈다.

'이상하다. 집에 무슨 변고가 있나?'

어린 증자는 즉시 나뭇짐을 수습하여 등에 지고 하산했다. 집에 돌아와 어머니에게 그 연고를 물으니 어머니가 신통하다는 표정을 지으며 말씀하셨다.

'갑자기 손님이 오셨는데 아무도 맞이할 사람이 없으니 하도 안타까워서 손가락을 물고 너라도 빨리 오기를 바랐었다.'

이렇듯이 지극한 효성은 항상 부모님의 마음에 통하는 법이다. 그후에도 증자는 평생을 두고 부모에 대한 효도를 극진히 다 했으며 마침내

위대한 유학자로 대성할 수가 있었다. 《효경(孝經)》은 바로 그가 공자의 가르침을 추린 경서다.

(4) 계모를 감화시킨 민자건(閔子騫)

민자건은 공자의 제자로 특히 덕행으로 유명했다. 타고난 천성이 착하고 효성스러웠으나 불행하게도 일찍이 친어머니를 여의었다.

그래서 그는 젊은 계모 밑에서 고된 삶을 살아야 했다. 더욱이 계모가 두 아들을 낳자 차츰 전처의 자식인 민자건을 구박하기 시작했고 특히 벼슬하는 아버지가 안 계실 때에는 학대가 극심했다. 그래도 그는 온갖 고난을 잘 참고 견디었으며 내색하지 않고 또 아버지에게 고자질하는 일도 없었다.

날이 추워지자 아버지가 세 아이들에게 솜옷을 지어 입히라고 계모에게 분부를 내렸다. 그러나 심성이 곱지 못한 계모는 자기 소생인 두 아들에게는 부드럽고 포근한 목화 솜을 두둑히 두어 입혔으나, 까닭 없이 전처의 아들 민자건을 미워한 계모는 그의 옷에는 갈대꽃을 수북히 채워서 입혔다. 겉으로 보기에는 두툼했으나 실제로는 이를 데 없이 추웠다.

하루는 아버지가 민자건에게 마차를 몰게 하고 단 둘이서 시골로 행차하게 되었다. 그런데 어린아이가 몹시 추위를 타고 오들오들 떨었고 말고삐를 자주 놓치곤 했다.

아버지가 괴이하게 여기고 그 연유를 캐묻고 또 그의 옷 속에 목화 솜이 아닌 갈대꽃이 받쳐진 사실을 알게 되었다.

집에 돌아온 아버지는 노기충천하여 계모에게 호통을 치고 당장에 축출할 기세였다. 이에 민자건은 눈물을 흘리며 간곡하게 아뢰었다. '어머님이 계시면 저 혼자 춥지만, 어머님이 안 계시면 세 아이가 다 추워야 합니다. 그러니 노여움을 거두십시오.'

이에 계모도 크게 반성하고 민자건을 친아들처럼 사랑하게 되었다.

(5) 먼 길에 쌀 섬을 지고 온 자로(子路)

자로는 공자의 제자로 용맹한 성품으로 잘 알려졌다. 그도 어려서부터 지극히 부모에게 효도했으나 집안이 가난하여 항상 명아주나 콩잎으로 끼니를 때웠다. 한 번은 백 리 밖에 사는 친지가 쌀을 준다고 하여 어린 자로가 달려가서 무거운 쌀 섬을 등에 지고 천신만고 끝에 돌아와서 부모님에게 쌀밥을 공궤해 올린 일도 있었다.

양친이 돌아가신 후 자로가 남쪽 초(楚)나라에 가서 벼슬을 살게 되었다. 관직도 높고 백 대 이상의 수레를 굴리고 창고에는 수만 석의 양곡을 쌓고 고각대루에 앉아 진수성찬을 마냥 포식하게 되자 그는 길게 탄식하며 말했다.

'이제는 양친 슬하에서 효도를 하려 해도 이미 때가 늦었구나. 양친에게 명아주나 콩잎으로 끼니를 공궤해 올릴 수도 없고 또 양친을 위해 백 리 밖에서 쌀가마를 져다 나를 수도 없게 되었으니 어떻게 양친의 크나큰 은혜에 보답을 하랴.'

공자의 제자 중에서 민자건과 증자 및 자로 셋을 뛰어난 효자로 꼽는다.

(6) 노부모 앞에서　재롱을 부린 노래자(老萊子)

노래자는 초(楚)나라 사람이다. 그의 집안은 대대로 장수했으며 70이 넘은 나이로 백 살 가까운 노부모를 모시고 살며 온갖 효성을 다 바쳤다. 효도는 물질적인 봉양보다도 정신적으로 편안하고 즐겁게 해드리는 일이 더 중요하다. 타고난 성품이 소탈하고 순진한 노래자는 항상 양친 앞에서는 어린아이 시능을 하며 양친을 즐겁게 해드렸다.

그는 양친 앞에 나타날 때에는 반드시 오색의 색동옷을 걸치고 어린

아이 티를 내며 재롱까지 부렸다. 진지 드시는 상머리에 앉았다가 대궁밥을 맛있게 먹기도 하고 때로는 악공들에게 풍악을 잡히고 덩실덩실 춤을 추기도 했다. 또 어떤 때에는 물지게를 지고 층계를 오르다가 일부러 뒤우뚱거린 끝에 넘어져 물을 뒤집어쓰고 노부모의 웃음을 자아내기도 했다. 자식은 나이들어도 부모 눈에는 항상 어렸을 때의 모습으로 보이게 마련이다. 한편 자식은 아무리 나이가 들고 설사 늙어도 생존해 계신 부모에게는 항상 젖먹이 때의 부모님으로 대해 올려야 한다.

특히 자식이 성장해서 기골이 억세질수록 노쇠한 부모님을 잘 모셔야 한다. 갓난 핏덩이나 젖먹이를 부모가 무조건하고 품고 키워 주셨듯이 건장하게 자란 자식은 노쇠하신 부모님을 무조건하고 받들고 공궤해 올려야 한다. 그것이 인간의 도리이다. 어리고 젊은 처자식만 사랑하고 늙고 병드신 부모를 푸대접하면 천벌을 받는다.

(7) 사슴의 젖을 구해서 바친 담자(郯子)

담자는 주(周)나라 사람으로 부모에게 효도하고 이웃에게도 어진 덕을 잘 베풀었다.

늙은 양친이 안질에 걸려 날로 시력이 약해졌다. 이름난 의원을 찾아가서 물으니 사슴의 젖을 오래 복용하면 고칠 수가 있다고 했다. 그러나 마을 안에서는 사슴을 사육하는 곳이 없었으며 오직 깊은 산속에나 가야 야생의 사슴을 볼 수가 있었다. 이에 담자는 읍내 모피전에 가서 비싼 값을 치르고 사슴가죽 한 장을 사가지고 돌아와 자기 몸에 맞게 마름질했다.

이튿날 새벽에 깊은 산속에 들어간 담자는 사슴떼를 발견하자 즉시 사슴가죽을 뒤집어쓰고 사슴으로 변장한 다음 엉금엉금 어미사슴에게 다가갔다. 그리고 젖을 먹는 척하고 손으로 사슴의 젖을 짜서 그릇에 듬뿍 받았다. 이렇게 매일 사슴의 젖을 구해서 병시중을 든 지 달포만에 양친의 안질이 말끔히 치유되었다.

어느 날은 이런 일도 있었다. 사슴 틈에 섞여 있는 담자를 진짜 새끼 사슴인 줄 알고 사냥꾼이 활을 겨누었다. 화들짝 놀란 담자는 그 자리에서 큰 소리를 지르고 사슴 가죽을 벗어던지고 두 손을 높이 흔들며 사냥꾼 앞으로 달려갔다.

진짜로 놀란 사람은 사냥꾼이었다. 활을 든 채 엉덩방아를 찧은 그는 창백한 낮으로,

'하마터면 천하의 효자를 쏠 뻔했구려.'

하고 쓴웃음을 지었다.

(8) 품을 팔아 부친의 장례를 치른 동영(董永)

동영은 한대(漢代)의 사람으로 부모에 대한 효성이 극진했다. 그러나 워낙 집안이 가난하여 끼니도 거를 때가 많았다. 그러던 중 홀지에 엄친께서 작고하시니 무일푼인 동영은 어찌할 바를 몰랐다. 관곽도 수의도 마련하지 못한 그는 별수없이 이웃 부자집 영감에게 딱한 사정을 호소하고,

'앞으로 1년 동안 품을 팔아 갚을 테니 선급으로 장례비용을 융통해 달라.'

고 간청을 했다. 평소에도 동영의 효성을 미덥게 여기던 영감은 쾌히 승낙을 하고 절차에 어긋나지 않게 장례를 치르도록 뒤를 대주었다.

장례를 마친 동영은 첫새벽부터 밤늦게까지 정성으로 영감집에서 품을 팔았다. 그러던 어느 날 산에서 나뭇짐을 지고 내려오는 동영 앞에 전에 보지 못한 낯선 예쁘장한 소녀가 나타났다.

그녀가 정중하게 배복하고 말했다.

'소녀는 먼 타 고장에서 양친을 여의고 올데갈데 없이 떠도는 불쌍한 고아입니다. 나리께서 소녀를 거두어 아내로 삼아주시면 고맙겠습니

다. 그렇게 해주시면 소녀 분골쇄신하여 내조의 공을 세우겠습니다.'

생면부지의 여인이지만 어쩐지 친숙하게 느껴지고 또 그녀의 언사에 정성과 진정이 넘치었다. 그래서 동영은 주인의 허락을 받고 자기 행랑 방에서 함께 지내게 했다. 동영이 밭일을 하는 동안 소녀는 능숙한 솜씨로 값비싼 비단을 짰다. 그리하여 한 달만에 동영의 1년 빚을 말끔히 청산할 수가 있었다. 그러자 소녀는,

'저는 본시 옥황상제의 명을 받고 나리를 도와드리려고 하강한 선녀 입니다. 이제 소임을 다 했으므로 다시 돌아가겠습니다.'

하고 구름을 타고 하늘로 올라갔다.

(9) 어머니를 업고 피난간 강혁(江革)

강혁은 후한(後漢)시대의 사람이었다. 어려서 부친을 여의고 홀어머 님과 단출하게 그날그날 가난한 살림을 꾸려나가고 있었다. 그러던 어느 날 갑자기 작은 마을에 화적떼가 몰려들었다. 앞뒤로 창이나 칼을 든 난 폭한 도적들이 닥치는 대로 집에 불을 지르고 사람을 죽이고 재물을 훔 치며 난동을 쳤다. 혼비백산한 마을 사람들은 옷도 제대로 걸치지 못하 고 간신히 몸을 빼어 도망을 했다.

강혁도 허둥지둥 늙은 어머니를 등에 업고 사람들 틈에 끼어 안전하 게 보이는 산숲을 바라보고 뛰었다. 그러자 바로 앞의 골짜기에서 한 무 리의 화적들이 함성을 지르며 달려들었다. 뭔가 가진 것이 있겠지 하고 달려든 도적들은 막상 강혁이 빈털터리인 줄 알고는 분통을 터뜨리며 그를 죽이려고 했다. 이에 강혁이 이마를 땅에 찧으며 애걸했다.

'제발 죽이지 말고 살려주십시오. 여생이 얼마 남지 않으신 노모를 모 셔야 할 저의 목숨을 살려주십시오.'

도적일 망정 효성에는 감동하는 법, 마침내 강혁을 풀어주며 말했다.

'어서 가거라. 나도 노모를 고향에 모시고 있다.'

강혁은 그길로 대처 마을로 가서 그날그날 노동으로 품을 팔아가며 극진하게 노모를 공궤해 올렸다. 강혁에서 보듯이 효도는 반드시 부자만이 할 수 있는 것이 아니다. 있으나 없으나 정성으로 바치는 효도라야 부모님이 즐겁게 받아주신다.

(10) 이부자리를 녹여드린 황향(黃香)

황향은 후한(後漢) 때 사람으로 천성이 효성스러웠다. 어려서부터 남달리 총명하여 마을 사람들은 그를 신동이라고 일컬었다.

그러나 나이 9세에 불행하게도 어머니를 여의고 그때부터 홀아버지 슬하에서 쓸쓸하게 자랐다. 어린 황향은 자나깨나 돌아가신 어머니를 애절하게 사모하고 틈나는 대로 산소에 가서 벌초하고 명복을 빌어 올렸다.

한편 집에서는 어린 몸으로 집안 살림을 도맡아 꾸려나갔을 뿐만이 아니라 또한 신병이 잦은 아버지 병시중과 뒷바라지에 온갖 근력과 정성을 다 쏟았다. 특히 한여름 삼복 더위에는 노상 아버지 머리맡에서 부채질로 몸을 식혀 드렸고, 추운 한겨울에는 아버님 주무실 이불 속에 미리 들어가 자기 체온으로 이불 안을 포근하게 녹여드렸다. 이로써 '선침온금(扇枕溫衾)'이라는 한문의 고사성어가 나오게 되었다.

이와 같은 황향의 지극한 효성이 일가 친척 및 향당 사람들의 입을 통해 차츰 사방으로 알려졌으며 마침내는 고을 태수의 귀에까지 들렸다. 이에 태수는 그의 효성을 황제에게 상주하여 조정으로부터 포상을 내려받게 해주었다.

효성에는 나이 많고 적음이 없는 법이다. 선천적으로 주어진 착한 성품을 따르면 누구나 효도를 할 수가 있다. 도리어 어른일수록 탁한 욕심에 흐려서 효도를 못하는 수가 있으니, 그런 사람은 어린 황향을 본받아야 할 것이다.

(11) 하늘도 감응한 강시(姜詩) 부부

강시는 한대(漢代)의 사람으로 어려서부터 부모에게 효도를 했다. 그의 부인 방씨(龐氏)도 남편을 따라 시어머니를 극진히 모셨다. 젊어서 청상과부가 된 시어머니는 온갖 고초를 겪으면서 외아들 강시를 훌륭하게 키운 보람이 있어 여생을 안락하게 지내게 되었다.

그녀는 특히 강물 마시기를 좋아했고 또 잉어회를 유난히 즐겨 먹었다. 이에 강시의 아내는 거의 매일같이 산 너머 강가에 가서 강물을 길어 왔고 또 이따금 신선한 잉어를 사다가 시어머니에게 공궤해 올렸다. 특히 크고 물좋은 잉어를 사올 때에는 이웃 할머니들까지 초대해서 외롭게 지내시는 시어머니와 함께 자시며 즐거운 시간을 보내시도록 주선까지 해드렸다.

그러나 강물을 뜨기 위해 산을 넘어 가거나 혹은 먼 읍내로 새벽장을 보러 가기가 여간 힘들고 고된 일이 아니었다. 그러던 어느 날 강시 부부는 뒷동산에서 졸지에 샘물이 펑펑 용솟음쳐 나오는 것을 보았다. 물맛을 보니 강물보다 더 맑고 시원했다. 즉시 사발에 넘치도록 담아 바치니 시어머님은,

'이는 필경 하늘이 너희들의 효성에 감응하여 내려주신 옥수이다.'
라고 말하며 기뻐하셨다. 그뿐만이 아니었다. 며칠 후에는 샘물이 고여 뒷뜰에 깊은 연못이 생겼고 물속에는 싱싱하고 포동포동한 잉어들이 힘차게 뛰고 있었다. 이것도 하늘이 내린 상복(賞福)이었다.

(12) 부모님 목상(木像)에 봉양한 정란(丁蘭)

정란은 한대(漢代)의 뛰어난 효자였다. 그는 어려서 양친을 다 여의고 외롭고 고된 소년시절을 보내야 했다. 그러나 슬기롭고 착하고 부지런한 그는 적수공권으로 험난한 세파를 헤치고 자수성가하여 남부럽지

않게 살 수 있게 되었다. 또 장가를 들어 미모의 아내도 거느렸다.

그러나 그에게는 모시고 효성을 바칠 친부모님이 살아 계시지 않은 것이 무엇보다도 슬프고 가슴아팠다. 그는 하루에도 몇번이고 돌아가신 양친을 애절하게 사모하며 눈물을 흘렸다. 물론 산소에 가서 벌초하고 절하고 제주도 올렸다. 또 집안에서는 신위를 모시고 조석으로 배복하고 문안도 올렸다. 그래도 가슴이 후련하게 풀리도록 흡족하지 않았다. 마침내 그는 솜씨 좋은 목장(木匠)에게 부탁하여 양친의 목상을 조각하여 집안에 모셨다. 그리고 마치 살아계신 부모님 대하듯이 조석으로 찬선을 올리고 출입시에는 배례하고 제반사를 고해 올렸다.

그의 아내도 남편을 따라 깍듯이 시부모님을 모셔야 했다. 추운 겨울에도 새벽에 대야물로 관수해 올려야 했으므로 자연히 짜증스러울 때도 없지 않았다. 그러므로 효성이 부족한 그녀에게는 그 목상이 혐염스럽게 느껴질 때도 있었다.

하루는 그녀가 장난삼아 바늘 끝으로 목상의 손가락을 찌르자 붉은 피가 흘러내렸다. 당황한 그녀는 손가락의 피를 닦아내고 어루만지며 용서를 빌었다. 그러나 저녁에 아들 정란이 돌아오자 목상의 양친은 슬픈 표정으로 눈물을 흘렸다. 그 연고를 안 정란은 결국 아내를 되돌려 보냈다. 시부모에게 효도하지 못한 며느리는 칠거(七去)의 벌을 받는다.

(13) 땅에서 금솥을 파낸 효자 곽거(郭巨)

곽거는 진(晉)나라 사람이었다. 그는 본래 부잣집의 맏아들로 태어났으나 부친이 돌아가시자 패악한 두 동생들이 멋대로 가산을 탕진하고 행방을 감추었으므로 하루아침에 가택 전답을 빚쟁이에게 넘겨주고 알거지가 되었다. 곽거는 노쇠한 홀어머니를 등에 업고 만삭의 배부른 아내의 손을 끌고 급한 대로 외진 산기슭에 와서 움막을 파고 비바람을 피했다.

그러나 천성이 착하고 어진 그는 몹쓸 동생들에게 원한을 품는 일이 없었고 도리어 그들을 불쌍하게 여기고 걱정을 해주었다. 그러는 한편 맨손으로 땅을 파고 밭을 일구어 근근이 노모를 봉양했다. 착하고 정숙한 그의 아내도 옥동자를 분만하고 즉시 일어나 뽕잎 따고 누에 농사를 지어 살림을 보태었다.

어느덧 핏덩이가 세 살짜리 재롱둥이로 성장했고 누추한 움집에서나마 웃음의 꽃이 피어났다. 졸지에 풍비박산한 대가의 유일한 피붙이인 손자인지라 할머니가 더없이 좋아하고 애지중지했다.

간고한 살림 중에서도 효성이 지극한 아들과 며느리는 알뜰살뜰 쌀밥을 지어 어머니에게 바쳤다. 그러나 그 어머니는 당신이 먹지 않고 아들 내외의 눈을 속여가면서 쌀밥을 숨겼다가 귀여운 손자에게 먹이곤 했다.

그런 눈치를 챈 아들 내외는 민망하고 불안했다. 여생이 길지 못하시고 기력이 쇠진한 노모에게 보약은 고사하고 육미도 못 올리는 처지에 한 술의 쌀밥마저 손자에게 뺏기시니 이러다가는 노모의 수명조차 줄어들 거라 걱정스럽고 조바심이 났다.

마침내 아들 부부는 비장한 결단을 내렸다. 칠흑같은 어둠에 묻혀 사방이 고요한 밤에 혹시나 하늘이라도 들을까 떨리는 가슴을 억누르고 속삭였다.

'이대로는 안되겠소. 어린 자식놈이 늙으신 어머님의 양식을 가로채 먹어치우니 이러다가는 노모께서 허기져 천수도 다 채우지 못하시고 돌아가시겠소.'

'자식은 앞으로 다시 낳을 수도 있으나 한 분 어머님은 두번 다시 뫼실 수 없지 않소. 그러니 하늘에 용서를 빌고 자식놈을 내다가 묻읍시다.'

첫닭이 홰를 치자 곽거는 굳은 표정을 짓고 괭이를 손에 들고 밖으로 나갔다. 그의 아내도 비장한 낯으로 말없이 어린놈을 들쳐업고 뒤를 따랐다.

동트기 전에 깊은 산 중턱에 도달한 곽거는 아늑한 터를 잡자 모질게 두 눈을 딱 감고 괭이질을 하였다. 쓰리고 저린 가슴을 억누르며 죄없는 어린자식을 생매장할 구덩이를 팠다. 마치 자신의 가슴을 괭이로 찍고 파는 듯했다.

아내도 거들었다. 폭포처럼 쏟아져 내리는 눈물을 손등으로 흩뿌리며 맨손으로 흙을 긁어냈다. 석 자쯤 파내려가자 '딱'하는 소리와 함께 괭이에 부딪히는 것이 있었다. 아내가 다급히 맨손으로 흙을 헤치고 자세히 살피니 번득이는 쇳덩이가 보였다. 뜻밖의 매장물에 놀란 두 사람은 숨도 못 쉬고 허둥대며 흙을 파냈다. 이게 어찌된 영문일까? 묻혀있는 것은 바로 황금의 솥이었다.

곽거의 아내는 땅에 내려놓았던 아들을 미친듯이 품에 꼭 움켜 안고 큰 소리를 쳤다.

'여보, 아들을 묻으면 안되오. 하늘이 아들을 묻지 말라고 우리를 도와주신 거예요. 우리 아들을 묻으면 안되오.'

그러는 동안에 곽거가 묵직한 솥을 끌어냈다. 오랫동안 흙속에 묻혀 있어서 겉은 검게 보였으나 솥뚜껑을 열어보니 안은 눈부신 황금이었다. 뿐만 아니라 속에도 계란만한 황금덩이 세 개가 더 있었고 특히 솥뚜껑에는 다음과 같은 글이 적혀 있었다.

'이 황금의 솥과 황금알은 하늘이 효자에게 내리는 상금이다. 그러므로 관가에서도 거두어 가지 말고 민가에서도 가로채어 쓸 수가 없느니라.'

곽거 부처는 더욱 노모에게 효도했고 아들을 잘 키우며 글도 잘 가르쳤다. 그리고 집안을 이전과 같이 부흥시킨 다음 집을 나간 동생들을 사방으로 수소문해 찾아 집에 돌아오게 하고 잘 훈도하여 개과천선하게 했다.

(14) 호랑이를 쫓은 효자 양향(楊香)

양향은 한대(漢代)의 사람으로 14세 때에 호랑이에게 물린 아버지를 구해낸 용감한 효자였다. 외지고 깊은 산골마을에서 가난하게 살던 양향은 매일 아버지를 따라 밭에 나가 농사일을 거들었다. 산기슭 보리밭에서 보리를 거두던 아버지가 졸지에 나타난 호랑이에게 물려 '나 살려라!'하고 소리를 질렀다.

멀리 떨어진 곳간 앞에서 도리깨질을 하던 양향이 비명 소리를 듣고 화들짝 놀라 쏜살같이 달려갔다. 바로 눈앞에 송아지만큼 엄청 큰 늙은 호랑이가 부친의 허리통을 낚아채 물고 어슬렁어슬렁 숲속으로 발걸음을 옮기고 있었다.

그 처참한 광경을 본 순간 양향의 두 눈에는 번갯불이 번득였고 가슴속에서는 분통이 터졌다. 자신의 힘도 자신의 위험도 헤아릴 겨를이 없었다. 제정신이 아닌 그는 무턱대고 앞으로 돌진하여 훌쩍 몸을 솟구쳐서 호랑이의 등에 올라탔다. 그리고 몽둥이로 호랑이 정수리에 일격을 가하고 이어 두 손으로 호랑이 목을 감고 생사결판으로 조이는 한편 두 발로는 연거푸 놈의 배때기를 마구 질렀다.

마침내 호랑이는 '으흥'하며 입을 벌려 양향의 부친을 땅에 내려놓고 등을 돌려 숲속으로 들어갔다. 그것은 어린 양향의 힘이 아니었다. 그의 효성에 하늘이 힘을 빌려 호랑이를 물러가게 한 것이었다. 또한 호랑이 입에서 풀려나온 양향의 아버지도 신기하게 멀쩡했다. 마침내 어린 효자가 맨손으로 호랑이를 퇴치하고 아버지를 구했다는 놀라운 사실을 안 태수는 양향에게 많은 상금을 내려주었다.

(15) 오디를 바친 효성의 채순(蔡順)

채순은 한대(漢代)의 사람이었다. 일찍이 부친을 여의고 홀어머니를

모시고 가난하게 살았다. 당시는 왕망(王莽)이 나라를 어지럽힌 때라 각
처에서 전란이 일어 백성들이 집을 잃고 사방으로 흩어져 방랑했었다.
게다가 엎친 데 덮친 격으로 심한 한발이 들어 사람들은 초근목피로 근
근이 목숨을 부지하고 있었다.

채순은 매일 먼 길을 걸어 뽕나무밭으로 가서 땅에 떨어진 오디를 주
워 가지고 노모에게 봉양하는 한편 자기도 허기를 달랬다. 그날도 채순
이 두 개의 광주리를 땅에 놓고 오디를 주워서 어머님 드릴 것과 자기
가 먹을 것을 나누어 담고 있었다.

마침 그때에 눈썹을 붉게 칠한 적미적(赤眉賊)들이 지나가다가 채순
을 보고 가까이 다가왔다. 보기만 해도 끔찍한 적미적들이 접근해오자
어린 채순은 겁이 덜컥 났다. 오들오들 떨면서 그 자리에 웅크리고 앉아
있었다. 그러자 두령이 채순을 내려다 보면서 퉁명스럽게,

‘오디는 왜 줍느냐?’

하고 물었다.

‘배가 고파서 먹으려고 줍습니다.’

하고 대답하자 다시 물었다.

‘그런데 왜 두 개의 광주리에 나누어 담느냐?’

이에 채순이 말했다.

‘검은색의 오디는 잘 익고 달콤하니까 어머님 몫으로 이 광주리에 담
고, 붉은색은 덜 익어서 떫으니까 제 몫으로 이 광주리에 넣고 있습
니다.’

그러자 두령이 빙그레 웃으면서,

‘참으로 기특한 효자로구나. 너를 보니 노부모를 고향에 둔 채 모시지
못하는 우리들이 부끄럽구나. 내가 너에게 백미 세 말을 줄테니 너의
어머님에게 흰 쌀밥을 지어 드려라.’

하고 쌀을 주었다. 천하를 어지럽히는 도적들도 효성에는 감동하는 법

이다.

(16) 어머니에게 귤을 바친 육적(陸績)

육적은 후한(後漢) 때의 사람으로 어려서부터 효성이 지극했다. 그곳의 태수 원술(袁術)이 하루는 마을의 명문 거족의 자제들을 초대해서 잔치를 베푼 일이 있었다. 그 자리에 여섯 살된 육적도 초청되어 참석했다. 잔칫상에는 산해의 진미가 수북했다.

그러나 육적의 눈에는 오직 주먹보다 더 큰 등황색의 탐스런 귤만이 보였다. 그는 냉큼 하나를 집어 껍질을 까서 한 쪽을 씹었다. 그 맛이 꿀맛이었다. 육적은 먹다 남은 귤과 또 다른 두 개를 집어 손수건에 싸가지고 자기 앞품에 넣었다.

잔치가 끝나고 아이들이 차례로 태수 앞에 가서 넓죽 절을 하며 하직 인사를 올렸다. 육적이 태수 앞에 와서 정중히 엎드려 절을 하는데 품었던 귤봉지가 불쑥 튕겨져 나왔다. 육적이 낯을 붉히며 당황한 빛을 보이자 인자한 태수가 미소를 지으며 말했다.

'너희들을 위해 잔치를 베푼 것이다. 그러니 마냥 먹고 또 마냥 가지고 가도 좋다. 그런데 육적아, 너는 왜 먹다 만 귤까지 합해서 세 개의 귤만을 쌌느냐?'

육적은 초롱초롱한 눈을 반짝이면서 태수에게 아뢰었다.

'제가 상 위에 놓인 귤을 헤아려 보니 한 사람에 3개씩 돌아갈 것 같았습니다. 그런데 귤이 하도 크고 잘 익고 또 꿀맛이라 제 몫을 싸가지고 가서 귤 좋아하시는 어머님께 드리려고 했습니다.'

태수는 탄복하고 하인을 시켜 귤 한 상자를 육적의 집에 보내주었다.

(17) 무덤 곁에서 효도한 왕부(王裒)

왕부는 위(魏)나라의 효자였다. 그의 어머니는 유난히 천둥 번개를 두려워했으며, 한번 놀라면 3, 4일동안 몸져 누웠다. 그러므로 왕부는 폭풍우가 불어닥치고 천둥 번개가 치면 다급히 집으로 달려와서 어머니에게 이불을 덮어드리고 곁에서 안위했다.

그러던 어머니가 작고하시어 후미진 산기슭에 외따로 묻히셨으니, 그 얼마나 적적하고 무서우시랴! 효자 왕부는 가슴이 쓰려 견딜 수가 없었다. 특히 비바람과 함께 번개가 치고 우레소리가 천지에 진동할 때에는 그냥 있을 수가 없었다. 그는 즉시 산기슭 어머님 무덤으로 달려갔다. 폭풍우에 흠뻑 젖고 천둥 번개로 겁에 질려 웅크리고 있는 듯이 보이는 봉분에 도롱이를 덮어 씌우고 또 자기 몸을 던져 무덤을 부둥켜 안고 큰 소리로 아뢰었다.

'어머님, 소자가 곁에 와 있습니다. 겁내지 마세요.'

왕부는 생시나 다름없이 어머니를 효성으로 안위해 드렸다. 그러다가 나중에는 어머님 무덤 곁에 초가집을 엮어 이사를 와서 조석으로 상식을 올렸다. 그리고 낮에는 마을 아이들에게 글을 가르치며 평생을 두고 어머님의 넋을 안위해 올렸다.

그날도 왕부가 서당에서 학동들에게 《시경(詩經)》의 육아지시(蓼莪之詩)를 강독하는 소리가 들렸다.

'무럭무럭 자라서 억센 다북쑥처럼 쓸모없는 불효자식이 되었구나. 아, 슬프시어라. 어버이 나를 낳고 키우시느려고 얼마나 고생을 하셨던가!'

(18) 엄동에 죽순을 캔 맹종(孟宗)

맹종은 삼국시대 오(吳)나라 사람이었다. 일찍이 부친을 여읜 그는 병약한 홀어머니를 모시고 간고한 살림을 꾸려나가야 했다. 그러나 착하고 효성이 지극한 그는 이집 저집에서 품을 팔아 병석에 몸져 누운 노모의 병시중을 들며 정성껏 봉양했다.

추운 겨울날 나뭇짐을 등지고 사립짝을 밀고 뜰에 들어선 맹종은 콜록콜록 기침소리를 따라 안방으로 들어갔다.

'어머니, 소자 돌아왔습니다. 추우셨죠. 곧 군불을 때겠습니다.'

'아이고 불쌍한 것, 고생이 많구나. 헌데 맹종아, 오늘은 유난히 입맛이 당기고 특히 죽순을 끓인 국물을 훌훌 마시면 속이 확 풀릴 것 같다. 너 어디 가서 죽순을 구할 수 있겠느냐?'

'네, 어머니 구해 오겠습니다.'

어른이 내리는 분부에 일단 '네'하는 것이 효자의 도리이다. 더욱이 병드신 노모의 소원을 풀어드려야 한다. 그러나 난감했다. 이 엄동설한에 어디에 가서 싱싱한 죽순을 딸 수 있단 말인가? 그러나 효성이 지극한 맹종은 하늘이 도와주리라는 엉뚱한 생각을 하면서 온통 흰 눈에 묻힌 대나무 숲으로 나갔다. 그런데 이게 어찌된 기적일까? 바로 눈앞의 푸른 대나무 밑둥 양쪽으로 파릇파릇한 두 포기의 죽순이 돋아나 있지 않은가? 맹종은 왈칵 울음을 터뜨리며 감격의 소리를 질렀다.

'하느님, 고맙습니다!'

그것은 하늘이 내린 죽순이자 영약이었다. 그러므로 그것을 든 맹종의 노모는 몇 년을 두고 시름시름 앓던 신병을 말끔히 털고 일어나 건강을 되찾았다. 지성이면 감천이라.

(19) 강 얼음을 녹인 왕상(王祥)

왕상은 진(晉)나라의 효자였다. 어려서 생모를 여의고 계모 밑에서 자랐다. 그 계모의 성미가 사나워 어린 왕상을 학대할 뿐만 아니라 아버지에게 있지도 않은 험담을 해댔다. 마침내 계모의 농간에 넘어간 아버지도 차츰 왕상을 미워하고 멀리하게 되었다. 그래도 왕상은 부모를 원망하지 않고 한결같이 받들어 모시고 자식으로서 효도의 도리를 다했다.

아버지가 객지로 출행하여 오래 집을 비운 사이에 어쩌다가 계모가 신병으로 자리에 눕게 되었다. 그러자 왕상은 정성껏 탕약을 달여 올리고 병시중을 들었다. 하루는 계모가 말했다.

'싱싱한 잉어회가 자꾸 먹고 싶구나. 산 잉어를 한 마리 구해 올 수 없겠니?'

'네, 구해 오겠습니다.'

효자 왕상은 대답을 하고 나왔다. 그러나 동지섣달 온 천지가 꽁꽁 얼어붙은 한겨울이다. 어디에 가서 산 잉어를 구한단 말인가? 그러나 효자 왕상은 강으로 나갔다. 중국 북쪽의 강은 겨울이면 결빙하여 두 자 이상의 두꺼운 얼음으로 덮인다. 손에 작살을 들고 얼음을 깨려고 애를 썼으나 가망이 없었다. 땀을 뻘뻘 흘린 그는 옷을 훨훨 벗어던지고 그 자리에 불덩이처럼 뜨거운 알몸을 눕히고 기진맥진한 채 쓰러졌다.

얼마 후 그가 인사불성에서 깨어나 보니, 이 어찌된 영문일까? 그가 파다 만 얼음 웅덩이에 싱싱한 잉어 두 마리가 뛰고 있었다. 왕상의 효성에 하늘이 응답하고 도운 것이다. 그 잉어를 먹은 왕상의 계모는 몸도 쾌유했고 마음도 착하게 되어 왕상을 친아들 이상으로 사랑하게 되었다.

(20) 부모 대신 모기에 물린 오맹(吳猛)

오맹은 진(晋)나라 사람이었다. 그는 외진 산마을 가난한 농가에서 태어났다. 늙은 노부모는 밭을 갈아 근근이 끼니를 이어가고 있었다. 철이 들자 오맹은 어린 나이에도 불구하고 항상 부지런히 노부모를 도왔다. 새벽에는 일찍 일어나 샘물을 떠왔고, 밤에는 노부모 주무실 자리를 안돈해 드리고 뒤늦게 잠자리에 들었다.

겨울에는 산에서 나무를 지고 와 불을 때고 여름에는 뜰에 모깃불을 피워서 부모님이 편히 주무시게 해드렸다. 그래도 밤이 깊어 모깃불이 꺼지면 극성스런 모기들이 고단하게 주무시는 부모님에게 달려들었다. 이에 오맹은 부채질로 모기를 쫓았다. 그러나 자신도 잠을 자야 했으므로 마침내 그는 옷을 훌렁 벗고 알몸이 되어 부모님 곁에 누워서 스스로 모깃밥이 되어 모기에게 물림으로써 부모님을 편히 주무시게 해드렸다.

새벽에 잠에서 깨어난 노부모가 말했다.

'애야, 어찌하려고 밤새도록 모기에게 알몸을 내주느냐?'

이에 오맹은 미소를 지으며 천연덕스럽게 아뢰었다.

'제 몸 전부가 본시 부모님이 주신 것이옵니다. 부모님 대신 모기에게 일부를 물리어도 애석할 것이 없습니다. 또 어린 저는 물리어도 이내 보충될 것이니 염려하시지 마세요.'

(21) 똥과 오줌을 맛보며 병시중을 든 검루(黔婁)

검루는 남제(南齊)의 사람으로 지방의 수령에 임명되었다. 그가 고향을 떠나 임지에 부임한 지 열흘쯤 지난 어느 날, 까닭없이 갑자기 가슴이 뛰고 등줄기에 식은땀이 배었다. 불안한 마음으로 퇴청하고 숙소에서 잠을 자는데 꿈에 엄친이 현몽하시었다. 이에 그는 날이 새자 즉시 사표를 내고 고향으로 달려갔다. 아니나 다를까, 엄친께서 중병으로 신음을 하고 계셨다. 그는 침통한 마음으로 용하다는 명의를 청하여 진찰케 했다. 의사가 말했다.

'어르신네의 병세가 매우 위중하십니다. 시생이 약을 지어 올리되, 매일 아침의 어르신네의 시뇨(屎尿 : 똥과 오줌)를 받아서 그 쓰고 달고를 분간하여서 약처방을 달리해야 합니다.'

이에 검루는 매일 목욕재계하고 밤에는 북극성에게 빌고 새벽에는 샛별에게 빌었다.

'하느님, 부디 아버님 병환을 거두어 장수하게 해주십시오. 명을 거두신다면 차라리 저의 명을 대신 거두어 가십시오.'

그리고 아침에는 친히 엄친의 시뇨를 받아 직접 자기 혀로 핥아 그

쓰고 달고를 가늠하여 의원에게 알렸다.

　높은 벼슬까지 반납하고 또 직접 시뇨를 핥아가면서 아버지 병시중을
든 검루의 지극한 효성은 하늘에 통했다. 서너 달만에 부친의 병이 완쾌
되었다. 이에 검루는 다시 지방의 태수로 부임해 갈 수 있었다.

(22) 시어머니에게 젖을 바친 당씨(唐氏)

　최산남(崔山南)은 당대(唐代)의 선비였다. 그의 집안은 세세대대 효
성과 장수로 이름난 명문거족으로 '증조모-조부모-부모-최씨 부부-자
녀' 등 5대가 동당(同堂)하고 있었다.

　이제는 90을 바라보는 증조모 장손태부인(長孫太夫人)이 약 40년 전
에 심한 속병에 걸려 음식을 목에 일체 넘기지 못하고 날로 쇠약하여
생사경을 헤맬 때가 있었다. 그때에 그녀를 구해준 사람이 지금의 조모
당태부인(唐太夫人)이었다. 즉 명재경각에 처한 시어머니에게 며느리가
조석으로 젖을 빨게 했으며, 시어머니는 며느리의 젖을 먹고 살아날 수
가 있었다.

　그러나 사람은 언젠가는 수와 복을 하늘에 되돌려주고 영면하게 마련
이다. 스스로 죽을 날이 멀지 않았음을 감지한 장손태부인은 5대의 온
식구를 머리맡에 불러모으고 일렀다.

　'내가 일찍이 중병에 걸려 위태로웠을 때 며느리, 즉 당부인의 젖을
먹고 소생하여 오늘까지 수를 누릴 수가 있었다. 그러나 오늘까지 아
무런 보답도 하지 못해 민망하기 짝이 없다. 이에 내가 마지막으로 온
식구에게 당부하고자 한다. 내가 죽으면 당부인이 이 집의 윗어른이
될 것이니, 온 식구가 받들고 효도를 해 올려라. 윗사람에게 효도한
사람은 결국 아랫사람에게 효도를 받아야 한다. 이것이 나의 마지막
소원이고 유언이다.'

　조부모에게 효도하는 부모 밑에는 효자 효녀가 나오게 마련이다. 내

가 효도를 하면 아들 딸들도 효도한다.

(23) 벼슬을 버리고 생모를 찾은 주수창(朱壽昌)

주수창은 송대(宋代)의 선비였다. 그의 생모 유씨(劉氏)는 첩실이었다. 그녀가 옥동자 수창을 낳고 젖을 물려 키운 지 두 돌이 지나자 소생이 없던 적실 본부인이 수창을 거두어 친아들로 삼고 생모 유씨를 먼 곳으로 추방했다.

천성이 준수하고 총명한 수창은 성장하면서 학문과 덕행을 쌓아, 과거에도 쉽게 뽑혔고 또 요직에도 올랐으며 더욱이 명문가의 아름다운 규수를 아내로 맞아 아들 딸 낳고 행복하게 살았다. 그러나 그의 가슴 한 구석에는 언제나 어두운 그늘이 지고 있었으니 다름이 아닌 생모에 대한 애절한 사무침의 정이었다.

그러나 격식과 범절이 엄한 양반집의 자식으로 경솔하게 속마음을 털어놓을 수도 없고 또 더더욱 함부로 행동할 수도 없었다. 오직 참고 또 참고 지낼 수밖에 없었다. 그런 지 어언 50년이 지났다. 더 늦기 전에 생모를 찾아 뵈어야 했다.

그러는 사이에 적실 어머니가 돌아가시고 3년의 거상도 치루었다. 이에 수창은 굳게 결심하고 아버지에게 아뢰었다.

'50년 전에 쫓겨나시고 생사조차 모르는 생모를 찾아보겠습니다. 허락해 주십시오.'

백발이 성성한 노부는 눈물어린 눈으로 아들을 물끄러미 보면서 힘없이 고개를 끄덕였다. 수창은 즉시 관직을 반납하고 친어머니를 찾아 나섰다. 전부터 오래 두고 사방으로 사람을 풀어 수소문한 수창은 마침내 사천(四川) 무협(巫峽) 깊이 묻혀 사시는 70의 노모와 해후할 수가 있었다.

(24) 노모의 요강을 손수 씻은 황정견(黃庭堅)

황정견은 송대(宋代)의 뛰어난 문학가이자 서화가였다. 이 점은 역사적으로 잘 알려져 있다. 그러나 그가 어려서부터 부모에게 지극하게 효도를 바친 효자였다는 사실을 아는 사람은 별로 많지 않다.

학문과 덕행을 겸비한 그는 태사(太史)라는 높은 벼슬에 올랐다. 그 벼슬은 모든 사람들이 우러러보는 귀한 자리였다. 그러나 그는 아침 저녁으로 반드시 노모가 기거하시는 처소에 가서 부드러운 낯과 음성으로 문안을 올렸고, 또 이어 노모가 밤새 쓰신 요강이나 타구를 손수 내다가 버리고 정결하게 씻어서 방안에 들여다 놓곤 했다.

물론 집에는 하인들이 많았다. 그러므로 그의 가까운 친구가 이상하게 생각하고 물었다.

'하인이나 노비를 시키면 될 일을 왜 지체 높은 자네가 손수 치우는가?'

그러자 황정견은 미소를 지으며 말했다.

'보통은 그렇게 생각할 것일세. 그러나 내가 손수 치우는 까닭에는 깊은 뜻이 있네. 즉 매일 아침에 그것을 들여다보고 살핌으로써 노모의 건강을 헤아릴 수가 있네.'

이 말을 들은 친구는 탄복했다.

2. 논문 : 효도의 원리와 깊은 뜻

(1) 20세기의 인류 위기

20세기는 인류가 온통 미쳐서 생지옥을 연출했던 참극의 한 세기였다. 세계 제1·2차 대전, 한국전쟁, 월남전, 여러 나라의 정치혁명과 대량학살, 지금도 계속되고 있는 국지전쟁, 동서의 치열했던 이데올로기 대결, 세계적 차원의 강대국과 약소국간의 격차와 갈등, 그리고 오늘의 탐욕스런 무역전쟁, 세계화라는 이름의 강대국의 시장 독점 및 무력을 앞세운 강대국의 음흉한 세계 제패의 야욕 등으로 인해, 지구와 자연이 파괴되고 무고한 생명이 대량으로 살상되고, 전통적 가치관이 붕괴되고 아울러 윤리 도덕이 무너지고 마침내는 국가·사회·개인들이 오직 '무력과 금전 만능주의'에 빠져 동물 이하로 타락하고 따라서 인격이 유린되고 또 귀중한 재물과 과학 기술이 범죄적으로 악용되고 있다.

옛날의 로마제국이 전 유럽을 휩쓸고 원(元)나라가 아시아를 유린했던 것은 원자탄을 위시한 가공할 살상무기를 총동원한 금세기의 살륙전쟁에 비하면 아이들의 패싸움에 불과했다.

20세기의 인류 사회가 지옥과 같은 몰골로 변한 근본 원인은 바로 사람들이 개인적으로나 집단적으로나 사탄의 마음을 지니고 사탄의 도리를 따르기 때문이다.

특히 모든 나라들이 '이기적(利己的) 국가절대주의(國家絶對主義)에 빠져 끝없는 탐욕을 채우기 위해 간교한 술책이나 무력을 동원하여 남을 속이거나 살상하고 남의 땅과 재물을 탈취하기 때문이다. 따라서 오늘의 국가는 거대한 범죄 집단으로 전락했고 그 지도자들은 하늘의 도리가 아닌 사탄의 도리를 따르고 있다.

하늘의 도리는 우주의 도리이다. 곧 시간의 흐름에 따라 만물이 더욱 번성하고 발전하는 도리이다. 하늘의 도리는 광명정대(光明正大)하고 공평무사(公平無私)하고 영구불변(永久不變)하는 절대선(絶對善)의 도리이다. 하늘의 도리를 따라야 자연 만물 및 만민이 조화 속에 함께 번성할 것이다.

이에 반해 사탄의 도리는 나의 이기적 탐욕이나 순간적·관능적 쾌락을 채우기 위해 자연을 파괴하고 남들을 살상하거나 남의 재물을 쟁취하는 도리이다. 따라서 사람들이 서로 싸우고 서로 피폐하게 마련이다.

서로 사랑하고 협동하면 서로 행복과 평화를 누린다. 반대로 서로 싸우면 서로 피곤하고 종국에는 전멸한다. 이것도 하늘의 도리이다.

그런데 오늘의 정치적 통념은 힘이 센 놈은 이기고 힘이 약한 자는 패하고 죽는다는 동물적 약육강식(弱肉强食)의 논리를 당연시하고 있다. 따라서 모든 나라들은 오직 부국강병(富國强兵)에 골몰하고 있다. 그 결과 오늘의 모든 나라들은 '돈벌이-무력강화-과학발전'만을 추구하고, 따라서 정치가 타락하고 교육이 악화되고, 이에 인간들이 병들고 가정이 파괴되어, 마침내는 인류사회가 심각한 위기에 처하게 되었다. 즉 금전만능주의 폭력적 한탕주의 및 인간소외 및 동물적·관능적 향락주의가 판을 치고 있다. 그러면서도 그러한 악덕을 정치의 당위로 착각하고 있다. 즉 오늘날 인류 사회의 정치는 인간의 선본성(善本性)과 숭고한 정신을 외면하고 오직 동물적·본능적 탐욕과 감각적·순간적 쾌락만을 추구하는 천박하고 악덕한 존재로 전락하였다. 그 결과 절대선인 하늘의 도리를 외면하고 오직 악덕한 사탄의 길만을 걷고 있다.

(2) 옛날 성현(聖賢)들의 경고

일찍이 천도에 어긋나는 타락상을 동양의 성인들은 이미 수천 년 전에 예리하게 지적하고 경고한 바 있다.

《예기(禮記)》에서는 '인간이 동물적 존재로 전락하는 까닭은 천도를 버리고 인간적 탐욕을 끝없이 추구하기 때문이다(人化物者 滅天理 而窮人欲者也)'라고 말했다.

《대학》에서는 '덕이 근본이고 재물은 말단이다. 그런데 근본인 덕을 외면하고 말단인 재물을 높이면 사람들로 하여금 서로 다투고 재물을 쟁탈하게 한다(德者本也 財者末也 外本內末 爭民施奪)'라고 지적했다.

또 《맹자(孟子)》는 '천도를 따르면 흥하고 거역하면 망한다(順天者 興 逆天者亡)'고 천명했다.

이들은 오늘의 인류를 깨우치는 말이기도 하다. 인류가 각성하고 세계가 달라져야 한다. 하루 빨리 이기주의적 악덕 정치를 청산하고 창조 본연의 선본성(善本性)을 되찾고 하늘의 도리를 따라 참 사랑과 참 협동을 바탕으로 한 공존(共存)·공생(共生)·공영(共榮)의 진정한 평화세계를 창건해야 한다. 그러기 위해서 하늘의 도리를 깨닫고 실천해야 한다. 즉 국가적인 차원에서는 《대학》의 이상적인 정치의 원리인 삼강령(三綱領)을 따르고 가정적인 차원에서는 윤리교육, 특히 효도교육을 되찾고 강화해야 한다.

(3) 수기치인(修己治人)과 《대학》의 삼강령(三綱領)

동양의 전통적 선비상은 천인합일(天人合一)의 인격을 완성하고 나아가 수기치인(修己治人)을 실천하는 것이다.

먼저 절대인 하늘과 절대선인 천도를 기준으로 하고 나의 인격을 완성해야 한다. 그것이 천인합일의 경지이다. 그 다음에는 남들을 진정한 사랑으로 품고 그들도 하늘과 천도와 하나된 경지에서 저마다의 삶을 바르고 착하게 누릴 수 있게 인도하고 교화해야 한다. 그것이 곧 수기치인이다. 그 대표적인 성현의 가르침이 사서(四書)의 하나인 《대학(大學)》에 요약되어 있다. 《대학》의 이상적인 정치의 기본 원리를 삼강령(三綱領)이라고 한다. 즉 다음의 세 가지이다.

① 명명덕(明明德) : 지도자가 먼저 하늘이 인간에게 준 선본성(善本性)인 밝은 덕성[明德]을 밝혀내야 한다.

② 친민(親民)＝신민(新民) : (인격을 완성한 지도자가) 남을 친애하고 사랑으로 가르치고 깨우쳐서 (그들도 저마다 본성적으로 지니고 있는 착한 명덕을 밝힐 수 있도록) 혁신케 해야 한다.

③ 지어지선(止於至善) : 지극한 선, 즉 가장 좋고 착한 경지에 가서 머무른다. 즉 나와 남, 지도자와 만민이 하늘과 하나가 된 경지에서 저마다의 삶을 바르고 착하게 살도록 해야 한다.

구체적으로 말하면 모든 사람이 삶을 살거나 사물을 처리함에 있어, 절대선인 하늘의 도리를 따르고 실천해야 한다. '지극한 선〔至善〕'은 무조건 '높다'는 뜻이 아니다. '가장 적합하다'는 뜻이다. 남녀노소(男女老少) 모든 사람이 저마다의 도리를 지키는 것이 '지극한 선에 머무름이다.' 농부가 때 맞추어 경작해서 생산을 높이는 것, 임금이 덕치를 펴서 만민을 잘 살게 해주는 것이 다 '지어지선(止於至善)'이다.

동양의 전통사상은 왕도덕치(王道德治)를 높이고 또 그 바탕을 천도를 기준으로 한 교화에 두었다. 특히 가정교육을 중시했다.

가정을 소우주라고 한다. 가정이 건전해야 출생하고 성장하는 자녀들이 건전하게 된다. 그리고 건전한 사람들이 모여서 꾸민 사회나 국가도 건전하게 된다. 이를 《대학》에서 '수신(修身)-제가(齊家)-치국(治國)-평천하(平天下)'라고 가르쳤다.

그러므로 오늘의 위기를 극복하고 인류를 구제하기 위해서는 가정을 기점으로 해야 한다.

(4) 바른 정치와 하늘의 도리〔天道〕

공자는 《논어(論語)》에서 말했다. '정치는 바르게 하는 것이다(政者正也)' 바를 정(正)은 한 일(一)과 머무를 지(止)를 합친 글자이다. 그러므로 정(正)은 근원적으로 '하나에 가서 머문다. 혹은 하늘과 하나가 된다'의 뜻을 내포하고 있다.

한 일(一)을 《설문해자(說文解字)》에서 다음과 같이 풀이했다. '아득한 태초에 하나에서 도가 나타나 섰고, 그 도를 따라 하늘과 땅이 나뉘었고, 다시 변화해서 자연 만물이 생성했다(惟始太初 道立於一 造分天

地 化生萬物).'

한 일(一)은 곧 우주 천지 만물을 창조하고 만물을 생성화육(生成化育)하는 하늘이자 동시에 그 하늘의 도리이다.

하늘은 유일무이한 절대(絶對)이다. 그리고 하늘의 도리, 즉 천도(天道)는 절대선(絶對善)의 도리이다. 그러므로 바를 정(正)은 곧 절대인 하늘 및 절대선의 천도와 하나가 된 경지를 일컫는다. 하늘과 천도를 이탈하면 바르다고 말할 수 없다.

천인합일(天人合一)의 경지가 곧 바른 상태이다. 따라서 공자가 '정치는 바르게 함이다(政者正也)'라고 말한 것은 곧 정치는 하늘을 중심하고 하늘의 도리를 따라서 해야 한다는 뜻이다.

중국에서도 태고 때에는 하늘을 인격신으로 믿고 높였다. 그러나 점차로 하늘[天]이나 하늘의 도리[天道]를 철학적 개념으로 파악하고 인식하게 되었다. 즉 천(天)을 우주 천지 만물의 근원적 본체(本體)로 보고, 한편 천도(天道)를 우주 천지 만물의 운행과 생성 변화 및 발전의 근원적 도리로 보았다.

한편 한자어의 우주(宇宙)는 공간과 시간을 합친 뜻이다. 우(宇)는 상하사방(上下四方) 즉 공간을 뜻하고, 주(宙)는 왕고래금(往古來今) 즉 시간을 뜻한다. 그러므로 하늘 천(天)은 곧 공간과 시간을 통합해서 주재하는 절대이다. 절대는 공간과 시간을 초월한다. 그러므로 하늘은 무형으로 실재하는 우주의 본체(本體)이다.

또 《설문해자》에서 하늘 천(天)을 한 일(一)과 큰 대(大)의 합자(合字)라고 풀었다. 이를 통념적인 하늘의 뜻에 맞추어 다음과 같이 확대 해석할 수가 있다.

하늘의 도리, 즉 천도(天道)는 '일대지도(一大之道)'로 공간과 시간을 통섭하고 공간적으로는 개체와 전체, 시간적으로는 순간과 영원을 하나로 통합하고 또 자연 만물을 생성 변화하는 도리이다.

天	공간	시간
一	개체	순간
大	전체	영원

'天'은 空間과 時間을 통섭한다.
'一'은 공간적으로는 個體,
　　시간적으로는 瞬間이다.
'大'는 공간적으로는 全體,
　　시간적으로는 永遠이다.

　공간과 시간은 개념상으로는 구분이 된다. 그러나 공간과 시간은 하나이다. 공간적 이동이 곧 시간의 경과이다. 바꾸어 말하면 시간의 경과는 곧 공간적 이동이다. 천체의 운행이 곧 시간의 흐름이다. 우주 천지는 순간도 쉬지 않고 운행한다. 따라서 시간도 부단히 흐르고 있다. 그리고 시간의 흐름에 따라 자연 만물이 끝없이 생성(生成) 변화(變化) 발전(發展)하고 있다. 이를 《역경(易經)》에서는 '하늘은 세차게 운행하면서 만물을 생성 화육한다. 그러므로 군자도 스스로 강건하게 정진하고 쉬지 말아야 한다(天行健 君子以自强不息)'라고 말했다.

　한편 자연 만물은 저마다 하나의 개체로 또 현시적으로 존재한다. 그러나 전체이자 영원한 우주와 불가분의 관계에 있고 또 우주의 법칙 도리를 따라 생성 변화 발전하고 있다. 인간의 경우도 같다.

　참고 :

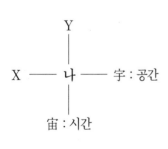

　* 나는 'X, Y'의 교차점, 즉 'X＝宇＝공간'과 'Y＝宙＝시간'의 교차점에 존재한다. 그러므로 나는 우주적 존재로 유일무이하며, 더없이 귀중하다. 그러나 개체로서의 나는 무한대한 공간과 영원한 시간과 불가분의 관계에 있다. 즉 개체이자 전체적 존재이다. 전체가 없으면 개체로서의 나도 존재할 수 없다.

　이러한 우주의 도리 법칙을 곧 하늘의 도리, 천도라고 한다. 만물은 공간과 시간의 통합적 도리, 즉 천도를 따라 생성 변화 발전한다. 그러므로 사람도 그리고 공동체를 다스리는 정치도 천도를 따라야 한다. 인류도 악덕정치에서 천도의 바른 정치로 복귀해야 한다.

(5) 유교(儒敎)의 생명철학적(生命哲學的) 발전관(發展觀)

공자는 《논어》에서 말했다. '하늘이 무슨 말을 하더냐? 아무 말도 안 한다. 그러나 하늘이 사계절을 운행시키고, 만물을 낳고 번식케 하고 있다. 하늘은 말이 없다(天何言哉 四時行焉 百物生焉 天何言哉).'

날 생(生)은 '낳다, 살다, 번식하고 발전하다'의 뜻을 다 포함하고 있다. '봄에는 싹이 살아난다[生], 여름에는 무럭무럭 자란다[育], 가을에는 열매로 화한다[化], 그리고 겨울에는 새 생명의 바탕인 씨를 완성한다[成].'

식물·동물·인간이 다 같다. 춘하추동(春夏秋冬)을 통해 생육화성(生育化成)한다. 그것이 우주의 법칙, 즉 천도이다. 끝없는 '생육화성'은 곧 끝없는 창조적(創造的) 발전이다. 유교 사상의 심층부에는 이와 같은 생명철학적(生命哲學的) 발전관(發展觀)이 깔려 있다.

이와 같은 '생명철학적 발전관'을 바탕으로 우주 천지의 제반 현상을 풀고 아울러 사람이 따르고 행해야 할 바른 도리와 길을 제시해 준 책이 바로 《역경(易經)》이다. 《역경》〈계사전(繫辭傳)〉에서 몇 구절을 뽑아 설명을 가하겠다.

우선 '생생지위역(生生之謂易)'에 대한 풀이를 하겠다. 역(易)에는 크게 세 가지의 뜻이 있다.

① 만물은 개별적·현시적으로 항상 변한다.

② 그러나 전체와 영원을 통합한 우주적 차원에서 볼 때는 한결같다. 모든 것이 절대인 하늘의 뜻과 조화의 도리를 따라 끝없이 생성·변화·발전하고 있다. 즉 우주의 본체인 하늘과 하나이다.

③ 절대선인 하늘의 조화나 도리는 항상 일상적으로 나타난다. 그러므로 누구나 그 변혁의 도리를 간이(簡易)하게 알 수가 있다. 역(易)은 곧 변혁·불변·간이의 뜻을 다 포함하고 있다.

앞에서 공자가 시간의 흐름에 따라 만물이 ‘생육화성’하는 것을 보고 절대인 하늘과 절대선의 도리, 즉 천도를 알 수 있다고 한 말과 같다. 유교는 무형의 하늘이나 하느님을 무조건 믿으라고 강요하는 종교가 아니다. 다만 현상을 통해서 우주의 법칙이나 천도를 깨닫고 실천하라고 가르친다. 이는 마치 자연과학자가 자연법칙을 터득하고 활용해서 좋은 성과를 거두는 경지와 같다. 유교는 신(神)보다 이(理)를 앞세운다.

생생(生生)의 뜻에도 크게 두 가지가 있다.

① 하늘은 만물을 끝없이 낳고 또 낳고 살게 한다. 즉 하늘이 만물을 끝없이 낳고 키운다.

② 하늘과 천도에 따라 만물이 끝없이 ‘생육화성’한다. 즉 영원히 새롭게 발전한다.

그러므로 생생지위역(生生之謂易)을 다음과 같이 정리할 수가 있다. ‘영원히 변치 않는 공간과 시간을 통합한 우주의 운행과 작용에 따라 만물이 끝없이 〈생육화성〉하는 현상과 그 조화의 도리를 괘(卦)를 가지고 구상화(具象化)한 것이 곧 역이다.’

역은 이(理)의 정점을 태극(太極)이라 하고, 양의(兩儀), 사상(四象), 팔괘(八卦), 육십사괘(六十四卦)로 우주의 현상과 도리를 부호화해서 풀었다.

그 기본은 천지(天地) 및 음양(陰陽) 건곤(乾坤)이다. 그리고 부호의 바탕은 음(--)과 양(-)이다.

(6) 천지 음양이 어울려 만물을 생육화성(生育化成)한다

〈계사전〉에 ‘천지지(天地之) 대덕왈생(大德曰生)’이라는 말이 있다.

즉 '하늘과 땅이 서로 어울려서 이룩한 가장 큰 성과는 만물을 끝없이 〈생육화성〉함이다.' 덕(德)은 득(得)과 뜻이 통한다. 천도를 따르고 행해서 얻어진 좋은 성과를 '덕(德)'이라 한다. 생(生)은 '끝없이 낳고 살리고 키우고 번식·발전케 한다' 즉 '생육화성'의 뜻이며 이는 곧 '끝없는 창조적 발전'의 뜻이기도 하다. 그러므로 '천지지(天地之) 대덕왈생(大德曰生)'은 '하늘과 땅이 어울려 만물을 창조적으로 발전시키고 있다'의 뜻이다.

'하늘은 (원인적으로) 베풀고, 땅은 받아서 (결과적으로) 낳고 키운다(天施地生).'(〈益卦 彖辭〉)

또 〈계사전〉에는 다음과 같은 구절이 있다. '하늘은 높은 자리에서 만물을 덮어 싸고 있으며, 땅은 낮은 자리에서 만물을 품고 키우고 있다. 하늘의 덕성과 기능을 본떠서 정한 것이 건괘(乾卦 : ☰)이고, 땅의 덕성과 기능을 본떠서 정한 것이 곤괘(坤卦 : ☷)이다(天尊地卑, 乾坤定矣).'

'하늘에서는 해·달·별을 통한 상징적인 형상이 이루어지고, 땅에서는 산천초목 등의 구체적인 형상이 이루어지며, 해·달·별은 주야로 운행하고 산천초목은 계절에 따라 〈생육화성〉하며 그 변화가 눈에 보이게 나타난다(在天成象 在地成形 變化見矣).'

'(상대 기준이 맞는) 음과 양이 서로 어울려 만물을 낳아 살게 하고 번식 발전케 하는 것이 곧 하늘의 도리이다. 이러한 도리를 계승해서 만물을 생육화성하는 것이 '선(善)'이다. (그와 같이 천도를 따라) 만물의 생육화성을 이룩하게 하는 것이 인간의 본성이다(一陰一陽之謂道 繼之者善也 成之者性也).'

'만물을 창조하고 발전시키는 천지의 도는 영원히 이어지고 끝이 없다(天地之道 恒久而不已也).'(〈恒卦 彖傳〉)

'해와 달도 영원히 변치 않는 천도를 따라서 밝게 빛날 수 있고, 사계

절도 바뀌면서 만물을 언제까지나 생육화성할 수 있다. 성인도 항상 천도를 지킴으로써 천하 만민을 교화하고 잘 살게 한다. 항상 변치 않는 천도를 잘 관찰하면 천지 만물의 모든 사정을 볼 수가 있다(日月得天而能久照 四時變化而能久成 聖人久於其道 而天下化成 觀其所恒 而天地萬物之情可見矣).'(〈恒卦 象傳〉)

인간은 누구나 절대선의 천도를 따라 역사 문화를 끝없이 창조적으로 발전시킬 수 있는 선본성(善本性)을 지니고 있다.

(7) 효(孝)의 문자학적(文字學的) 뜻풀이

《역경》에 '형이상의 진리를 도(道)라 하고, 그 도에 따라 형이하의 세계에서 눈에 보이게 나타난 것을 기라 한다(形而上之謂道 形而下之謂器)'라고 했다. 기(器)는 형체를 갖춘 기물 물체를 총칭한다.

만물은 천도를 따라 지상에서 눈에 보이게 끝없이 '생육화성'하고 있다. 특히 인간 세계에서는 역사와 문화가 사람의 힘으로 더욱 새롭게 창조적으로 발전하고 있다. 이렇게 천도를 따라 땅 위에 좋은 성과를 거두는 것을 지덕(地德)이라고 한다. 그리고 천도를 따라 지덕을 세우는 행위를 인행(人行)이라고 한다.

창조 본연의 인간은 마땅히 천도를 따라 지덕을 세워야 한다. 그것이 바로 효도(孝道)·효행(孝行)이다. 약간 전문적이고 따라서 어려운 감이 있으나 '효(孝)의 성운학적(聲韻學的) 기본의(基本義)'를 살펴보겠다.

《설문해자》는 효(孝)를 노(老)에서 비(匕)를 생략한 것과 자(子)를 합친 자로 보고, 뜻을 '부모를 잘 섬긴다(善事父母), 자식이 늙은 부모를 받든다(子承老也)'로 풀었다. 물론 옳다. 그러나 보다 깊은 뜻을 성운학적으로 찾아보자. 전서(篆書)의 효(孝)는 아들[子]이 머리 위에 효(爻)를 받들고 있는 뜻이다. 즉 효(孝)는 '아들이 머리 위에 천도·지덕을 받들고 본받아 따르고 행한다'는 뜻이다. 이를 문자학적으로 추적해

보겠다. 육효 효(爻)를 《역경》〈계사전〉에서는 다음과 같이 풀었다. '효(爻)는 천하 만물이 생동하고 변화 번성하는 모양을 본따서 나타낸 글자이다(爻也者 效天下之動者也).'

《설문통훈정성(說文通訓定聲)》에는 '효(爻)의 오(乂)는 오(五)의 옛 글자로, 두 개의 오(乂)는 '하늘의 오(五) 수와, 땅의 오(五) 수'를 나타내는 회의자이다(爻按乂古文五 二五天地之數 會意).' 또 부수정(部首訂)에서는 '두 개의 오(乂)를 합친 글자로, 오(乂)는 오(五)의 옛 글자이다. 《역경》에서 말하는 '천수 오'와 '지수 오'를 나타낸다. 오(五)의 자리를 서로 얻어야 저마다 합친다(從二五 乂古文五 易曰天數五地數五 五位相得 利各有合).' 다섯 오(五)는 음과 양이 하늘과 땅 사이에서 서로 교차하여 만물을 '생육화성'함을 상징한다. 이(二)는 천지, 오(乂)는 음양 교차이다.

《설문해자고림(說文解字詁林)》에는 '고문자 오(乂)는 음과 양이 오관(午貫)하는 형상을 나타낸 글자이다.(古文像陰陽午貫之形)'라 했다. 오관(午貫)은 음과 양이 낮에는 정오(正午) 밤에는 자정(子正)에 교차하며 자리바꿈을 한다는 뜻이다. 또 '오월에는 음기가 양기를 맞이하고 땅을 뚫고 하늘로 뻗어 오른다(五月陰氣悟逆冒地而出也).' (* 悟逆은 음과 양이 서로 마주치고 만나다의 뜻).

(8) 효(孝)는 천경(天經)·지의(地義)·민행(民行)

《서경》에 '바로 천지가 만물의 부모이고, 만물 중에서도 사람만이 영특하다(惟天地萬物父母 惟人萬物之靈).'《書經》泰誓)라는 말이 있다. 즉 만물의 근원인 천지의 도리를 오직 만물지령인 사람만이 터득하고 실천할 수 있다는 뜻이다. 공자는 《효경》에서 다음과 같이 말했다.

'무릇 효는 하늘의 영구불변하는 법도이자, 땅이 만물을 적절하게 키워서 이롭게 해주는 바른 이치이며, 따라서 모든 사람이 지키고 행해야

할 덕행이다(夫孝 天之經也 地之義也 民之行也).'

'(하늘과 땅이 어울려 만물을 생성화육하는) 천지의 영구불변하는 도리를 모든 사람들이 따라야 한다. 만물을 밝게 나타내는 천경을 따르고 또 만물을 이롭게 키우는 지의를 바탕으로 하고 다스리면 천하 만민을 순리롭게 따르도록 할 수가 있으며, 따라서 그러한 경지의 가르침은 억압하지 않고도 이루어지며, 또 그러한 경지의 다스림은 위엄을 가하지 않고도 잘 다스려지게 마련이다(天地之經 而民是則之 則天之明 因地之利 以順天下 是以其教不肅而成 其政不嚴而治).'

천경(天經)은 천도(天道)이고, 지의(地義)는 지덕(地德)이고 민행(民行)은 인행(人行)과 같은 뜻이다.

天經＝天道 : 自然法則

民行＝人行 : 學者實踐

地義＝地德 : 科學成果 (과학자가 자연법칙을 행동적으로 연구하여 성과를 올리듯이 사람도 천도를 따라 지덕을 세워야 한다)

하늘의 도리를 깨닫고 지상에서 역사 문화를 창조적으로 발전시키는 것이 곧 천지의 도를 따르는 효행(孝行)이다.

(9) 효도·효행은 덕치와 교화의 근본

효(孝)는 하늘과 땅이 어울려서 만물을 '생육화성'하는 '천도 지덕'을 받들고 본받고 따르는 덕행이다.

이는 즉 앞에서 풀이한 '음과 양이 서로 어울려 만물을 낳아 살게 하고 번식 발전케 하는 것이 곧 하늘의 도리이다. 이러한 도리를 계승해서 만물을 생육화성하는 것이 선이다. 그것을 성취하는 것이 인간의 본성이다(一陰一陽之謂道, 繼之者善也, 成之者性也).'라고 한 말과 같은 경지로, 즉 효는 곧 천도를 따라 지덕을 세우는 인간의 착한 행동이며, 그러한 선본성(善本性)을 사람이면 다 지니고 있다. 그러므로 공자는《효경》에서 '효는 모든 덕행의 바탕이다. 모든 교화의 출발점이다(夫孝德之本也 敎之所由生也)'라고 했다.

우주 천지 만물은 하늘의 도리를 따라서 운행 생성 변화 발전한다. 그러므로 교육이나 정치도 천도를 중심으로 해야 한다. 공자는 《효경》 첫머리에서 옛날의 선왕 성군들은 효도를 따라 천하 만민을 바르게 다스렸다고 말했다. '선왕은 지극한 덕행인 효행과 가장 긴요한 도리인 효도로써 천하 만민을 교화하고 순종케 했다. 그러므로 백성들이 서로 화목했고, 또 상하가 서로 원망하는 일이 없게 되었다(先王有至德要道 以順天下 民用和睦 上下無怨).'

천도를 따르고 행해서 좋은 성과를 거두는 것을 덕(德)이라 한다. 사람은 하늘에 의해서 태어났고 선본성을 지니고 있다. 그러므로 누구나 타락성을 청산하고 하늘의 도리, 즉 우주의 법칙을 따라 살고 행동할 수가 있다. 그러므로 정치도 사탄의 도리를 따르지 말고 하늘의 도리를 따라야 한다.

천도는 시간의 흐름에 따라 만물이 더욱 창조적으로 새롭게 발전하는 도리이다. 또 천도는 광명정대(光明正大), 공평무사(公平無私), 영구불변(永久不變)하는 진리이다. 오늘의 인류, 특히 정치가 '나의 탐욕을 채우기 위하여 남을 죽이는 사탄의 도리'를 따르지 말고 천도를 따라야 한다. 그래야 '서로 사랑하고 협동하고 화목하는 공존·공생·공영적 하나의 지구촌, 인류의 선문화(善文化)를 더욱 창조적으로 발전시키는 참평화 세계를 창건할 수가 있다.'

(10) 정리상(情理上)으로 본 보은과 감사의 효도

사람은 누구나 부모로부터 태어나고, 부모의 지극한 사랑과 보살핌을 받고 성장하고 또한 정성어린 뒷바라지 덕택으로 공부하고 배워서 학식과 기술을 겸비한 일꾼이 된다. 한마디로 내가 오늘 어엿한 존재로 활개

치고 잘 사는 것은 오직 부모님의 덕택이다. 그러므로 도리상으로나 정리상으로나 부모에게 감사 보답하고 특히 연로한 부모님을 효성으로 섬기고 봉양해야 한다. 우선 다음의 도표를 보자.

```
부모    30---40---50---60---70---80세(노쇠기)
         |    |    |    |    |    |
자식   (출생)-10---20---30---40---50세(활동할 때)
```

나이 30에서 60까지가 왕성하게 활동할 때이다. 이때에 부모가 나를 낳아 사랑과 정성으로 양육했다. 그 부모는 이제 늙었고 자식인 내가 건장하게 활동할 장년기에 처해 있다. 지위도 있고 돈도 있다. 이때에 노쇠한 부모를 사랑과 정성으로 돌봐 드려야 하는가? 모른 척해야 하는가? 그런데 오늘의 많은 사람들이 사탄의 마음과 사탄의 도리를 따르는 악덕 사회에서 성장하고 바른 교육을 받지 못한 탓으로 효도에 대한 이해가 결핍되고 자기 에미도 몰라보는 동물적 존재가 되어 부모에 대한 봉양조차 제대로 못하게 되었다.

공자는 《논어》에서 말했다. '오늘의 효도하는 사람은 부모에 대한 외형적·물질적 공양만을 능사로 삼고 있으나 집에서 키우는 개나 말들도 먹이고 키운다. 부모에 대한 효도를 속에서 우러나오는 공경심으로 하지 못한다면 무슨 차이가 있느냐?(今之孝者 是謂能養 至於犬馬 皆能有養 不敬何以別乎)'(爲政).

공경하는 마음은 고사하고 물질적 봉양도 제대로 하지 않으려고 하니 한탄스럽기 그지없다.

(11) 역사 문화의 계승 발전과 효도

만물 중에 인류만이 역사와 문화를 창조하고 또 세세대대로 계승 발전하고 있다. 외형적 물질문명이나 내면적 정신문화나 같다. 옛날의 선인들의 창조적 업적을 바탕으로 오늘의 창조를 덧붙임으로써 인류는 역사와 문화를 더욱 새롭게 발전하고 있다. 비근한 예를 들어 설명하겠다. 먼저 아래의 도표를 보자.

①				제1대
①	②			제1대＋제2대
①	②	③		제1대＋제2대＋제3대
①	②	③	④	제1대＋제2대＋제3대＋제4대

① 아득한 옛날에 제1대의 조상이 한평생 농사를 짓고 죽었다. 그러나 그는 개간한 논밭과 그가 살던 움집을 자식에게 물려주었다.

② 제2대는 제1대가 물려준 논밭을 상속받고 또 자신도 한평생 농사를 짓고 자기 몫을 덧붙여 늘여놓는다. 집도 움집을 초가집으로 발전시킨다. 그리고 그도 죽으며 모든 것을 제3대에게 물려준다.

③ 제3대는 태어나면서 제1대 및 제2대가 개간하고 늘려 놓은 논밭과 초가집을 상속받고 그 터전 위에 자기 몫을 더해서 농토를 늘리고 또 집도 기와집으로 발전시킨다. 그리고 그도 죽는다.

④ 제4대는 태어나면서 물려받은 ①②③의 유산 위에 자기 몫을 더 보태서 자기 집안의 전통과 가산을 크게 늘린다. 그리고 그도 죽는다. 그리고 제5대가 뒤를 이어 또 발전시킨다.

비단 농사뿐만이 아니다. 전기의 발명과 발전도 같다. 즉 ① 에디슨이 발명한 것을 바탕으로 하고, ② 다른 과학자가 개량하고 덧붙이고, ③ ④ ⑤로 이어지면서 발전한다. 앞으로 전기는 더욱 새롭고 능률적으로 발전할 것이다.

동양의 전통사상도 같다. ① 공자가 유교를 창시했고, ② 맹자가 뒤를 이어 더욱 발전시켰고, ③ 송나라의 성리학자 주자(朱子)가 더욱 집대

성했고, ④ 주자학을 우리나라의 퇴계(退溪)가 다시 정리하여 한국과 일본에 넓혔고, ⑤ 다시 오늘의 학자들이 서양 및 과학 사상과 종합하여 현대적으로 해석하고 활용하고 있다. 이렇게 하여 인류의 학문 사상이 대를 이어가면서 더욱 새롭게 가치적으로 발전하는 것이다.

이와 같이 인류의 역사 전통 문화를 이어가면서 계승 발전케 하는 것이 역사발전의 도리이고 그 도리를 가정적인 차원에서 자식이 선조나 부친을 계승하고 더욱 발전케 하는 도리를 특히 효도라고 한다. 즉 효도는 계지술사(繼志述事)의 도리이다.

따라서 효도는 좁게는 집안을 계승 발전함이고 넓게는 인류의 문화를 계승 발전케 하는 도리이다.

(12) 입신출세(立身出世)와 효도

천도는 시간의 흐름에 따라 끝없이 이어지면서 더욱 창조적으로 발전하는 도리이다. 그러므로 효도·효행도 가정에서 감사와 존경심으로 부모를 섬기고 봉양하는 것만으로 끝나는 것이 아니다. 사회적으로 입신행도(立身行道)하여 후세에 이름을 내고 부모에게 영광을 돌려드리고 아울러 가문과 역사 및 문화를 계승 발전시키는 높은 덕행으로 이어진다. 공자는 《효경》에서 말했다.

'무릇 효의 첫 단계는 가정에서 부모를 정성으로 모시는 것이고, 중간 단계는 나라에서 임금을 충성으로 받드는 일이고, 최종 단계는 입신 행도를 하는 일이다(夫孝始於事親 中於事君 終於立身).'

'사회에 나아가 하늘의 도리를 따르고 행하여 공을 세우고 후세에까지 이름을 높임으로써 부모님을 영광되게 해드리는 것이 효도의 마지막 단계이다(立身行道 揚名於後世 以顯父母 孝之終也).'

또 공자는 《중용(中庸)》에서 말했다.

'아버지 문왕의 뒤를 이어 (포악무도한 은나라 주왕을 멸하고 하늘의

뜻과 천도에 맞는 주나라를 세운) 무왕과 주공은 참으로 효에 달통한 사람들이다(武王周公其達孝矣乎).'

'무릇 효는 어른의 뜻과 이상을 계승하고 또 어른의 사업을 더욱 발전시키고 성취하는 것이다(夫孝者 善繼人之志 善述人之事也).'

생명철학적 발전관을 바탕으로 역사 문화의 창조적 발전을 높이는 전통 사상은 낡고 타락한 악덕한 인간이나 사회를 물리치고 참신하고 바르고 착한 인간이나 사회를 만들기 위한 인간 및 사회 혁신을 강조한다. 특히 정치면에서는 역성혁명(易姓革命)을 높인다. 전통 사상에서 말하는 혁명은 '하늘이 천명을 바꿔 내린다'는 뜻이다. 사탄 세계에서 말하는 무력적 정권 찬탈이 아니다. 《역경》에 있다. '하늘과 땅이 바뀌어 돌고, 춘하추동의 사계절이 바뀜에 따라 만물이 생육화성한다. 그와 같은 천도를 따라 탕왕이 걸(桀)을 치고 무왕이 주(紂)를 친 혁명은 모두가 하늘에 따르고 사람의 뜻에 순응한 것이다. 혁명 혁신에는 때가 중대하다(天地革 而四時成 湯武革命 順乎天 應乎人 革之時大矣).'(革卦 象辭).

(13) 효는 굴종(屈從)이 아니다

아직도 많은 사람들이 잘 알지 못하고 동양의 전통 사상이나 윤리 도덕을 악덕한 군주를 옹호하는 반인간적(反人間的)·비진보적(非進步的)인 낡은 사상이고 또 규범이라고 오해를 하고 있다.

또 효도는 무조건하고 부모에게 맹종하는 비진보적·비인간적 도덕률이라고 착각하고 있다.

아울러 그러므로 동양사회가 후퇴했다고 매도하기도 한다. 그러나 절대로 그렇지 않다. 수천 년간 어질고 슬기로운 많은 성현들에 의해서 주장되고 또 이어져 내려온 전통 사상이 그렇게 악덕하고 무가치한 것일 수 없다.

예나 지금이나 인간에 의해서 현실적으로 집행되는 정치 행위는 선보다는 악한 경우가 많았으며, 또 악덕 정치에 많은 선비들이 참여한 것도 사실이다.

그러나 전통 사상의 참 도리나 정신은 어디까지나 절대선인 천도를 기준으로 한다. 따라서 참다운 선비들은 절대로 포악무도한 군주들과는 한패가 되지 않았으며 도리어 반대로 그릇된 임금에게 천도를 따르고 만민을 사랑하라고 가르쳤던 것이다.

뿐만 아니라 임금이나 아버지가 불의(不義)한 경우에는 신하나 아들은 정성껏 간언을 올려야 했다. 즉 전통 사상에서 높이는 충효의 도리는 절대로 무조건의 굴종(屈從)이 아니다. 반대로 도에서 벗어난 임금이나 부모가 스스로 정도로 되돌아가도록 간곡하게 충간을 올려야 했다. 그것이 충신과 효자의 도리였다. 나쁜 임금이나 잘못하는 부모와 함께 어긋난 길을 가는 것은 충효가 아니다.

임금과 신하는 의(義)를 바탕으로 관계를 맺는다. 따라서 임금이 의를 버리고 극악무도하게 되면 신하는 그를 버리고 떠나야 했다. 그것이 하늘과 천도를 따름이다. 그러나 부모와 자식은 천륜에 의해 부자의 관계를 맺고 있다. 즉 불가분의 사이이다. 그러므로 자식은 끝까지 부모에게 효성을 바쳐야 한다. 효는 절대적이고 충은 조건적이다. 《효경》에는 다음과 같은 가르침이 있다.

o 불의 앞에서는 아들이 아버지에게 간언을 올려야 하고, 신하는 임금에게 간쟁해 올려야 한다(當不義 則子不可以不爭於父 臣不可以不爭於君).

o 불의 앞에서는 아들이 간쟁해야 한다. 무조건 부모의 영을 따르면 어찌 효라고 하랴?(當不義 則子爭之 從父之令 又焉得謂之孝乎).

o 임금이나 부친에게 불의한 일이 있는데도 신하나 자식이 간쟁을 올리지 않으면 즉 나라가 망하고 집안이 거덜나게 된다(君父有不義 臣子不諫諍 則亡國破家之道也).

○부모에게 굴종하고, 좋아도 좇고, 나빠도 좇으면서 마음에 숨김이
있으면 어찌 효라고 하겠느냐?(委曲從父母 善亦從善 惡亦從惡
而心有隱 豈得謂孝乎).

○(자식의 간언을 부모가 듣지 않아도 자식은) 여전히 부모를 공경하
고 빗나가지 말아야 하며, 고생스럽더라도 원망하면 안된다(又敬不
違 勞而不怨).

○세 번 간언을 올려도 안들으시면, 소리내어 울면서라도 따라야 한
다(三諫而不聽 則號泣隨之).

효자나 충신은 천도를 따라 부모나 임금이 불의에 빠지지 않도록 간
곡하게 간언을 올려야 한다. 그것이 충효의 도리이다.

(14) 다섯 가지의 불효

《맹자》는 불효를 다음과 같이 들었다.

① 게으름을 피우고 부모를 공양하지 않는다.

② 노름과 술을 좋아하고 부모를 돌보지 않는다.

③ 재물과 처자에 빠져 부모를 돌보지 않는다.

④ 관능적 향락에 빠져 부모를 고생시킨다.

⑤ 포악과 난동을 일삼아 부모까지 위험에 몰아넣는다.

《맹자》에 대한 주에서 조기(趙岐)는 다음의 세 가지를 첨가했다.

'무도한 뜻에 아첨하고 굴종하여 결과적으로 부모를 불의에 빠뜨리는
것, 집안이 가난하고 부모가 연로했는데도 녹사(祿仕)를 마다하는 것,
처를 얻지 않고 자식이 없어 선조의 대를 끊기게 하는 것.'

이상 《맹자》가 들은 세속적 불효를 오늘에 견주어 보면 어떻게 될
까? 대부분의 현대인들은 벌 받고 구제되지 못할 것이다. 그러기에 오
늘날의 세계를 도덕적·윤리적으로 타락했다는 것이며, 그 결과 오늘날
의 인류가 심각한 위기에 빠졌다고 하는 것이다.

효도를 해야 사람다운 사람이 되고 따라서 선한 가정·사회·국가가 꾸며지고 인류의 문화도 바르게 계승 발전한다. 특히 자기 수양과 인격 완성의 바탕이 효도·효행임을 명심하고 효를 실천하자. 전통 윤리의 핵심인 효도는 절대로 비문화적·비발전적인 것이 아니다. 효도는 가정에서는 육친애를 바탕으로 가문의 전통을 계승하고 더욱 번성 발전시키는 도리이다. 동시에 그것은 인류애와 인류문화 발전에 직결된다.

(15) 가정에서 효도교육을 철저히 해야 한다

① 천륜(天倫)과 효도 교육 : 내가 이 세상에 출생하면서 가장 먼저 관계를 맺고 또 접한 사람이 바로 부모이다. 그리고 부모와 자식간의 인연과 관계는 하늘에 의해서 맺어진 불가분의 절대적인 인연이요 관계이다. 부모와 자식간의 인연과 관계는 절대이다. 취소할 수도 바꿀 수도 없다. 세계 60억 인구 중에서 가장 밀접한 사이가 부모와 자식의 관계이다. 그런데 제대로 배우지 못하고 따라서 생각이 얕은 사람들은 부모와 나의 일체감을 깊이 깨닫지 못하고 부모를 오다가다 만난 일시적 애인보다 멀게 생각하거나 홀대한다.

불효는 바로 정신가치 및 도덕 윤리에 대한 무식에서 야기된다. 무식하기 때문에 부모가 나의 뿌리이고 나를 키워준 은인이고 나와 불가분의 천륜으로 맺어진 가장 가까운 존재임을 모르고 따라서 부모를 남으로 생각한다. 무식하기 때문에 자신의 탐욕을 채우기 위해서는 금전이나 재물을 마냥 쓰면서도 부모 공양에는 인색하게 군다. 탐욕에 눈이 덮인 무식쟁이는 효도의 뜻도 모르고 따라서 효자가 될 수 없다.

그러므로 어려서부터 도덕 윤리의 기본인 효도를 잘 가르쳐 깨우치고 몸에 익혀 스스로 실천할 수 있게 해야 한다. 가르치지 않고 내버려두면 동물 이하로 전락한다. 동물은 자기 욕심을 채우기 위해 어미를 죽이는 법이 없다. 그러나 탐욕을 억제하지 못하고 금전이나 재물에 환장한 불효 자식은 부모를 살해하는 경우도 있다. 그러므로 어려서부터 자식의 육신만 키우지 말고 자식의 정신과 덕성을 키우고 높여 주어야 한다. 현명한 사람은 도덕·윤리·효도를 실천한다

② 부모의 막중한 은혜를 알아야 한다 : 부친은 생명의 씨를 심으시고 모친은 열달 동안 회태하시고 마침내 나를 낳으셨다. 출생 후에도 밤잠도 못자고 온갖 고생과 정성으로 건강하게 키워 주셨다. 즉 나는 부모의 덕택으로 태어나 자랐고 또 편하게 먹고 입으면서 성장했다.

부모는 삶과 역사의 선경험자(先經驗者)로서 일상생활을 통해 나에게 삶의 지혜와 기능 및 남들과 함께 어울려 사는 도덕 윤리를 깨우쳐 주고 또 몸에 익히게 해주셨다. 뿐만 아니라 비싼 학비를 들여 학교 교육도 받게 해주셨다.

한편 나는 때로는 병들거나 엉뚱한 짓거리로 집안의 재물을 축내어 부모의 속을 무한정 태우게도 해드렸다. 그런데도 부모는 한결같은 자애와 정성으로 뒷바라지를 해주시고 또 무한대한 관용으로 감싸주시고 간곡히 훈도해 주셨다. 이와 같은 부모님의 사랑과 훈도로 나는 사회의 일꾼으로 나서서 활동하고 있는 것이다. 아울러 내가 사회에 진출하고 활동함에 있어서도 직접 간접으로 부모님의 후원 및 가문과 선조의 음덕을 입고 있는 것이다.

그러한 부모님의 막중한 고마움과 가문의 덕택을 모른 척하고 효도하지 않아도 좋을까? 안된다. 마땅히 부모님의 은공에 감사하고 보답하는 동시에 가문을 잘 계승해야 한다. 심정적으로 감사하고 부모님을 극진히 봉양하는 동시에 사회적으로도 천도를 따라 좋은 일을 하여 공을 세움으로써 부모님의 이름을 높이고 아울러 가문을 더욱 빛내야 한다. 그것이 효도이다.

③ 물질적 유산과 가업의 계승 발전을 의식해야 한다 : 내가 결혼해서 가정을 꾸밀 때에도 막대한 가산을 쪼개서 일가를 이루게 해주실 것이

고 혹은 주신 분이 바로 부모님이시다. 뿐만 아니라 장차는 부모님이 한 평생 이룩하고 쌓아놓은 가업과 유산도 다 물려주실 것이다. 부모도 대대로 이어온 가문과 가산을 물려받으셨다. 그러나 당신들의 노력으로 가산을 더욱 불리셨던 것이다. 따라서 내가 계승하고 물려받을 가산은 오랜 역사를 이어온 것이다. 나도 이를 다시 늘이고 불리어서 자식 손자에게 인계해 주어야 한다. 그것이 효도이다. 효도는 가문을 더욱 흥성케 하는 도리이다.

이렇듯 영광된 가문과 많은 가산을 다 물려주시는 부모님을 고마워해야 한다. 직장에서 나에게 월급을 주는 윗사람에게는 충성하면서 부모를 홀대할 수가 있을까? 장차 나도 늙고 모든 것을 자식에게 물려줄 것이다. 그때에 자식이 나를 홀대하면 느낌이 어떠하랴? 늦기 전에 효도해야 한다. 《공자가어(孔子家語)》에 '나무가 조용히 있고 싶어해도 바람이 멈추게 하지 않고, 자식이 효도하려 해도 어버이가 기다려 주지 않는다(樹欲靜而風不止 子欲養而親不待)'라고 했다. 부모에 대한 효도는 생전에 늦기 전에 해 올려야 한다. 우리 주변에는 부모님이 돌아가신 뒤에 효도하지 못한 자기를 스스로 나무라고 뉘우치며 회한의 눈물을 흘리는 사람들이 의외로 많이 있음을 알아야 한다. 부모님 계실 때에 효도하자.

우리는 흔히 효도의 참뜻을 모르고 반사회적으로 축재한 자가 선조의 분묘를 거창하게 축조한 예를 본다. 그러한 것은 진정한 효도가 아니다. 오히려 선조를 욕되게 하는 불효이다.

④ 전통의 계승과 선조와의 영적 교류 및 제사 : 가정은 물질생활과 더불어 정신생활면에서나 역사적으로도 발전하고 있다. 그러므로 효도는 외형적 가산이나 가업을 계승·발전시키는 것만으로 끝나지 않는다. 동시에 내면적·정신적 가치도 계승·발전시켜야 한다. 부모는 자식보다 앞서 집안 살림을 꾸리고 가문을 유지해오신 선인(先人)이시고, 자

식은 그 뒤를 이은 후계자(後繼者)이다. 시간과 세대의 흐름에 있어 나의 부모가 선대의 역사 문화 및 가문의 전통을 이어 더욱 발전케 하셨듯이 나도 가문의 역사와 문화 및 전통을 이어 더욱 발전시켜야 한다. 오늘의 우리 집안은 세세대대로 계승되면서 발전해온 역사적 발전체이다. 내가 이를 더욱 발전시켜서 후손에게 물려주어야 한다.

효도는 시간의 흐름에 따라 역사와 문화를 더욱 새롭게 창조적으로 발전시키는 천도를 바탕으로 하고 있다. 우주적인 천도를 소우주인 가정적 차원에서 실천하는 것이 바로 효도이다. 곧 자식인 나는 영광된 가문 및 선조님들의 유업을 계승 발전시킬 책임이 있다. 즉 물려받은 외형적·물질적 가산을 더욱 늘리고 가업을 더욱 번성케 하는 것이 효도이다. 그러나 동시에 내면적 정신과 이상 및 전통 사상도 계승하고 더욱 가치적으로 발전시켜야 한다. 나는 장차 모든 것을 내 자손에게 물려주고 더욱 가문을 빛나게 해야 한다. 현재의 나는 과거와 미래를 연계하는 중계자이다. 그러므로 위로는 과거의 선조님들을 잘 모시고 아래로는 후손들의 무궁한 발전과 번영을 기원해야 한다. 그것이 효도이다. 물질적 번영과 더불어 정신적 전통도 계승해야 한다.

효도의 심정적 차원이 높아지면 필연적으로 선조와 영적 교류를 하게 된다. 즉 제사를 지내어 선조님들과 영적으로 접하게 된다. '제사 제(祭)'는 '접할 접(接)'과 뜻이 통한다. 제사를 경건한 마음으로 지내어 돌아가신 부모나 선조님의 영혼에 접하고 그 자리에서 그분들의 정신이나 이상을 체휼하고 집안의 전통을 계승하여 더욱 빛내고 발전시키고자 뜻을 새롭게 굳히고 맹세한다. 그것이 바로 제사이고 돌아가신 분에 대한 효도이다.

후손된 나는 때맞추어 엄숙하고 경건하고 정성스럽게 제사를 지내 올려야 한다. 제사는 허례허식을 차리자는 것이 아니다. 나의 뿌리를 잊지 않고 또 감사하며 아울러 때맞추어 선조와 심령적으로 혹은 정신적으로 접하고 대화를 나누는 거룩한 만남의 의식이요 행사이다. 제사는 마치 선조나 부모가 눈앞에 살아 있듯이 경건한 자세와 감사하는 마음으로 정결하게 제물을 괴어 올리고 절하고 아울러 가족이나 집안 사정을 아뢰어 올리고 겸해서 의논을 드리며 특히 신명의 슬기로운 훈도를 내려 받자는 행사이다. 자식은 항상 선조와 영적으로 통해야 한다. 외형적·물질적 측면만이 아니라 내면적·정신적으로도 가문과 전통을 세세대대로 이어오며 더욱 발전케 하는 도리가 바로 효도이다. 부모는 곧 살아계신 선조이다. 부모에 대한 효도는 바로 선조에 이어져야 한다. 이를 인식하고 실천하는 주체가 바로 자식으로 태어난 '나'이다.

⑤ 효도와 경천(敬天) 숭조(崇祖) : 효도는 부모에게만 멈추지 않고 조부모 및 선조에 대한 감사와 존경으로 확대되며 따라서 선조와 영적으로 접하는 제사를 경건히 모시게 된다. 즉 효도는 나의 뿌리를 찾아 시발점으로 소급해 올라가며 선조에 대한 숭상과 감사에 이어진다. 이를 '보본반시(報本反始)'라고 한다. 그리고 이는 필연적으로 만물의 창조주인 하늘 사랑, 즉 경천에 이어지게 마련이다.

《예기(禮記)》에 있다. '만물은 하늘에서 나왔고, 사람은 선조를 통해 태어났다. 그러므로 선조도 상제 곁에 배열해서 제사를 지낸다. 교제는 크게는 근본에 보답하고 뿌리로 돌아가려는 제사이다(萬物本於天 人本於祖 此所以配上帝也 郊之祭也 大報本反始也).'

음수사원(飮水思源)이란 말이 있다. 물 한 모금을 마셔도 샘의 뿌리와 줄기를 생각하라는 뜻이다. 오늘의 나를 있게 해준 하늘과 선조 및 부모에게 감사해야 한다.

하늘은 나에게 천명으로 만물지영장인 사람으로 태어나게 했고, 또 귀중한 생명을 주었으며 아울러 하늘의 도리로써 더욱 번성하고 발전되게 보살펴 주고 있다. 사람은 하늘과 천도를 알고 우러러 받들어야 한다. 한편 오늘의 나는 선조가 가꾸고 물려준 집안을 터전으로 안락하게 살고 있다. 하늘과 더불어 선조님들에게 감사하고 영적으로 접하며 천도를 따라 인류의 역사와 문화 발전에 이바지하고 공을 세워야 한다. 효자는 하늘과 인류에 대해서도 효도를 해야 한다.

⑥ 효는 수양과 예절의 바탕 : 수양과 수신은 다른 것이 아니다. 절대 선인 하늘과 하늘의 도리를 깨닫고 실천하는 인격자가 되는 것이다. 그 것은 바로 예(禮)에 직결된다. 예의 깊은 뜻은 자기의 이기적 욕심을 극복하고 하늘의 도리를 따르고 행동함이다. 《논어》에 '극기복례(克己復禮)'란 말이 있다. 주자는 '자기의 사사로운 욕심을 극복하고 천리에 복귀함이다'라고 풀었다.

예는 이(理)에 통한다. 즉 내면의 천리(天理)를 핵심으로 하고 문화적 외형으로 나타낸 것이 예의요 예절이다. 예절은 남을 사랑하고 남과 잘 어울려 함께 잘 살고 발전하기 위한 행동규범이다. 그러므로 예절을 실천하기 위해서는 먼저 나의 이기심을 버리고 만물을 고르게 사랑하는 인심(仁心)을 가지고 하늘의 도리를 따라야 한다. 물론 마음과 몸이 하나가 되어야 한다. 즉 남과 만물을 사랑하고 인류 전체의 문화를 더욱 발전시키려는 마음가짐과 행동이 일치해야 한다. 이와 같은 예절의 바탕이 바로 가정에서의 효도·효행이다.

효의 실천은 좁게는 부모에게 보답하고 집안을 계승 발전시키는 일이다. 크게는 모든 사람을 사랑하고 인류 문화를 발전케 하는 인류애와 문화 발전에 직결된다. 시간의 흐름에 따라 더욱 발전하는 것이 천도이다. 천도를 따라 자기 수양을 하고 국가 및 세계적으로 역사 문화 발전에 이바지하는 바탕이 곧 가정에서 효도를 실천함이다.

⑦ 효자(孝子)는 수기치인(修己治人)과 충군애국(忠君愛國)한다 : 먼저 수기치인(修己治人)해야 한다. 즉 학식과 덕성을 높여 나의 인격을 완성하고 나아가 사회나 국가의 지도자로서 남들을 사랑으로 교화하고 백성을 잘 살게 해주어야 하며 더 나아가서는 인류의 문화 발전에 기여

해야 한다. 효행은 수양의 첫 단계이다. 진정으로 하늘의 도리를 따르고 실천하여 가정에서 효도하는 인격자는 사회나 국가에 나가서도 남을 사랑하고 역사와 문화 발전에 공을 세울 수가 있을 것이다. 《효경》에는 다음과 같은 가르침이 있다. '효도의 실천은 처음에는 부모님을 섬기고 중간 단계에서는 임금을 받들고 나중에는 입신출세해야 한다(夫孝 始於 事親 中於事君 終於立身).'

효자 중에서 충신이 나온다는 말도 있다. 《효경》에도 '효로써 지성껏 임금을 섬김이 곧 충이다(以孝事君則忠).'라고 했다. 주자는 '충성이란 자기 일에 최선을 다함이다(盡己之謂忠)'라고 풀이했다. 참되게 효도를 실천하는 효자라야 충군애국(忠君愛國)할 수 있으며 따라서 진정한 의미로 입신출세도 하고 나라에 공을 세워 자신도 영광을 누리고 부모님과 가문도 빛나게 할 것이다. 공자는 《효경》에서 '사회에 나가 도를 지키고 행하여 공을 세우고 후세까지 이름을 내고 부모님을 영광되게 함이 효도의 완성이다(立身行道 揚名於後世 以顯父母 孝之終也).'라고 말했다.

효행이나 충성은 다 하늘의 도리를 기준으로 한 일관된 덕행이다. 그러므로 가정에서의 효도는 국가에서의 충성에 직결된다. 한편 가정에서 효도를 행하지 않는 불효자식은 사회적으로도 탐욕만을 채우는 난신패자(亂臣敗子)가 되게 마련이다.

결론 : 효자는 자중자애한다

① 하늘이 준 생명의 뜻 : 생명보다 더 귀중한 것이 없다. 그런데 그 생명은 누가 준 것일까? 부모나 의사가 주나? 아니다. 생명은 사람이 주는 것이 아니다. 식물에도 동물에도 생명이 있다. 그 모든 생명은 바로 하늘이 준 것이다. 생명이 있어야 살아서 활동한다. 생명은 곧 활동하고 일하는 기능이다. 하늘은 왜 사람에게 일하는 기능, 즉 생명을 주

었을까? 나의 탐욕을 채우기 위해 남을 해치고 부정한 방법으로 권력과 재물을 탈취하는 악덕을 저지르라고 귀중한 생명을 주었을까? 아니다. 절대선의 권화(權化)인 하늘이 사람에게 생명을 준 뜻은 '천도를 따라 더욱 문화를 발전시키는 일에 동참케 함'이다. 따라서 사람은 인류 문화의 창조적 발전에 각자가 자기 나름대로의 가치적 일을 해야 한다. 악덕을 자행하면 하늘과 생명의 뜻을 모독하고 천벌을 받는다.

② 효자는 자중자애한다 : 나는 우주의 중심적 존재로 유일무이한 독자적 존재이며 하늘로부터 막중한 사명을 받고 있는 귀중한 생명체이다. 작게는 가정에서 부모님을 잘 봉양해 올리고 아울러 집안을 부유롭고 번성케 해야 하며 나아가 가문과 가업을 이어, 더욱 빛나고 발전되게 해야 한다. 크게는 사회나 국가적으로 공을 세워 이름을 떨치고 가문을 빛내야 한다. 그리고 끝으로는 천도를 따라 인류의 역사와 문화 발전에 이바지해야 한다. 그러므로 자신을 아끼고 높이며 고귀한 삶을 살아야 한다. 자신의 막중한 사명감을 자각하고 자신을 소중히 여기고 몸가짐은 진중히 해야 한다.

또 큰 일을 하기 위해서 학식을 높이고 덕행을 쌓는 동시에 신체적으로도 자중자애해야 한다. 나의 몸은 하늘과 부모가 나에게 물려준 것이다. 그러므로 내가 소중히 간직했다가 온전하게 후손에게 물려주어야 한다. 또 몸이 건전해야 훌륭한 일도 하고 공도 세울 수가 있다. 그러므로 효자는 몸을 아끼고 보전해야 한다. 《효경》에 다음과 같은 말이 있다.

'부모가 나를 온전한 몸으로 낳아 주셨으니 자식인 나도 온전하게 돌려 드려야 한다. 그래야 비로소 효라 할 수 있다(父母全而生之 子全而歸之 可謂孝矣).' '나의 신체는 부모가 물려준 귀중한 몸이다. 부모님이 남겨준 몸을 가지고 행동하며 삶을 사니 감히 경애하지 않으랴?(身也者 父母之遺體也 行父母之遺體 敢不敬乎).' '신체발부는 부모로부터 받은 것이다. 이를 감히 훼손하지 않음이 효의 시작이니라(身體髮膚 受

之父母 不敢毁損 孝之始也).'

　하늘이 준 생명을 누리고 사는 보람은 인류 역사나 문화 발전에 가치적으로 기여함이다. 그러기 위해 우리는 활동의 모체인 나의 육신과 기능의 근원인 생명을 소중하게 다루고 가치있는 나의 삶을 살아야 한다. 작은 효도는 소우주인 가정에서 부모에게 바친다. 그러나 큰 효도는 우주적 차원에서 하늘에게 바쳐야 한다. 효(孝)는 효(爻 : 效 : 傚)에 통한다. 즉 작게는 선조 부모의 뜻과 가업을 계승 발전함이고, 크게는 하늘의 뜻과 천도를 따라 인류의 역사와 문화를 계승하고 나의 몫을 더하여 더욱 새롭고 창조적으로 발전되게 함이다. 이와 같은 가치적 삶을 사는 효자는 자중자애해야 한다. 진정한 효자는 내 자신을 잘 지킨다.

색　인(索引)

[ㅂ]

[ㅇ]

[ㅊ]

新 釋 明 心 寶 鑑

초판 발행 ― 2003년 5월 6일
3 쇄 발행 ― 2017년 11월 10일

譯著者 ― 張 基 權

발행인 ― 金 東 求

발행처 ― 명 문 당(창립 1923년 10월 1일)
　　　　서울특별시 종로구 윤보선길 61(안국동)
　　　　우체국 010579-01-000682
　　　　전화 (02) 733-3039, 734-4798
　　　　FAX (02) 734-9209
　　　　Homepage / ww.myungmundang.net
　　　　E-mail / mmdbook1@hanmail.net
　　　　등록 1977.11.19. 제1-148호

■

＊ 정가 15,000원
ISBN　89-7270-734-1　04150
ISBN　89-7270-052-5　(세트)